グローバル・
マーケティング戦略

三浦俊彦・丸谷雄一郎・犬飼知徳［著］

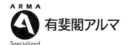

はしがき

　19世紀末から20世紀初頭にかけてアメリカで生まれたマーケティングが，国を越えたマーケティング，すなわち，いまに続くグローバル・マーケティングとして形を現したのは，第2次世界大戦後の1950年代であった。それからさらに半世紀以上の時を経て，グローバル・マーケティングはいまや，経済のボーダレス化が世界的に進み，インターネットが世界を瞬時につなぐ中，多彩に，かつ体系的に革新している。

　このようなグローバル・マーケティングを捉える際に注意すべきは，次の点である。それはグローバル・マーケティングはマーケティングをはるかに超えている，ということである。

　この点に関して，グローバル・マーケティングはマーケティングの一応用領域にすぎないと勘違いしている人がときどき見られる。つまり，マーケティング理論を海外市場に応用したのがグローバル・マーケティングである，という誤解である。しかし，これは明らかな誤解であり，グローバル・マーケティングはマーケティングをはるかに超える潤沢な理論領域を持っている。

　たとえば，ある若手社員が海外派遣の任地（たとえば，タイ・バンコク）に行ってしまえば，当地で行うマーケティングは，日本の東京や大阪で行っていたマーケティングと基本は同じである。当地の消費者を分析し，彼らターゲットに適合する4P戦略を考えるのである。ただ，それ以前に，なぜ彼ら若手社員をタイ・バンコクに派遣するのか（なぜ，ミャンマー・ヤンゴンでないのか）という意思決定は，従来の4Pのマーケティングでは答えが出ない。それに対し，どこに若手社員を派遣し，どこでマーケティングを展開するのかに

も答えを与えてくれるのが，グローバル・マーケティングなのである。海外赴任地での4Pのマーケティングに先行（かつ包含）するグローバル・マーケティングは，マーケティングの上位概念と言うことさえできるのである（三浦2000）。

そこで本書では，マイケル・ポーターの国際経営の枠組みである「配置」と「調整」を借り，グローバル・マーケティングをグローバル配置（どこに進出するか；第Ⅰ部）とグローバル調整（進出国および本国間でいかに戦略を調整するか；第Ⅱ部）に大きく分けて，体系化した。グローバル配置では，（グローバル市場環境分析とグローバル・マーケティング・リサーチに基づき）参入市場と参入モード（方法）を決定し，グローバル調整では，（実際の4P戦略などの）標準化／現地化と知識移転を決定する。そしてそれら全体を支える組織も設計する。

このようなグローバル・マーケティング戦略の1つの体系に基づいて各戦略を説明したうえで，最後の第Ⅲ部で，サービス業・小売業への適用を分析し，クール・ジャパン（国家ブランド）やBOP市場（新興市場）といった近年の話題にも目配りした。

グローバル・マーケティングの全体像を学ぶことによって，学部学生の皆さんには研究の基礎を提供し，海外赴任地での活躍が期待される若手・中堅のビジネスパーソンの皆さんには，実際の戦略の指針を提供することができれば幸いである（と同時に，本社のグローバル戦略を方向づけるトップの皆さんの忌憚のないご批判もいただければ幸いである）。

本書は，ブランド戦略や消費者行動の国際比較を研究する三浦俊彦（中央大学），グローバル流通を研究する丸谷雄一郎（東京経済大

学），経営戦略や経営組織を研究する犬飼知徳（中央大学）の共同作業の結晶である。実際，2015年に企画が持ち上がり，ある程度の原稿素案ができあがってきた16年5月からは，6〜10月と毎月，有斐閣の会議室に集まり，長いときで8時間，短いときでも5時間，お互いの原稿に生産的な批判やアドバイスを投げかけあってブラッシュアップしてきた。3人の専門が違ったことも，異質なものの融合という意味で，イノベーションの原理が少しは働いたかもしれない。

　最後に，このような知的格闘を絶えず温かく見守り，時に適切なアドバイスをいただいた有斐閣書籍編集第2部の柴田守氏と尾崎大輔氏に，出版の機会をいただいたことも含めて，心より御礼申し上げたい。

　2017年3月

著者を代表して

三 浦　俊 彦

著者紹介

三浦　俊彦（みうら　としひこ）
中央大学商学部教授
専攻：マーケティング戦略論，消費者行動論
慶應義塾大学大学院商学研究科博士課程中退。博士（商学）
主要著作：『日本の消費者はなぜタフなのか』有斐閣，2013年。『グローバル・マーケティング入門』（共著）日本経済新聞出版社，2009年。『文化を競争力とするマーケティング』（共編著）中央経済社，2020年。『ジャパニーズ・ポップカルチャーのマーケティング戦略』（共編著）千倉書房，2022年。『マーケティング戦略（第6版）』（共著）有斐閣，2022年。
担当：序章，第1章，第2章，第6章，第11章

丸谷　雄一郎（まるや　ゆういちろう）
東京経済大学経営学部教授
専攻：マーケティング論，グローバル・マーケティング論
中央大学大学院商学研究科博士後期課程単位取得満期退学
主要著作：『変貌するメキシコ小売産業』白桃書房，2003年。『ラテンアメリカ経済成長と広がる貧困格差』創成社，2009年。『ウォルマートのグローバル・マーケティング戦略（第3版）』創成社，2022年。『グローバル・マーケティング（第7版）』創成社，2023年。
担当：第3章，第5章，第10章，第12章

犬飼　知徳（いぬかい　とものり）
中央大学大学院戦略経営研究科（ビジネススクール）教授
専攻：経営戦略論，経営組織論
一橋大学大学院商学研究科博士後期課程満期退学。博士（商学）
主要著作：「組織間関係における集合財提供メカニズムの解明」『組織科学』36(4)：69-79，2003年。「『組織の衰退』に関する説明の陥穽」『日本経営学会誌』15：3-14，2005年。「日本のフランチャイズ組織における雇用と労働の論点」『日本労働研究雑誌』59(1)：4-14，2017年。
担当：第4章，第7章，第8章，第9章

目　次

序章　グローバル化する企業活動とグローバル・マーケティング　1
日本企業の立ち位置と今後の方向性

1　グローバル化する世界経済 …………………………… 2
　●4つのグローバル化とその核心
ヒト・モノ・カネ・情報のグローバル化（2）　フラットか，スパイキーか（7）

2　日本企業の現状 ………………………………………… 10
　●日本企業の実力と課題
日本企業の海外生産比率（10）　IMD の『2015 年世界競争力年鑑』（12）　フォーチュン・グローバル 500（13）

3　グローバル・マーケティングの重要性 ……………… 14
　●グローバルな日本企業をめざして
グローバル・マーケティングの成立と展開（14）　いまこそグローバル・マーケティング革新のとき（16）

第1章　グローバル・マーケティング戦略の枠組み　19
マーケティングの配置と調整

1　グローバル・マーケティングとは何か ……………… 20
　●国を越えることの意味
本書における定義（20）　「国を越える」ことで発生する3つの課題（22）　グローバル・マーケティングと戦略的マーケティングの類縁性（23）　グローバル・マーケティングの課題（25）

2 グローバル・マーケティングにおける配置と調整 ……… 26
　　●グローバルを考える2つの次元
ポーターの配置と調整（26）　　グローバル・マーケティングの配置と調整（27）　　バリュー・チェーンの考え方（29）

3 グローバル・マーケティングの体系と本書の構成 ……… 31
　　●世界と企業のマッチング
グローバル・マーケティングの体系（31）　　本書の構成（36）

第Ⅰ部　グローバル配置

第2章　グローバル市場環境分析　　40
世界の市場を明らかにする

1 グローバル市場環境とは ………………………………… 41
　　●マクロ環境とミクロ環境

2 マクロ環境分析 …………………………………………… 42
　　●経済，制度，技術，文化を分析する
経済的環境（42）　　制度的環境（46）　　技術的環境（51）
文化的環境（57）

3 ミクロ環境分析 …………………………………………… 62
　　●顧客，競合他社，流通チャネルを分析する
Customer：思考／感情（63）　　Competitor：メガコンペティション（65）　　Channel：MTとTT（67）

第3章 グローバル・マーケティング・リサーチ　73
多様な環境に適応するための情報獲得

1 グローバル・マーケティング・リサーチとは ………… 74
　●国内マーケティング・リサーチの国外での適応
　グローバル・マーケティング・リサーチの重要性（74）　グローバル・マーケティング・リサーチのプロセス（75）

2 調査目的の明確化 …………………………………… 76
　●調査手法の使い分けと陥りやすい問題
　3つの調査目的（76）　陥りやすい問題（77）

3 調査設計から実査・分析 …………………………… 78
　●データの種類・収集方法を考慮した上での実査・分析
　データの種類（78）　データ収集の方法（82）　調査設計（85）　実査と分析（86）

補論　エミック／エティック・ジレンマ（90）

第4章 参入市場の決定　93
グローバル企業による参入先の選択

1 参入国の配置についての3つの考え方 ……………… 94
　●経営資源をどのように配置するのか

2 グローバル市場セグメンテーション ………………… 95
　●国単位のセグメンテーション
　マクロ指標による参入見込み国の選定（95）　ミクロ指標による参入国の決定（96）

3 グローバル・ポートフォリオという考え方 ………… 98
　●複数市場間のバランスのとり方
　グローバル・ポートフォリオによる分析（98）　相互連結度の3レベル（101）

4 グローバル・サプライチェーンにおける配置 …………… 102
　●その設計とマネジメント
顧客の求めるリードタイムを達成できるか（103）　　効率よくGSC を管理できるか（105）　　GSC のどこまでを自社でやるか（108）

第**5**章　*参入モードの決定*　　　　　　　　　　　　　　111

　　　　　　　　　　　　　　　　　　どのように参入するのか

1 参入モードの選択 ……………………………………… 112
　●どのような参入モードがあるのか
参入モードの選択基準（112）　　参入モードの選択（112）

2 参入モードのタイプ …………………………………… 113
　●各参入段階・製品・市場特性での各モードの使い分け
輸出（113）　　ノウハウの提供（115）　　直接投資（121）

3 退出戦略 ………………………………………………… 125
　●早期参入決定により重要性が高まる戦略
退出戦略の重要性の高まり（125）　　具体的な退出戦略（127）

第**Ⅱ**部　グローバル調整

第**6**章　*標準化／現地化とグローバル・ブランドによる展開*　130

　　　　　　　　　　　　　　　　　標準化／現地化戦略の原理を探る

1 標準化戦略と現地化戦略 ……………………………… 131
　●標準化／現地化のさまざまな戦略
標準化／現地化とは（131）　　標準化／現地化それぞれのメリット（132）　　STP の標準化／現地化（134）　　4P ごとの標準化／現地化（136）

2 標準化／現地化戦略の枠組み ……………………… 138
　●消費者・顧客との遠近が決め手
　2つの製品類型（139）　投機と延期（141）　フロント・システムとバック・システム（147）

3 グローバル・ブランド戦略 ……………………………… 149
　●ブランド戦略の標準化／現地化
　グローバル・ブランドとは（149）　グローバル・ブランドのメリット（151）　成功する3条件（152）　グローバル・ブランド戦略における標準化／現地化戦略（155）

第7章　グローバル知識移転戦略　　162
戦略的な知識移転を行うための調整

1 競争優位の源泉としてのマーケティング知識 ………… 163
　●経営資源としての知識
　知識の重要性（163）　マーケティング知識（165）

2 グローバル知識移転の種類 …………………………… 166
　●4つの流れ

3 グローバル知識移転における調整 …………………… 167
　●4つの流れごとの調整課題
　垂直インフロー：本国→海外子会社（167）　垂直アウトフロー：海外子会社→本国（174）　水平インフローとアウトフロー：海外子会社間（178）

第8章　グローバル・マーケティング組織の設計　　183
複雑な環境に対応できる組織の設計

1 グローバル・マーケティングにおける複雑性の増大 … 184
　●組織設計の難しさ

2 組織設計の基本 ……………………………………… 185
　●「分業」と「調整」

3 組織のグローバル化の進展レベル …………………… 187
　●グローバル化のレベルによる相違

レベルⅠ：国内企業＋輸出部門／販売会社（188）　レベルⅡ：国内企業＋合弁企業（189）　レベルⅢ：地域担当部門による海外子会社の立ち上げ（191）　レベルⅣ：多次元ネットワーク（192）　レベルⅤ：トランス・ナショナル組織（197）　フロント・バック・ハイブリッド組織（197）　フロント・バックにおけるマーケティングの配置（199）

第Ⅲ部　実践的・今日的課題

第9章　サービス業のグローバル・マーケティング戦略　206
サービス特性をふまえた戦略の構築

1 グローバル化の鍵となるサービス特性 ……………… 207
　●不可分性と変動性

サービス業の重要性の高まり（207）　サービスの4特性（208）

2 サービス業の分類に基づく配置戦略 ………………… 210
　●サービスの4つのタイプ

サービス業の分類（210）　①ヒトの身体を対象とするサービス（212）　②ヒトの精神を対象とするサービス（216）　③所有するモノを対象とするサービス（217）　④所有する情報を対象とするサービス（218）

3 サービス・マーケティングにおける調整戦略 ……… 220
　●サービス品質のばらつきへの対応

サービス現地化の課題：フロント・システムにおける変動性（220）　変動性への対処法（221）

第10章 小売業のグローバル・マーケティング戦略　227
消費者直接販売という特性をふまえた戦略

1 小売業のグローバル・マーケティング戦略とは ……… 228
　●メーカーとの特性の違いをふまえた配置と調整
　小売業の事業活動グローバル化までの経緯（228）　小売業の
　グローバル・マーケティング戦略とは（230）

2 小売業のグローバル・マーケティングにおける配置戦略 … 231
　●移転小売フォーマットと移転モードの選択
　参入市場の選定（231）　小売フォーマット移転モードの選定
　（234）

3 小売業のグローバル・マーケティングにおける調整戦略 … 237
　●小売業の標準化／現地化と知識移転
　標準化／現地化（237）　知識移転（241）

第11章 国家ブランドとしてのクールジャパン　248
日本を世界に発信する

1 「国」をマーケティングするとは ……………………… 249
　●国の価値を高めることが基本
　観光マーケティングとインバウンド消費（250）　投資マーケ
　ティングと産業クラスター（250）

2 国家ブランド戦略の枠組み ……………………………… 251
　●地域ブランド，COO，産業クラスター
　地域ブランドをいかにつくるか（252）　国家ブランドの登場
　（253）　国家ブランドを方向づける2つの重要研究（254）

3 クールジャパン戦略 ……………………………………… 260
　●新たな日本の価値の形成
　クールジャパンの歴史的経緯（260）　クールジャパンの成功

事例（262）　クールジャパンのこれからの戦略（269）

第12章　新興市場に対するマーケティング戦略　279
戦略適用領域の全世界への拡大

1　新興市場とは …………………………………………… 280
●BRICS，ポストBRICSおよびBOP市場

新興市場の概要（280）　　BRICS諸国市場（283）　　ポストBRICS諸国市場（284）　　BOP市場（285）

2　新興市場に対するマーケティング戦略 …………… 286
●先進諸国市場との違いをふまえた戦略

マーケティングにおける新興市場への関心の高まり（286）　新興市場における参入市場の決定（287）　新興市場に対する参入モードの選択（290）　新興市場に対するマーケティング特有の課題（292）

参考文献一覧 ………………………………………………………… 301

索　　引 ……………………………………………………………… 311

Case 一覧 ●●●
① ユニ・チャームのグローバル戦略：アジアから世界へ（34）
② フマキラーのインドネシア攻略作戦：MTとTTの使い分け（70）
③ ディズニー社の自己準拠的判断基準に基づいた調査（80）
④ ZARAのグローバル・サプライチェーン（106）
⑤ バーバリーと三陽商会のライセンシング終了（118）
⑥ 菓子のグローバル・ブランドをめざして：グリコ「ポッキー」の挑戦（158）
⑦ 関西ペイントの知識移転戦略（179）
⑧ 無印良品のグローバル組織設計（200）

⑨ QBハウスのグローバル化（222）
⑩ ウォルマートによる知識移転メカニズムの構築（244）
⑪ パリのジャパン・エキスポ：日本のイメージを拡大する大いなる可能性（272）
⑫ 有望市場への早期参入戦略で成功したインドスズキ（297）

本書のコピー，スキャン，デジタル化等の無断複製は著作権法上での例外を除き禁じられています。本書を代行業者等の第三者に依頼してスキャンやデジタル化することは，たとえ個人や家庭内での利用でも著作権法違反です。

序章　グローバル化する企業活動とグローバル・マーケティング

日本企業の立ち位置と今後の方向性

Introduction

　近年，ヒト・モノ・カネ・情報をはじめとするグローバル化が急速に進んでいる。旧来からの自動車や家電に加え，食品や日用雑貨品のメーカー，またコンビニエンス・ストアや外食業など，多くの日本企業がアジアを中心に進出する一方，話題になった中国人の「爆買い」のインバウンド消費など観光客も増大し，人や製品の国を越えた往来が激しくなっている。この流れに輪をかけているのがインターネットの世界的拡大で，日本にいながらにして，世界のニュースでも，為替や株でも，またお取り寄せスイーツでも，何でもが手に入るようになっている。

　このような状況に対して，日本企業はどのように対処していけばよいのか。

　本章では，このようなグローバルな時代をどのように捉えるべきかの全体像を考察し，日本企業の現在の立ち位置を押さえた上で，グローバル・マーケティングがこの時代を生き抜き，革新していく指針であることを示す。

Keywords

インバウンド消費　　フラット化　　プラザ合意　　輸出マーケティング　　国際マーケティング　　グローバル・マーケティング

1 グローバル化する世界経済
● 4つのグローバル化とその核心

今日，日本を取り巻く世界の経済は，ヒト・モノ・カネ・情報，すべての面でグローバル化しているといえる。

ヒト・モノ・カネ・情報のグローバル化

[ヒトのグローバル化]

近年，中国人観光客による「爆買い」などの**インバウンド消費**（訪日外国人による日本国内での消費）が話題になったように，訪日外国人数が増えている。日本政府観光局（JNTO）によると，日本への訪日外国人数は，2014年の1341万人から，15年には1974万人へと大幅に拡大している。その背景としては，ビザの緩和（2013年の東南アジア5カ国への免除・緩和など）やLCC（格安航空会社）の伸張，また2020年の東京オリンピックへ向けた日本政府をはじめとする対応などが考えられる。一方，出国日本人数は，2014年の1690万人から15年の1621万人へと若干減少し，訪日外国人数と逆転することになったが，1600万人という安定した数字は保っている。

このような旅行者のグローバル化に加え，近年目立つのが，日本のスポーツ選手の海外進出である。野球では，米MLBで，ダルビッシュ有（レンジャーズ），田中将大（ヤンキース），前田健太（ドジャース）などが活躍しているし，サッカーでは，イギリスでの岡崎慎

司（レスター），イタリアでの本田圭佑（ACミラン）や長友佑都（インテル），ドイツでの香川真司（ドルトムント）など多くの選手が活躍している。一芸に秀でるという意味では，日本のファッション・デザイナーも三宅一生（ISSEY MIYAKE）に始まり，1980年代には山本耀司（Yohji Yamamoto）や川久保玲（COMME des GARÇONS）がパリをはじめ世界で認められ，近年も，森永邦彦（ANREALAGE）や森川マサノリ（CHRISTIAN DADA）など，世界で活躍する若手デザイナーが増えている。

また企業の経営者のグローバル化も進んでいる。日産自動車CEO（最高経営責任者）のカルロス・ゴーン（レバノン，フランスで教育；1999年COO〔最高執行責任者〕，2001年よりCEO）はあまりに有名だが，ハワード・ストリンガー（イギリス人；2005〜12年，ソニー社長），クリストフ・ウェバー（フランス人；2014年より武田薬品工業社長），ハロルド・メイ（オランダ人；2015年よりタカラトミー社長）など，多くの外国人社長が見られるようになった。

このような観光やスポーツ，ビジネスにおけるヒトの移動は，自ら進んでのグローバル化であるが，その一方で，ヨーロッパでは，シリアなど中東からの移民（難民）が大きな問題になっている。移民政策については，少子高齢化が進む日本では，2016年に，自由民主党が特命委員会を立ち上げ，移民を含めた労働力としての外国人の受け入れに関する議論を開始しており，認識しておくべき重要なポイントである。

[モノのグローバル化]

世界の貿易額も大きく拡大している。

日本貿易振興機構（JETRO）の『世界貿易投資報告（2016年版）』によると，2015年の世界貿易（商品貿易，名目輸出ベース）は，前年比12.7％減の16兆4467億ドルとなり6年ぶりの減少に転じたが，

表序-1 世界の貿易額ランキング (2015年)

(単位：100万ドル)

順位	輸 出		輸 入	
1	中　国	2,280,541	アメリカ	2,248,232
2	アメリカ	1,502,572	中　国	1,601,761
3	ド イ ツ	1,330,190	ド イ ツ	1,050,449
4	日　本	625,068	日　本	648,343
5	オランダ	567,500	イギリス	631,791
6	韓　国	526,757	フランス	572,400
7	フランス	505,864	オランダ	506,652
8	イギリス	468,058	韓　国	436,499
9	イタリア	458,949	カ ナ ダ	419,351
10	カ ナ ダ	410,081	イタリア	409,140

(出所) 日本貿易振興機構海外調査部 (2016),『ジェトロ世界貿易投資報告 (2016年版)』より作成。

2009年の12兆4020億ドルと比べると，拡大の趨勢は見て取れる。**表序-1**は，輸出と輸入について，国別のランキングを示したものである。

表から明らかなように，現在の世界の貿易は，アメリカ，中国，ドイツが牽引していることが理解される。輸出では，中国は携帯電話や鉄鋼などを主導し，アメリカやドイツは乗用車や医薬品などを主導している。一方，輸入では，1位アメリカが市場を牽引しているが，その結果，貿易収支（および経常収支）は大きな赤字となっている。それに対して，日本は輸出・輸入とも4位であり，貿易などモノのグローバル化が進む中，トップ3からは若干水を開けられている。

このように世界的に貿易が拡大していく中，さまざまな貿易のル

ールに関する制度も整備されてきた。1995年に設立されたWTO（世界貿易機関）は，2001年には中国も加盟し，16年10月現在の加盟国数は164となっている（外務省ホームページより）。また，日本に大きく関わるものでは，環太平洋地域の国々による経済の自由化を目的とした多角的な経済連携協定であるTPP（Trans-Pacific Partnership；環太平洋戦略的経済連携協定）の議論も進んでいる。

［カネのグローバル化］

金融活動も，大きくグローバル化している。

1980年代以降のアメリカの金融開国要求を受けて，日本では，1990年代に金融ビッグバンといわれる金融大改革が行われ，外国為替管理法を改革し，内外の資本移動を自由化した。この金融ビッグバンが進むにつれて，外国資本の対日進出も拡大し，日本株における外国人投資家の株式保有比率は，1980年の5.8%から2014年の31.7%にまで激増している。いまや日本株の3分の1近くを外国人投資家が持っているわけであり，事業法人（企業）などを押しのけ，金融機関に次ぐ第2位の大株主になっている（徳重・日高2012；日本取引所グループ・ホームページ）。

金融機関や買収ファンドを交えての国際的なM&Aも拡大している。JTは1999年，米タバコ大手RJRインターナショナルを約1兆円，さらに2006年には，英タバコ大手ガラハー・グループを2兆2130億円で買収した。近年では2012年に，ソフトバンクは米通信大手スプリント・ネクステルを1兆8000億円で買収し，13年には，サントリーが米蒸留酒最大手ジムビームを1兆6500億円で買収している。

金融のグローバル化で注意すべき点は，為替相場である。日本の対米輸出の円建て比率はわずかに11.6%で（2015年下半期；財務省ホームページ），一部ユーロ建てを除いた88.3%についてはUSドル

で代金を受け取るのである。したがって、ドル高になると利益が増える一方、ドル安になれば利益が減るわけで、このような為替管理は経営戦略上、非常に重要である。

[情報のグローバル化]

情報のグローバル化は、非常に広範囲で進んでいる。とくにインターネットの力が大きい。

ヒトやモノやカネの移動のためには、時間やコストがかかるが、情報の移動は無料で行える。ネットを使えば、いつでも海外のニュースを簡単に視聴できるし、FacebookやLINE、TwitterやInstagramなどで海外の人々と無料で情報交流ができるのである。また、Amazonや楽天市場、中国のアリババ・グループのサイトには、商品情報やコメント情報が溢れており、世界中の人々が簡単にアクセスできる。もちろん企業にとっても同様で、海外のグローバルな情報が容易に手に入るようになっている。

情報のグローバル化について、重要な視点がビッグデータである。ビッグデータとは、従来の情報システムでは扱えないほどの多量のデータのことであり、多様な種類・形式の非構造化データ（形式化されていないデータ）という質的特徴も持つ。これまでビッグデータといえば、クレジットカード会社が持つ何百万という顧客の24時間365日の購買履歴データなどであり、それらは購買者、購買品目、購買金額などが明確な構造化データであった。一方、近年増大しているビッグデータとしては、FacebookやTwitterなどのSNSの膨大なテキスト・データ、InstagramやYouTubeなどの画像・映像データ、またGPS、ICカード、RFID（電子タグ）による位置データなど、多くが非構造化データであり、分析の仕方がまだ確立していない。

ただ、これらビッグデータも世界的規模でグローバル化しており、

それらをいかに分析し，情報のグローバル化に適合する経営・マーケティング戦略につなげていくかが，いま企業に求められている。

フラットか，スパイキーか

ヒト，モノ，カネ，情報が，量的にも質的にも急速にグローバル化している今日，世界の様相はどのように変わってきたのであろうか。上下や大小，遠近の差がなくなりフラット（Flat；平ら）になった（**フラット化**）という主張と，かえって特定の個所に情報が遍在しスパイキー（Spiky；先端のとがった／スパイクのような）になったという主張がある。以下ではこの2つの議論を検討する。

[フラット化する世界]

アメリカのジャーナリストのトーマス・フリードマンは，その著書『フラット化する世界』の中で，PCとインターネット（光ファイバー）などICT（情報通信技術）の発展によって，個人や小集団（小企業）が力を得て，丸かった地球を「フラットな世界」に変えたという（Friedman 2005）。すなわち，インターネットが，世界の遠近関係，企業の大小関係，企業－消費者間の上下関係など，多くのギャップや格差をフラットにしたというのである。

彼はこれまでのグローバリゼーションの歴史を，表序-2のように3つに分けた。

表に見られるように，グローバリゼーション1.0は国が主体であり（1492年，スペイン女王イサベルの後援を受けコロンブス出航，など），グローバリゼーション2.0では大企業や多国籍企業が中心であったのに対し，現在のグローバリゼーション3.0は個人や小集団が担い手であることが特徴であるという。

フリードマンは，グローバリゼーション3.0の今日，世界の遠近や大小などの格差がフラットになってきたと論じたが，世界の嗜好は1980年代から差が少なくなってきている。ハーバード・ビジネ

表序-2 3つのグローバリゼーション

	グローバリゼーション 1.0	グローバリゼーション 2.0	グローバリゼーション 3.0
時　代	1492～1800 年	1800～2000 年	2000 年～
社　会	大航海時代以降	産業革命以降	ネット社会以降
主　体	国　　　家	企業（多国籍企業）	個　人
推進力	腕力，馬力，風力から蒸気機関へ	輸送技術（蒸気機関と鉄道），通信技術（電話やコンピュータ）	パソコン，光ファイバー，ワークフローソフトウェア

（出所）　Friedman（2005）から筆者作成。

ススクールのレビットは，1983 年の論文「市場のグローバル化（The Globalization of Markets）」（Levitt 1983）の中で，ロック音楽，ギリシャ風サラダ，ハリウッド映画，レブロンの化粧品，ソニーのテレビ，リーバイスのジーンズ，またマクドナルドやコーラが世界中の至る所で見られるというグローバルな同質化の進行をすでに指摘している。

［スパイキーな世界］

一方で，ロンドン大学の社会学者のリチャード・フロリダは，『クリエイティブ都市論』の中で，クリエイティブ・クラス（科学者，技術者，詩人，小説家，芸術家，デザイナー，建築家など；意味のある新しいものを創り出し，社会をリードする人々）が都市に集まり，スパイキーな世界を現出していると主張した（Florida 2008）。たとえば LRP（夜間光量に基づいて地域生産の分布を示した図）で見ると，夜間光量は世界の大都市圏に集中しており，これら大都市圏にクリエイティブ・クラスも，経済活動も集中していることがわかる。

フロリダは，これからの世界を引っ張るクリエイティブ・クラスの分布が地域で異なることを論じたが，それにとどまらず，嗜好・

文化・経済・社会・自然その他多くの分野で，国の間に依然として多くの違いが存在することを主張するのが，元ハーバード・ビジネススクールのゲマワット（Ghemawat 2007）である。彼は，世界を理想化された単一の市場と見るのではなく，現状を直視して国ごとの差異に着目することの重要性を説き，CAGE フレームワークという，文化的（Cultural），制度的（Administrative），地理的（Geographical），経済的（Economic）の4つの視点から差異を分析することを主張した。

[自社の視点で考える]

世界は，フラット（同質的）なのか。スパイキー（異質的）なのか。これは，視点や分野によって大きく異なる。映画『スター・ウォーズ／フォースの覚醒』が，2015 年，世界中で大ヒットしたところは，同質的に見える。一方，ヨーロッパや南米で大成功しているプロ・サッカーが，世界一のスポーツ大国アメリカではいま1つなところは，異質的に見える。同じ1つの企業の中でも，マクドナルドが，世界でビッグマックを提供しているところは世界の嗜好の同質性をうかがわせるが，一方で，マック・バゲット（フランス），マクドナルド・プルコギ・バーガー（韓国），マック・カリーパン（インド）など，国別の独自メニューがあるところは，地域の嗜好の異質性を表している。要するに，多くの分野で同質性と異質性が同居しているのである。

したがって，グローバル・マーケティングを行う企業や個人は，自らの視点に立って，また自らの製品・サービスの特徴を考えながら，対象市場の同質性・異質性を考えていく必要があるのである。

2 日本企業の現状

●日本企業の実力と課題

このようにヒト・モノ・カネ・情報が急速にグローバル化する中,それへの対処は企業の浮沈を左右するものになっているが,日本企業の現状はどうなっているのであろうか。以下では,まず実際の数値としての日本企業海外生産比率の推移を考察し,続いて,スイスIMD(経営開発国際研究所)の『世界競争力年鑑』と,米経済誌『フォーチュン』の「フォーチュン・グローバル500」から,日本および日本企業の世界的評価を検討する。

日本企業の海外生産比率

日本企業の海外生産比率の歴史的推移は,図序-1のようになる。

図に見られるように,1985年には,全法人ベースで5%未満であったのが(海外進出企業に限っても10%未満),同年の**プラザ合意**(ドル高是正のためのG5〔米・英・仏・西独・日〕の合意)を受けて円高(ドル安)が進み,輸出企業の業績が悪化する円高不況に見舞われ,製造業の海外移転が進んだ。その後,比率は増え続け,2012年には,全法人ベースでも20%,海外進出企業に限ると30%を超えるようになっている。業種別では,輸送機械が約40%,情報通信機械が30%弱と平均を超えている一方,化学が20%弱,電気機械が15%程度,繊維が10%超,食品が10%弱となっており,グローバル化しやすい業種・しにくい業種があることが予想される。

日本全体としての海外生産比率は,アメリカやドイツほどは高くない。内閣府の「平成25年度年次経済財政報告」によると,アメリカでは,プラザ合意前の1970年代以降のドル高傾向の中で,メ

キシコやアジアからの輸入が増加したため,企業の海外進出が早い段階から進み,海外生産比率も高い。ドイツは,2004年の東欧諸国のEU加盟などを背景に,労働コストの低い東欧諸国への海外進出を進めたことなどから,海外進出は日本より進んでいる。

米独ほどではないが,日本企業も,徐々に海外生産比率をあげており,その理由としては,①国内市場の飽和と海外市場の拡大,②地産地消に基づく最適地生産,があげられる。とくに後者は,市場に近い国で生産する「地産地消」によって,為替の変動を受けず,進出国の需要に即応した製品開発が可能で,また当該国の雇用を生み出し現地貢献もできることから,今後も増えることが予想され,海外生産比率も高まっていくと考えられる。

IMDの『2015年世界競争力年鑑』

上記の海外生産比率の上昇に見られるように，日本企業の海外展開は着実に進んでいるが，世界的にはどのように評価されているのであろうか。

国ごとの競争力を毎年評価・発表しているものとしては，スイスの世界的ビジネススクールのIMD（国際経営開発研究所）による『世界競争力年鑑』が代表的であり，グローバル・マーケティングを展開する企業にとって大変参考になる（ほかに，世界経済フォーラム〔WEF〕による「国際競争力レポート」などもある）。

IMDの『2015年世界競争力年鑑』によると，日本の総合順位は，調査対象の61カ国・地域中で，27位であった（前年より6つ低下）。円安の効果で観光収入や国際貿易の指標が改善したが，経済成長率の鈍化や構造改革の遅れが響いた（『日本経済新聞』2015年5月28日付）。

ビジネス部門では，企業の社会的責任（CSR）で1位の評価を受ける一方，国際経験と経営幹部の競争力は最下位であり，語学力も60位，管理職教育も57位にとどまった。

1位はアメリカ（3年連続1位）で，以下，2位香港，3位シンガポール，4位スイス，5位カナダであった。主要先進国では，ドイツ10位，イギリス19位，フランス32位，イタリア38位であった。

歴史的推移を見ると，2009年の日本は17位であったし，さらにさかのぼって1980年代後半から90年代前半にかけては1位であったことを考えると，いわゆる「失われた20年」（1991年からの20年）の中で，日本の世界における競争力は相対的には徐々に低下してきていると考えられる。

表序-3 フォーチュン・グローバル 500 の上位 10 社（2015 年版）

(単位：100 万ドル)

順位	企　業	国	業　種	売上高
1	ウォルマート	アメリカ	小　売	485,651
2	中国石油化工	中　国	石　油	446,811
3	ロイヤル・ダッチ・シェル	オランダ	石　油	431,344
4	中国石油天然気集団公司	中　国	石　油	428,620
5	エクソンモービル	アメリカ	石　油	382,597
6	BP	イギリス	石　油	358,678
7	国家電網公司	中　国	送　電	339,427
8	フォルクスワーゲン	ド イ ツ	自動車	268,567
9	トヨタ自動車	日　本	自動車	247,703
10	グレンコア	ス イ ス	商　社	221,073

(出所) Fortune Global 500, 2015.

フォーチュン・グローバル 500

国全体でなく，企業の実際のランキングを見るものとしては，アメリカの経済誌『フォーチュン (*Fortune*)』が年1回発表しているフォーチュン・グローバル 500 がある。

2015 年のフォーチュン・グローバル 500 の上位 10 社は，**表序-3**の通りである。

表にあるように，1 位はウォルマート（アメリカ；小売，4856 億ドル）であったが，2～6 位が石油，7 位も送電ということで，インフラ企業の重要性が見て取れる。国別で見ると，日本はトヨタの 9 位（2477 億ドル）が最高であったが，アメリカがトップ 10 に 2 社（ウォルマート，エクソンモービル），中国が 3 社（中国石油化工，中国石油天然気集団公司，国家電網公司）であることを考えると，アメリカだけでなく，中国にも引き離されたという印象を受ける。実際，500

社の内訳は，1位アメリカ（128社），2位中国（106社），3位日本（54社），4位フランス（31社），5位イギリス（29社），6位ドイツ（28社）であり，中国に比較しての日本企業の相対的地位の低下が見て取れる。

海外生産比率の推移だけから考えると，確かに日本企業の海外展開は着実に進んでいるが，これらIMDやフォーチュンのランキングから考えると，中国の躍進などもあり，相対的地位は徐々に低下していると捉えられる。

3 グローバル・マーケティングの重要性
●グローバルな日本企業をめざして

ヒト・モノ・カネ・情報のグローバル化がさらに進み，一方で，いわゆる「失われた20年」の間に，日本企業の世界における立ち位置が徐々に低下している中，日本企業のグローバル戦略の重要性は大きく増しており，中でも世界の市場の変化に即応するグローバル・マーケティング戦略がいま問われている。

以下では，その歴史的展開を概観する中から，今日におけるグローバル・マーケティングの重要性を明らかにする。

グローバル・マーケティングの成立と展開

［マーケティングの成立と展開］

グローバル・マーケティングが基礎とするマーケティング自体は，19世紀末から20世紀初頭にかけてアメリカで生まれた。広告や販売員管理などすでに19世紀末に見られていた部分的マーケティング活動が，20世紀に入り，ブランド，広告，販売員，流通チャネル，価格などの諸手段を統合的に使用する，総合的営業活動としてのマーケティングとして展開されるようになった。

その後，1929年の大恐慌で消費が大きく減退する中，「作ったものを売る（Product Out）」という高圧的なマーケティングから，「売れるものを作る（Market In）」という低圧的なマーケティングへと，マーケティング発想の大転換が行われ，製品計画としてのマーチャンダイジング概念がマーケティングの中核に据えられた。その流れの中，1930年代には，（消費者のニーズを探る）マーケティング・リサーチも発展した。

そして第2次世界大戦後の巨大設備投資を必要とする技術革新の進展の中で，投下資本の回収と大量生産製品の大量販売という重責を果たしていくために，生産に加え，財務，人事など，あらゆる企業活動を計画し，組織し，統制する基礎としてのマネジリアル・マーケティング（いわゆるマーケティング）へと自己革新を遂げ，今日に至っている。

[グローバル・マーケティングの展開]

国を越えたマーケティングは，第2次世界大戦後の1950年代にアメリカにおいて始まった。当初は，ヨーロッパや日本などへのアメリカ企業の輸出にマーケティングの考え方を適用し，**輸出マーケティング**（Export Marketing）という形で展開された。そこでは，国内と海外という異なる環境によってマーケティングがどう異なるかに関心が集まり，環境論的アプローチが重視された。

その後，1970年代には，多国籍企業化したアメリカの巨大製造企業が主役となり，単に輸出をいかに行うかという段階を超え，多数国に生産・販売拠点を持つ企業の**国際マーケティング**（International Marketing）という形で展開された。その際には，本国と進出国間，また進出する多数国間でのマーケティングの標準化・現地化の意思決定が重要な課題であった。

そして，1990年代には，欧米系に加え日系の多国籍企業も，世

界的な生産・販売拠点の配置（日米欧の3極体制や日米欧亜の4極体制）を完了しており，全地球的な視野で全体の調整や統合を考える**グローバル・マーケティング**（Global Marketing）が展開された。

2000年代に入り，先進国市場の成長の限界が意識される一方で，BRICs（ブラジル，ロシア，インド，中国）をはじめとする新興国の発展や，さらにその下の貧困国ともいわれるBOP（Base of the Pyramid）市場の可能性が指摘されるようになり，先進国を中心に発展してきた国を越えたマーケティングが，まさに全地球的な規模で展開されるようになったのが今日といえる。

いまこそグローバル・マーケティング革新のとき

グローバル・マーケティングの歴史的展開からわかることは，時代時代の社会の要請や国際化の課題に応じて，グローバル・マーケティング自体が進化してきたことである。21世紀初頭という現代において，世界の国や市場や企業は大きな変革期にあり，グローバル・マーケティングもまた新たな革新のときを迎えている。その際には，①グローバル・マーケティングの対象国との関係の多様化，②グローバル・マーケティングのプレイヤー（参加者）の多様化，の2点を考える必要がある。

まず，①（対象国との関係の多様化）については，日米欧の先進国とそれ以外の新興国・発展途上国との関係について，その再検討・再構築が必要である。1960年代など初期の頃の国を越えたマーケティングでは，先進国に置かれた本社が権限も能力も高く，進出国の海外子会社をコントロールしていた。それが，1980年代後半以降，海外子会社に資源・能力が蓄積された結果，バートレットとゴシャールによるトランスナショナル・モデルのように（Bartlett and Ghoshal 1989），多国籍企業の各国拠点を水平的ネットワーク構造と捉えるモデルが注目を浴び，相互の知識移転の研究が重要性を増し

た。ただ，水平的とはいいながらも，基本は本国親会社から海外子会社への垂直的関係が強かったところ，そこに登場したゴビンダラジャンが提示した「リバース・イノベーション」という概念は鮮烈であった（Govindarajan and Trimble 2012）。これは，途上国で生まれたイノベーションを先進国に逆流させるという意味で，まさに「リバース」なのである。近年の BOP 市場の拡大の可能性に伴い，先進国・新興国・BOP 市場をあわせた全体の関係性をどう構築していくかが，いまグローバル・マーケティングに求められている。

次に，②（プレイヤーの多様化）については，その最大の推進力はインターネットである。従来は多国籍企業や，少なくともある程度の規模の企業でなければできなかったグローバル・マーケティング活動が，いまや小さな企業でも，また一個人でさえできるようになった。企業の場合，これまでは，輸出 → ライセンス生産 → 合弁 → 直接投資などと，順を踏んで少しずつグローバル化の程度をあげていかなければならなかったのが，いまでは最初から世界を相手にビジネスができるのである。まさにインターネットの時代は，ボーン・グローバル（Born Global；生まれたときからグローバル）企業を多数生み出す時代であり，とくに，デジタル・ネイティブ（Digital Native；生まれながらに ICT に親しんでいる世代）といわれる近年の若者世代がビジネス・シーンに登場してくる現代，この傾向はますます拡大していくと考えられる。

このような時代状況の中，グローバル・マーケティング研究の革新も必要である。グローバル・マーケティングは，マーケティングを母体とする研究分野ではあるが，マーケティングを超えた多くの意思決定を含むものであり，したがって，異なる分析枠組みが必要である。本書では，マイケル・ポーター（Porter 1986）がグローバル経営の枠組みとして示した「配置」と「調整」によって，グロー

バル・マーケティング全体を整理した。そして、そこにグローバル・ブランドやリバース・イノベーション、また BOP 市場など、近年の重要ビジネス課題を取り込んで分析した。また、メーカーを基本としながらも、サービス業、小売業の章も設け、すべての企業に指針を示せるものにした。

以下の 12 の章で、グローバル・マーケティングのいまに触れていただきたい。

演習問題

0-1 ヒト・モノ・カネ・情報のうち、最もグローバル化が進んでいると思う分野を取り上げ、実際の例をあげてみよう。

0-2 現在の世界は、フラットなのか、スパイキーなのか、自分の意見をまとめてみよう。

0-3 今日の日本企業にとって、グローバル・マーケティングの果たす役割について整理してみよう。

文献ガイド

Friedman, T. L. (2005) *The World is Flat: A Brief History of the Twenty-first Century,* Farrar Straus & Giroux. (伏見威蕃訳『フラット化する世界――経済の大転換と人間の未来（上・下）』日本経済新聞出版社、2008 年)

Ghemawat, P. (2007) *Redefining Global Strategy: Crossing Borders in a World Where Differences Still Matter,* Harvard Business School Press. (望月衛訳『コークの味は国ごとに違うべきか――ゲマワット教授の経営教室』文藝春秋、2009 年)

Porter, M. E., ed. (1986) *Competition in Global Industries,* Harvard Business School Press. (土岐坤・中辻萬治・小野寺武夫訳『グローバル企業の競争戦略』ダイヤモンド社、1989 年)

第1章 グローバル・マーケティング戦略の枠組み

マーケティングの配置と調整

Introduction

　複数国で同時にマーケティングを展開することによって，国内マーケティングから，グローバル・マーケティングへと革新することになる。しかし，国を越えるということは，言語や制度，経済や文化が異なる国に進出するわけであり，その戦略構築は非常に難しい。

　本章では，経営戦略の世界的権威マイケル・ポーターの「配置」と「調整」という枠組みを基本に，グローバル・マーケティング戦略を体系化する。すなわち，グローバル・マーケティング戦略を，①どの国に進出するかという「配置」の戦略と，②進出した複数国および本国間での活動をいかに関連づけるかという「調整」の戦略に二分するのである。配置戦略としては，参入市場や参入モード（方法）の決定が，調整戦略としては，標準化／現地化の決定や知識移転が，その中核となる。

　国内マーケティングの体系を，領域的にも理論的にもはるかに超えるグローバル・マーケティング体系の基礎を，学んでほしい。

Keywords

EPRG プロファイル　　戦略的マーケティング　　配置　　調整　　参入市場　　参入モード　　標準化／現地化　　知識移転　　バリュー・チェーン

1 グローバル・マーケティングとは何か
●国を越えることの意味

　グローバル・マーケティングをどう捉えるかについては，その名称も含め，多様な議論が存在する。そこで以下では，その定義から始まり，本書におけるグローバル・マーケティング概念の基本的考え方について説明する。

本書における定義　　序章で見たように，国を越えたマーケティングは，第 2 次世界大戦後の輸出マーケティング (Export Marketing) から，1970 年代には国際マーケティング (International Marketing)，1990 年代にはグローバル・マーケティング (Global Marketing) と，主たる名称を変えながら研究されてきた。

　本書でも，グローバル・マーケティングを扱うわけであり，まず定義を明らかにしなければならない。概念を定義するには，内包（内容）と外延（適用範囲）を明確にすることが不可欠である。そこで本書では，グローバル・マーケティングの内容（内包）として，「複数国（の複数市場）で同時にマーケティングを展開すること」と定義する。その結果，グローバル・マーケティングの適用範囲（外延）としては，単なる輸出マーケティングから，世界的視野に立ったグローバル・マーケティングまで，国を越えたマーケティングの

すべてが対象になる。

このような定義に立って過去の2つの研究を振り返ると、本書の立場がより明確になる。

パールミュッターは、グローバル企業の基本姿勢として、①本国志向（Ethnocentric；権限を本国本社に集中）、②現地志向（Polycentric；権限を一部現地に委譲）、③地域志向（Regiocentric；地域本社に権限集中）、④世界志向（Geocentric；世界本社と地域子会社の密接な連携）という **EPRGプロファイル**を提示した（Heenan and Perlmutter 1979）。これは、どのような視点に立ってグローバル・マーケティング戦略を展開すべきかについて、4つの選択肢を与えてくれるので、大変参考になる。

また、バートレットとゴシャールは、グローバル企業のモデルとして、①マルチナショナル（各国市場の違いに対応）、②グローバル（世界を単一市場と見る）、③インターナショナル（親会社のノウハウを各国に移転）、④トランスナショナル（本社方針明確かつ子会社に権限分散）という4つをあげている（Bartlett and Ghoshal 1989）。これも同様に、（用語が若干わかりにくいことを除けば）グローバル・マーケティング戦略がとりうる4つの選択肢と考えれば、参考になる。

ただ、国を越えたマーケティングをあまりに細かく分類すると（たとえば、トランスナショナル・マーケティング、メタナショナル・マーケティング、など）、その内容（内包）だけでなく適用範囲（外延）も曖昧になる（たとえば、世界的大企業のP&Gは、トランスナショナルなのか、メタナショナルなのか、は曖昧で不明）。

そこで本書では、そのような細かい分類を避け、簡潔に、「複数国（の複数市場）で同時にマーケティングを展開すること」をグローバル・マーケティングと定義する。その結果、国を越えたマーケティングがすべてグローバル・マーケティングとなるわけであり、

上記のパールミュッターやバートレット＝ゴシャールの4類型も，各企業がとるべきグローバル・マーケティング戦略の選択肢として包含することが可能になるのである。

こうして，複数国（の複数市場）で行うマーケティングをいかに成功裡に導くかが，グローバル・マーケティング戦略の課題となる。

> 「国を越える」ことで発生する3つの課題

国を越えることにより，グローバル・マーケティングには，（国内マーケティングにはない）次の3つの課題が生まれる。すなわち，①複数環境下でのマーケティングの同時展開，②それら活動の調整，③ある国での経験の他国での活用，である（Jain 1996）。

国内でも，関東と関西で文化や嗜好などの環境は違うといえるが，たとえば，日本と中国では，文化・嗜好だけでなく，民族，言語，宗教，気候，経済水準，税制，法律，歴史すべてが異なるのである（第2章参照）。したがって，異なる環境下の複数国でマーケティングを同時展開することは難しく（課題①），その間の調整（課題②）も必要である。花王は，2010年，ヘアケアブランド「アジエンス」をアジア7カ国・地域（日本，台湾，香港，シンガポール，中国，タイ，マレーシア）でプロモーション展開する「アジアンビューティ2010プロジェクト」を行ったが，「アジアンビューティ」という共通コンセプトの下での7カ国同時展開（課題①）や，半年ほどの間で7地域に順次プロモーションを行う活動の調整（課題②）など，多くの課題を乗り越えて実施した。

一方，異なる環境下では異なる経験を積むことができるので，ある国での経験やノウハウを，他国に知識移転できるというメリット（課題③）も生まれてくる。日本コカ・コーラは，日本で開発した「アクエリアス」をいまや世界中で販売しており，スペインなどヨーロッパや中南米，アジア諸国でヒットしている。また，「い・

ろ・は・す（I LOHAS）」のペットボトルは，植物由来の素材を使用しリサイクルのために簡単につぶすことが可能な構造となっているが，東京のR&D施設で開発したこのボトル技術は，いまや世界中のコカ・コーラ各社で導入されている。このようにブランドや技術などを他国に知識移転することによって，大きなメリットを享受できるのである。

以上のようにグローバル・マーケティングは，国内マーケティングとは異なる課題に直面するからこそ，それらを克服・活用することによって，国内マーケティングに新たな理論的・実践的インサイトを付け加えていくことができるのである。

グローバル・マーケティングと戦略的マーケティングの類縁性

グローバル・マーケティングを理解する上で，**戦略的マーケティング**との類縁性を考えることは重要である。

国内マーケティングの体系は，①（多事業を市場環境に適合させる）戦略的マーケティングと，②（特定製品事業における）マーケティング・マネジメント（いわゆる4Pのマーケティング）からなる（Lambin 1986）。この戦略的マーケティングは，4Pのマーケティング・マネジメントを統括するという意味で，グローバル・マーケティングと大変似ている。

戦略的マーケティングは，（各製品事業ごとの）マーケティング・マネジメントを調整・統括するものであるが，グローバル・マーケティングも，（各国ごとの）マーケティング・マネジメントを調整・統括するものであり，ともに，4Pのマーケティング・マネジメントの上位概念と考えられるのである。

これらの関係を図示すると，図1-1のようになる（複数製品事業を国際展開する電機メーカーの例）。

図にあるように，1つひとつのセルがマーケティング・マネジメ

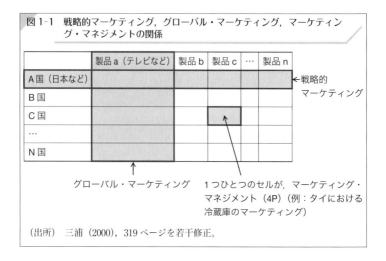

(出所) 三浦（2000），319 ページを若干修正。

ント（4P のマーケティング）であり，たとえば，C 国がタイで，製品 c が冷蔵庫なら，図中の 1 つのセルは，「タイにおける冷蔵庫のマーケティング」になる。パナソニックなど日本の電機メーカーは，横の行における戦略的マーケティング（テレビ，冷蔵庫など複数製品事業の統括）も，縦の列におけるグローバル・マーケティング（日本，タイなど複数国戦略の統括）も，ともに行っているのである。

パナソニックは，2013 年の組織改革を経て，現在，テレビ事業部やエアコン事業部，ビューティー・リビング事業部や車載エレクトロニクス事業部など 20 の事業部（SBU；戦略的事業単位とも呼ばれる）を擁している。日本国内において，それら多種類の事業の 1 つひとつを PPM（製品ポートフォリオ・マネジメント）や GE グリッドに位置づけ，それら事業を全体として調整・統括しており，それが戦略的マーケティングである。

同様に，1 つの事業（たとえば，テレビ事業）において，その多くの国への事業展開の 1 つひとつを国別ポートフォリオ（第 4 章「グ

ローバル・ポートフォリオ」参照）などに位置づけ，それら多くの国での展開を全体として調整・統括していくのがグローバル・マーケティングなのである。

パナソニックは多くの事業を4つのカンパニーで中間的に統括しているが（上記20事業部を，アプライアンス社，エコソリューションズ社，AVCネットワークス社，オートモーティブ＆インダストリアルシステムズ社という4つのカンパニーで統合運営），同様に，グローバル・マーケティングでも，世界の国々を複数の地域本社などの組織で中間的に統括することはよく行われる。パナソニックでは，家電などのアプライアンスに関しては，アジアではマレーシア・クアラルンプールに本拠を置いて統括している（社名は，パナソニックアプライアンスアジアパシフィック社）。

このように，各個別事業のマーケティングの基礎の上に，一段高い全社的な視点から事業間の資源配分を考えるのが戦略的マーケティングであり，それと同様に，各個別国のマーケティングの基礎の上に，一段高い全社的（全世界的）視点から各国間の資源配分を考えるのがグローバル・マーケティングなのである。

グローバル・マーケティングの課題

グローバル・マーケティングでは，①各個別国でのマーケティングの展開と，②それらの全体統括が必要であるが，前者（図1-1における1つひとつのセル）については，セルごとに大きな違いはない。すなわち，日本におけるテレビのマーケティングも，タイにおける冷蔵庫のマーケティングも，マーケティングの基本は同じである。ともに，消費者（日本の消費者，タイの消費者）を分析し，それらターゲットに一番適切な4P戦略を展開するのである。

実際，かつてある日雑品メーカーの元タイ現地法人社長に聞いたことがあるが，「（当地に）行ってしまえば，やることは日本と同じ」

なのである。日本であろうと，タイであろうと，進出してしまえば，やることは，ターゲット消費者のニーズや行動を分析して，それに適合する4P戦略を立てるのである。出てくる戦略は違うとしても，マーケティング戦略を考える枠組みは同じであり，それほど難しくはない。日本におけるマーケティングのやり方がそのまま使えるのであり，違いは，各変数の値のみである（日タイの消費者の所得の違い，日タイの流通チャネルの発展度合の違い，など）。

　一方，その元社長によれば，「(むしろ) 行くまでが大変」なのである。本当にタイでいいのか，ベトナムやインドネシアの方がいいのではないか。そこを考えるのが一番難しいといわれたが，そこがまさに図1-1のグローバル・マーケティングにあたる。行ってしまえばやることは同じであるが，どこにどのように行くか（そして行った国々の間でいかに戦略を調整するか）は，4Pのマーケティング論では教えてくれない。それを明らかにするのが，グローバル・マーケティング研究に課せられた大きな課題なのである。

2　グローバル・マーケティングにおける配置と調整
●グローバルを考える2つの次元

　世界のどの国に進出するか，また進出国間でいかに戦略を調整するかがグローバル・マーケティングに課せられた大きな課題である。それに1つの回答を与えてくれるのが，経営戦略論のポーターによる配置と調整という考え方である。

ポーターの配置と調整　ポーターによると，グローバル経営戦略には，**配置**（Configuration）と**調整**（Coordination）という2つの次元がある（Porter 1986）。すなわち，経営諸活動が世界のどの地域／地域数で行われるべきかを決定する「配置」

と，それら国別で行われる諸活動の関係を決定する「調整」である。これまでの多くの先行研究が，グローバル戦略の諸タイプの提示などの類型論に終わっていたのに対し（パールミュッターのEPRGプロファイルなど），このモデルは，海外進出の決定（配置）と，その後の管理（調整）という，実際の海外進出活動の段階に応じたものとなっており，理論的にもわかりやすく，実践的にも利用しやすい。

ポーターは，生産，マーケティング，サービス，技術開発，調達といった経営諸側面ごとに，配置と調整の例を示しており，たとえば，グローバル生産なら，配置課題として工場の立地選定，調整課題として工場別の生産タスク割り当てや工場間での技術・ノウハウ移転，などをあげている。

グローバル・マーケティングでは，配置課題として国や製品ラインの選定などを，調整課題としてブランド名，ポジショニング，チャネル，価格の世界共通化や調整などをあげている。それは，世界のどの国に進出するか，また進出国間でいかに戦略を調整するかという，グローバル・マーケティングの2つの課題にまさに答えるものである。

グローバル・マーケティングの配置と調整　上記のポーターの議論をもとに整理すると，グローバル・マーケティングの配置と調整は，表1-1のように表せる。

表にあるように，配置課題については，①**参入市場**（どの国のどの製品市場か）の選定に加え，②**参入モード**（輸出，ライセンス供与，合弁，直接投資など）の選定をいかに行うかが，重要な意思決定課題となる。一方，調整課題については，ポジショニング（製品コンセプト）を含めた4P（製品・価格・プロモーション・流通チャネル）戦略の，①**標準化**（世界共通にするか）／**現地化**（現地に適応させるか）と，②（本国・進出国間での）**知識移転**，が重要な意思決定課題となる。

表1-1 グローバル・マーケティングの配置と調整

配置課題	調整課題
①参入市場（国・製品）の選定	①標準化／現地化（ポジショニング，4P）
②参入モードの選定	②知識移転

（出所）　三浦（2000），322ページを若干修正。

　乗用車メーカーで考えたなら，ホンダは，配置課題①（参入市場）として，中国のSUV（スポーツ用多目的車）およびHV（ハイブリッド車）市場を選択し，配置課題②（参入モード）として，合弁（広州ホンダ）で参入している。一方，スズキは，配置課題①（参入市場）として，インドの普及車市場を選択し，配置課題②（参入モード）として，直接投資（マルチ・スズキ・インディア社）で展開している。

　また，広州ホンダは，調整課題（①標準化／現地化，②知識移転）として，2008年の北京モーターショー以来，中国独自の自主ブランド「理念」シリーズを展開している（現地化）。一方，マルチ・スズキは，インドで2012年に発売したエルティガ（7人乗り小型ミニバン）をインドネシアに横展開している（知識移転による地域内標準化）。

　これらは1つの例であり，それ以外の国々にも多くの戦略を展開している。ホンダやスズキとしては，これら戦略実行の前提として，どの国の製品市場に，どのような参入モードで参入すべきかという配置課題と，進出諸国間で戦略をいかに標準化／現地化し，知識移転すべきかという調整課題について，常に分析・検討を行っているのである（これらの例はその1つの結果）。

　このように，いかに配置し，いかに調整すれば成功するのかを明らかにするのが，グローバル・マーケティングなのである。

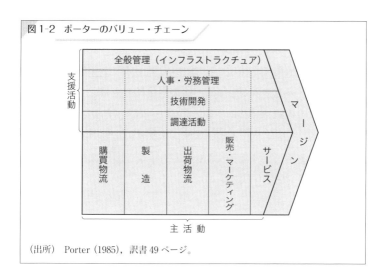

図1-2 ポーターのバリュー・チェーン

(出所) Porter (1985), 訳書49ページ。

> バリュー・チェーンの考え方

企業は海外進出にあたって、配置と調整という2つの次元の戦略を展開していくべきことが理解されたが、その際に、ポーターの提示した「**バリュー・チェーン**(Value Chain)」の考え方は重要である (Porter 1985)。バリュー・チェーンとは、企業の諸活動を、顧客への「価値(バリュー)」を創造するものとして、上流から下流へかけての連鎖(チェーン)として分析したものであり、図1-2のように表せる。

図の「主活動」に注目すると、メーカーの場合、部品や原材料を「購買」し、それらに基づき「製造」し、市場に「出荷」し、「販売・マーケティング」を展開し、「サービス」を付加し、それら諸活動によって顧客価値(バリュー)を作り出し、マージンを得る。

このバリュー・チェーンの考え方は、グローバル・マーケティングの配置と調整に大きな示唆を与えてくれる。

まず，グローバル・マーケティングの配置については，その決定の際に，常にビジネスの流れ（バリュー・チェーン）を頭に入れておくべきことを教えてくれる。仮に日本の菓子メーカーがインドネシアに進出し，販売するとして，どこで原材料を調達し，どこで製造する，といった販売・マーケティング以前の上流活動との調整は不可欠である。たとえば，江崎グリコは，タイの工場で製造したポッキーをインドネシアで販売しているが，インドネシア進出にあたっては，製品を日本の工場から持って行くのか，タイの工場から持って行くのか，などを検討したはずである。すなわち，進出先国を選定する際も，購買・製造・販売というグローバルなサプライチェーンを常に考慮しなければならないのである。実際，ポーターは，図1-2のような各企業のバリュー・チェーンに加え，供給元企業のバリュー・チェーン，販売先企業のバリュー・チェーンとの連携の重要性も述べている（Porter 1985）。

　次に，グローバル・マーケティングの調整については，各個別戦略のバリュー・チェーンにおける位置から，その基本的方向性（標準化か現地化か）を教えてくれる。図1-2の「主活動」は，買い手から遠い「上流活動」（購買物流や製造など）と買い手に近い「下流活動」（販売マーケティングやサービスなど）に分けられるが，買い手に近い下流活動は買い手に適応して現地化する一方，買い手からは遠く直接見られることのない上流活動は，買い手に関係なく標準化することが可能である。たとえば，セブン-イレブンなどコンビニ・チェーンの海外展開を考えた場合，店舗や品揃えといった下流活動は現地の買い手・消費者に適応して現地化する一方，背後で支える調達物流や加工などの上流活動は必ずしも現地の買い手・消費者に適応させる必要はなく，より効率的なシステムで標準化することができそうである。同様に，メーカーならば，顧客から遠い「購

買」は全世界から最適なものをグローバル・ソーシング（調達）して標準化する一方，顧客に近い「アフターサービス」は現地に対応した現地化戦略が必要と考えられる。

このように，グローバル・マーケティングの配置と調整を考える際には，バリュー・チェーンというビジネス全体の流れを常に頭に入れておくことによって，より有効な戦略が立案可能となるのである。

3 グローバル・マーケティングの体系と本書の構成
●世界と企業のマッチング

最後に，本書におけるグローバル・マーケティングの体系と，それに基づく本書の構成について説明する。

グローバル・マーケティングの体系

これまでの議論をふまえ，またランバンの現代マーケティングの体系（Lambin 1986）も参照しながら整理すると，グローバル・マーケティングの体系は，図1-3のように表せる。

図1-3の左側部分が，本書で提示するグローバル・マーケティングの体系である（右側部分は次項で後述）。図に見られるように，グローバル・マーケティングは，企業を方向づけるドメイン（企業の主要生存領域）の策定のもと，自社の経営資源分析と国別市場環境分析を統合する国別ポートフォリオなどに基づき，参入市場（国・製品）や参入モードを決定し（配置戦略），それら進出諸国間におけるポジショニングや4Pの標準化／現地化や知識移転を決定する（調整戦略）。このようなグローバル・マーケティング戦略のもと，各進出国においては，4Pを中核とする各国別マーケティング・マネジメントを展開するのである。

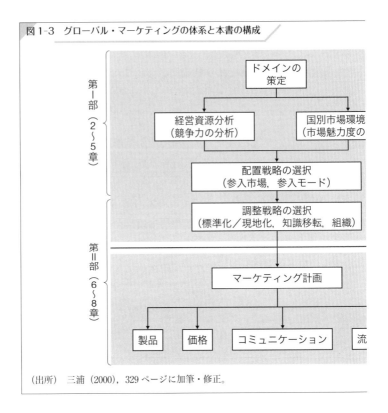

図1-3 グローバル・マーケティングの体系と本書の構成

(出所) 三浦 (2000), 329ページに加筆・修正。

　サントリーを例に考えた場合,「水と生きる」というコーポレート・メッセージ (多種類の飲料など消費者に水と自然の恵みを届け, また水を守り・育む企業をめざす) が企業を方向づけるドメイン (企業の主要生存領域) の役割を果たし, その下で, 自社の経営資源分析と国別市場環境分析から国別ポートフフォリオを作成し, 配置戦略 (参入市場, 参入モード) を選択することになる。

　配置戦略の参入市場としては, 中国や東南アジアは重要な進出国であり, 当地のスーパーやコンビニエンス・ストア, また地場の小

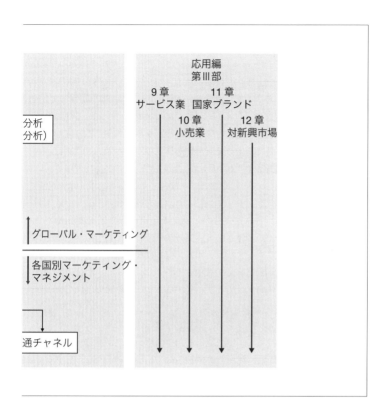

規模店などで多くのサントリー製品を販売している。そのような中, 近年, 新たな重要な参入形態として力を入れているのが, 同様に進出している日本の外食企業への飲料提供である。近年, 吉野家や味千ラーメン, モスフードなど日本の外食企業のアジア展開は拡大しており, 彼らに対して飲料 (アルコールを含む) を提供するのである。たとえば, サントリー子会社のSFBI (サントリー・フード・アンド・ビバレッジ・インターナショナル) は, ペッパーフードサービスから「ペッパーランチ」のフランチャイズ運営権を取得し, 2005年のシ

Case ①　ユニ・チャームのグローバル戦略：アジアから世界へ　●●●–

　日用雑貨品大手のユニ・チャームは，近年，アジア市場を中心に大躍進している。たとえば，同社の紙おむつ「マミーポコ」は，ジャカルタ（インドネシア）の大手小売業のベビー用品売り場では，世界の巨人P&G「パンパース」とまったく遜色のないほど広い棚を確保している。実際，2014年時点で，「マミーポコ」の同国市場でのシェアは60%を超えている。その他の製品も含め，中国，タイ，ベトナム，インドでも売上を伸ばし，全社売上高7387億円のうち，海外売上高比率は61.4%を誇っている（2015年12月期）。

　1961年に創業し，74年からユニ・チャームと社名変更した同社の海外展開は，84年，台湾に現地法人を設立したのに始まる。1990年代後半から中国，インドネシアなどアジアを重点市場に進出し，2000年代にはサウジアラビアに合弁会社，オーストラリアのおむつメーカーの買収，さらにロシアやアメリカ，オランダやブラジルにも進出し，現在は海外現地法人35社を擁し，東アジア・東南アジア・オセアニア・中東・北アフリカ・南米など世界80カ国以上で紙おむつ（「マミーポコ」など）や生理用品（「ソフィ」など）といった商品群を提供している。

　ユニ・チャームの海外進出のポリシーは明快である。

　まず配置課題の参入国の決定にあたっては，①当該国の成長前期か黎明期に参入，②投資に見合う高価格製品の市場規模の存在，③製品の良し悪しが見分けられる消費者の存在，などを基本にしている。1人当たりGDPとの関係でいえば，1000 USドルを超えると生理用品が，3000 USドルを超えるとベビー用紙おむつが，1万USドルを超えるとペットケア用品，大人用排泄ケア製品が普及するという。

　参入モードに関しては，対象国の状況に応じて，①直接進出方式と，

ンガポールを皮切りに中国や東南アジアでペッパーランチの外食店を展開しているが，そこにサントリーはアルコールを含む飲料を供給しているのである。ペッパーフードサービスから見れば，SFBIをフランチャイジーとした，フランチャイズという参入モードによるアジア進出であるが，サントリー本体から見れば，従来型小売業

②ライセンス方式を併用している。①については，潜在市場が大きく，今後高い市場成長性が見込め，かつ既参入競合のシェアが極端に高くない国への参入時に選択する（中国，タイ，インドネシア，インドなど）。現地生産か輸入販売かの判断については，国内市場規模と供給拠点としてのインフラ水準等を総合的に判断し決定している。一方，②は，既参入競合により寡占化され，市場成長性も鈍化しているが，マーケット規模が大きく安定的収益が期待できる国への参入時に選択する（北米，欧州など）。

次に，調整課題の標準化／現地化については，高品質というユニ・チャームの強みは維持しつつ，戦略によって適切に対応している。ブランドについては，ベビー用紙おむつ「マミーポコ」，生理用品「ソフィ」をそれぞれグローバル・ブランドと位置づけ，東アジア・東南アジアを中心に展開している（標準化）。ただ，アジア地域を中心とした新興国では所得水準の低さから日本製品をそのまま買うのは難しいため，「モレない」「ムレない」という基本機能は維持しつつ（標準化），その地域で重要度の低い機能は徹底的に省くことで（現地化），購買しやすい価格に抑えている。

もともと事業として不織布・吸収体市場に特化し，以上のような明快な海外戦略を展開した結果，ベビーケア部門，フェミニンケア部門，ヘルスケア部門で，アジア市場の1位のシェアを獲得している（それぞれ24.1％，21.8％，35.8％；2015年9月）。世界ではそれぞれ3位（10.0％），2位（9.9％），3位（11.2％）ということで，まだ上がいるが（同年同期），世界最大ともいわれるアジア市場での快進撃は，今後の展開を大いに期待させてくれる。

に加え，「ペッパーランチ」という新たな BtoB の輸出先の獲得であり，アジアの BtoC 市場に加え，アジアの BtoB 市場へと，進出先を拡大させたと捉えることができる。

調整戦略については，「ペッパーランチ」における飲料の品揃え（サントリー本体から見れば，海外外食店への飲料供給）は，日本のペッ

パーランチ向けと同じところ(標準化)もあれば,違うところ(現地化)もあると考えられる。また,そこでの売れ行きや消費者ニーズを見ながら,シンガポール店で売れた飲料をジャカルタ店でも展開したとすれば,それは重要な知識移転と考えられる。

実際の各国別マーケティングにおいては,日本国内と同様な4Pを中核としたマーケティングが展開される。たとえば,SFBIは,2008年のリーマン・ショック以降に域内の消費者の低価格志向が高まったことを受けて,よりカジュアルで低価格な「ペッパーランチ・エキスプレス」をシンガポールで展開している。消費者のニーズや嗜好の変化にあわせて業態や品揃えを変えるのは,日本国内におけるマーケティング戦略とまったく同じである。仮にこの低価格業態「ペッパーランチ・エキスプレス」をタイや中国などに横展開できたならば,これは知識移転として位置づけられ,グローバル・マーケティングの重要な調整戦略といえる。

本書の構成　本書は,以上のようなグローバル・マーケティングの体系に基づき,その各要素について,続く各章で詳述する。

まず,第1部(グローバル配置)の諸章では,グローバル・マーケティングの配置について説明する(図1-3の左側・上半分)。「ドメインの策定」および「経営資源分析」はすでに国内における経営・マーケティングの段階で基礎ができていると考えられるので軽く触れるにとどめ,まず第2章(グローバル市場環境分析)で「国別市場環境分析」について説明する。そして第3章(グローバル・マーケティング・リサーチ)では,より具体的にその分析の方法について紹介する。それら分析に基づき,「配置戦略の選択」について,第4章(参入市場の決定)と第5章(参入モードの決定)で,その戦略策定の方法論を提示する。

続いて，第Ⅱ部（グローバル調整）の諸章で，グローバル・マーケティングの調整について説明する（図1-3の左側・下半分）。「調整戦略の選択」について，第6章（標準化／現地化とグローバル・ブランドによる展開），第7章（グローバル知識移転戦略）で，その戦略策定の方法論を提示する。そして，第8章（グローバル・マーケティング組織の設計）で，これらの戦略を策定・実行する組織について説明する。これら標準化／現地化や知識移転，また組織の説明の際には，各国別マーケティング・マネジメントの実例を豊富に紹介する。

最後に，第Ⅲ部（実践的・今日的課題）の諸章は応用編であり（図1-3の右側部分），メーカーで始まったグローバル・マーケティング研究のサービス業への適用（第9章：サービス業のグローバル・マーケティング戦略），小売業への適用（第10章：小売業のグローバル・マーケティング戦略），を同じく配置・調整の枠組みで検討する。さらに，近年の話題としての国家ブランドへの適用（第11章：国家ブランドとしてのクールジャパン），BOPなど新興市場へのマーケティング（第12章：新興市場に対するマーケティング戦略）についても，配置・調整の枠組みを念頭に検討する。

これら諸章を読むことによって，今日のグローバル・マーケティングの全体像が理解できるはずである。

演習問題

1-1　国を越えることによって，グローバル・マーケティングは，国内マーケティングに比べ，どの点が難しくなるかを考えてみよう。

1-2　戦略的マーケティングとグローバル・マーケティングの類似点と相異点を整理してみよう。

1-3　海外進出している日本企業を1社取り上げ，どのような配

置戦略，どのような調整戦略をとっているか調べてみよう。

 文献ガイド

Lambin, J.-J. (1986) *Le Marketing Stratégique,* McGraw-Hill, Paris.（三浦信・三浦俊彦訳『戦略的マーケティング』嵯峨野書院，1990年）

Porter, M. E. (1985) *Competitive Advantage: Creating and Sustaining Superior Performance,* Free Press.（土岐坤・中辻萬治・小野寺武夫訳『競争優位の戦略——いかに高業績を持続させるか』ダイヤモンド社，1985年）

Porter, M. E. (1986) *Competition in Global Industries,* Harvard Business School Press.（土岐坤・中辻萬治・小野寺武夫訳『グローバル企業の競争戦略』ダイヤモンド社，1989年）

第 I 部
グローバル配置

　海外進出する企業にとって,まず一番大事なのは,どの国の,どの市場に,どのようなモード(方法)で参入していくかの決定である。これがグローバル配置である。
　第 I 部では,(配置戦略の基礎としての)グローバル市場環境分析とグローバル・マーケティング・リサーチ,(実際の配置戦略としての)参入市場の決定と参入モードの決定を分析する。

第2章 グローバル市場環境分析

世界の市場を明らかにする

Introduction

　世界のどの国・市場に,どのようなモード(方法)で参入するかという「配置」戦略を考えるためには,その基礎として,世界の市場環境を分析しなければならない。この分析を精確かつ効果的に行うことによって,成功する海外市場を見つけることができるのである。

　以下では,まず企業を取り巻く大きなマクロ環境として,①経済的環境,②制度的環境,③技術的環境,④文化的環境,を取り上げ,続いて,企業が接するより実践的なミクロ環境として,①顧客,②競合企業,③流通チャネル,を取り上げる。

　国内マーケティングも環境分析からスタートするが,グローバル・マーケティングでは,国内マーケティングよりはるかに多くの環境要因が加わり(例:国内では,文化的環境は既知のものとして,とくに分析されないことも多い),その内容も非常に多様であるので(例:法制度や流通チャネルは,国によって大きく異なる),その重要性ははるかに高い。しっかりした環境分析が,その後の成功には不可欠である。

Keywords

マクロ環境　ミクロ環境　1人当たりGDP　ジニ係数
GATT　WTO　EU　NAFTA　ASEAN　TPP　規格
高低コンテクスト　思考型／感情型製品　MT　TT

1 グローバル市場環境とは

●マクロ環境とミクロ環境

グローバル・マーケティングを展開するには，まずその環境を分析しなければならない。

グローバル・マーケティングを取り巻く環境には，マクロ環境とミクロ環境の2つがある。

マクロ環境とは，環境の中でもより外側の大きな環境であり，経済，制度，技術，文化，社会，自然，人口統計学的環境などがある。一方，**ミクロ環境**とは，企業が接するより具体的な環境であり，消費者・市場，競合他社，流通業者，供給業者，株主などがある。

マクロ環境が，1企業にとっては統制不可能である一方（1社で景気は動かせない，など），ミクロ環境は，より統制可能である（新製品で消費者に直接働きかける，など）。

したがって，企業としては，まずマクロ環境分析によって，環境の大きな流れをつかみ，その基礎の上に，実際のターゲットとなる市場や消費者，さらに競合他社などのミクロ環境分析を行い，戦略を立てるのである。

2 マクロ環境分析

●経済，制度，技術，文化を分析する

マクロ環境については，以下では，とくに重要性の高い，経済，制度，技術，文化の4つの側面から分析する。

経済的環境　海外進出にあたって，まず考慮すべきは進出国の経済的環境である。それは，GDP（国内総生産），1人当たりGDP，ジニ係数で理解できる。ここで，GDPは国全体の経済力を，1人当たりGDPは平均値としての個人の経済水準（購買力）を，ジニ係数は経済水準の社会的格差を示す。

表2-1は，主要国におけるGDP，1人当たりGDP，ジニ係数を比較したものである。

[GDP（国内総生産）]

GDP（Gross Domestic Product；国内総生産）とは，国内の生産活動による商品・サービスの産出額から原材料などの中間投入額を控除した付加価値の総額であり，国全体の経済力を表す。

表2-1から明らかなように，2015年の名目GDPの1位はアメリカ，2位は中国であり，3位以下を大きく引き離している。とくに中国は，2009年に日本を抜いてGDP世界第2位の地位を獲得した後も成長を続け，いまや3位日本の倍以上のGDP規模となっている。その後に，ドイツ，イギリス，フランスをはじめとするヨーロッパの先進国が続いているが，インド（7位），ブラジル（9位），ロシア（12位）という，中国とともにBRICsを構成する新興国も大きく伸長してきている。それ以外では，東南アジアではインドネシア（16位），南米ではアルゼンチン（21位），北欧ではスウェーデン（23位），アフリカではナイジェリア（24位）がそれぞれ域内で最大

表2-1 GDP，1人当たりGDP，ジニ係数の国際比較

順位	GDP(10億USドル；2015年)		順位	1人当たりGDP(USドル；2015年)		順位	ジニ係数（調査年）	
1	アメリカ	17,947	1	ルクセンブルク	101,994	1	スウェーデン	0.230 (2005)
2	中　国	10,982	2	スイス	80,675	2	スロベニア	0.237 (2012)
3	日　本	4,123	3	カタール	76,576	3	モンテネグロ	0.243 (2010)
4	ドイツ	3,357	4	ノルウェー	74,822	4	ハンガリー	0.247 (2009)
5	イギリス	2,849	5	マカオ	69,309	5	デンマーク	0.248 (2011)
6	フランス	2,421	6	アメリカ	55,805	12	ドイツ	0.270 (2006)
7	インド	2,090	14	イギリス	43,770	24	フランス	0.306 (2011)
9	ブラジル	1,772	20	ドイツ	40,996	30	韓　国	0.311 (2011)
11	韓　国	1,376	22	フランス	37,675	38	イギリス	0.323 (2012)
12	ロシア	1,324	26	日　本	32,485	62	インド	0.368 (2004)
15	メキシコ	1,144	30	韓　国	27,195	69	日　本	0.379 (2011)
16	インドネシア	858	68	ロシア	9,054	92	ロシア	0.420 (2012)
21	アルゼンチン	585	73	ブラジル	8,670	101	アメリカ	0.450 (2007)
23	スウェーデン	492	75	中　国	7,989	115	中　国	0.473 (2013)
24	ナイジェリア	490	143	インド	1,617	126	ブラジル	0.519 (2012)

（出所）　GDPおよび1人当たりGDPは，IMF (2016) World Economic Outlook Databases。ジニ係数は，CIA (2013) The World Factbook。

の値を示している。

[1人当たりGDP]

1人当たりGDPは，上記GDPの1人当たりの平均であり，各国の人々の経済水準（購買力）を表す。

表2-1から明らかなように，2015年の1人当たりGDPは，1位ルクセンブルク，2位スイス，3位カタール，などとなっており，ヨーロッパなどの小国や北欧諸国，また中東という地理的な特徴が見られる。GDPでは上位のG7などの欧米日主要国はアメリカ（6位），ドイツ（20位），日本（26位）などであり，その次のグループを形成している。BRICs諸国は，ロシア，ブラジル，中国が70位前後，インドが143位と，先進国とはまだまだ開きがあり，国全体

の経済力（GDP）は上がってきているが，まだ国民1人ひとりの経済水準の上昇にまでは至っていない状況が見て取れる。

1人当たり GDP は，進出国・市場の選択にあたって，各国の消費者の購買力を検討する上で非常に重要である。一般に，1人当たり GDP が 1000 US ドルを超えると国民の消費意欲が高まり，3000 US ドルを超えると一通りの家電製品を買い揃えるようになり，1万 US ドルを超えると，中所得国であるといわれる。したがって，自社の製品が市場に受容されるのは1人当たり GDP がどの程度まで上がったときなのかを抑えつつ，海外進出先を意思決定していく必要がある。

この1人当たり GDP に関しては，「中所得国の罠」といわれるものがある。1人当たり GDP が1万ドルの中所得国まで経済成長を遂げる国は少なくないが，そこから上へはなかなか発展できない。1980 年代に1万ドルを超えた韓国とメキシコだが，韓国はサムスン電子などが牽引し発展が続いたが（2015 年で2万 7195 US ドル），メキシコは伸び悩んでいる（同・9009 US ドル）。1万ドルまでは低賃金の労働力などで達成できても，その後，人件費上昇や先進国との技術力格差などで伸び悩むのである。国家戦略としては，この1万ドルを乗り越えていくためにいかに高付加価値産業を育成していくかが課題であり，たとえば，マレーシア（同・9556 US ドル）は，世界で 16 億人以上（2010 年）のイスラム教徒のハラル（イスラム法で許されたもの；食べてよいものなど）の認証制度を確立し，そのグローバルな普及をめざす「ハラル・ハブ」国家戦略を展開している。今後，同国のハラル認証制度（イスラム諸国はそれぞれ独自の認証制度を持っている）がグローバル・スタンダードになれば，同国の GDP の飛躍が期待できる。

[ジニ係数]

ジニ係数とは，国の経済力の分散（階層間での散らばり）を示すものであり，経済格差の指標といえる。0（完全平等）から1（完全不平等）の値をとり，数値が高いほど経済格差がある。進出先国を決定する際に，貧富の差や国の安定度を教えてくれる。

表2-1から明らかなように，1位スウェーデンや5位デンマークなど北欧諸国は，ジニ係数が0.2台前半であり，豊かで（1人当たりGDPも高い），かつ平等な国を実現している（ノルウェーも7位，フィンランドも11位）。また，2位スロベニア，3位モンテネグロ，4位ハンガリーなども0.2台前半で，旧共産圏の小さな南欧・東欧諸国も平等な国と考えられる。一方，BRICs諸国は，インドは0.3台とやや高いだけだが，ロシアや中国が0.4台，ブラジルに至っては0.5台とジニ係数がかなり高い。ジニ係数は，0.4を超えると格差が社会を不安定にする可能性があり，0.5を超えると社会的な不満が激増するといわれている。これら諸国へ進出する際にはその点を注意すべきである。

ヨーロッパの中心諸国であるドイツ，フランス，イギリスが，北欧よりやや高いものの比較的平等な社会を実現しているのに対し，興味深い数値はアメリカと日本で見られる。アメリカでは，近年，0.408（1997年）から0.450（2007年）と上昇し，日本でも，0.249（1993年）から0.379（2011年）と大きく上昇している。とくに日本は，かつては「一億総中流社会」といわれ，共産主義社会よりも平等な社会を達成したと称賛されたこともあったが，北欧並みの水準から先進諸国の中でも格差の大きい国になっている（近年，日本国内でも格差の問題が大きく取り上げられている）。

格差の問題は社会的には大きな問題だが，ビジネスの視点からは，高価な輸入製品を買える購買力を持った富裕層がいることを示して

いる。世界有数の金融機関クレディ・スイス（Credit Suisse）の報告書「2015年度グローバル・ウェルス・リポート」によると，2015年の世界の富裕層（ミリオネア；資産100万USドル以上）の上位は，1位アメリカ（1565万人），2位イギリス（236万人），3位日本（212万人）となっており，BRICsでは中国が6位（133万人）であった。ただ，資産5000万ドル以上の「超富裕層」では，1位アメリカ（5万8855人）の次が，2位中国（9555人）であった。日本は8位（2468人）と大きく順位を下げる一方，インドが11位（2082人），ロシアが13位（1815人），ブラジルが16位（1498人）と順位を上げており，格差のある新興国では，超富裕層が育ってきている状況が見て取れる。

制度的環境　制度的な環境としては，さまざまな貿易ルールや，その結果としての地域経済ブロックなどがあり，海外進出を考える際には，これらの理解は不可欠である。

以下では，①世界全体，②地域，③国間，という階層ごとに整理して説明する。

[世界全体：GATTからWTOへ]

戦後，1944年のブレトン・ウッズ体制（国際貿易の自由化と経済成長，雇用促進を目的とした第二次世界大戦後の国際経済体制）のもと，IBRD（国際復興開発銀行）やIMF（国際通貨基金）とともに，多国間の協定により**GATT**（General Agreement on Tariffs and Trade；関税及び貿易に関する一般協定）が1947年に締結され，48年に発効した。自由（貿易制限措置の関税化及び関税率の削減），無差別（最恵国待遇，内国民待遇），多角（ラウンド，交渉）の三原則により貿易障害を撤廃し，世界の自由貿易の拡大を図ることをめざした（1948年発足当時の加盟国は23カ国で，日本は55年に加盟；最終締結国は128カ国・地域）。

発足以来,さまざまな貿易交渉が行われ,1986～95年のウルグアイ・ラウンドでGATTを拡大発展させる形で新たな貿易ルールとしてWTO協定がつくられ,95年に国際機関として**WTO**(World Trade Organization;世界貿易機関)が発足した。その後,2001年には中国も加盟し,2016年現在,加盟国は164カ国・地域となっている(外務省ホームページ)。

WTOも,GATT同様,世界貿易の自由化をめざすものであるが,3つの点で大きく革新した。

まず,組織の体制が異なる。GATTは貿易協定であるが,WTOは正式な国際機関である。次に,貿易対象が異なる。GATTがモノの貿易を対象とした協定であるのに対し,WTOはサービスや知的財産権も扱う。最後に,紛争処理の方法が異なる。GATTがコンセンサス方式(全加盟国が賛成の場合,実施可能)なのに対し,WTOはネガティブ・コンセンサス方式(全加盟国が反対しない限り,実施可能)である。このように,WTOは,強力なネガティブ・コンセンサス方式の紛争処理を行う国際機関として誕生し,モノだけでなくサービスや知的財産権も含めたすべての貿易のルールを方向づけている。

[地域:地域経済ブロック]

WTOは,世界全体に万遍なく適用されるものであるが,世界全体は必ずしも一枚岩ではなく,いくつかの地域経済ブロックに分かれている。

地域経済のブロック化の考え方は,大恐慌後の1930年代のブロック経済(本国と海外領土の間に特恵関税などでブロックをつくる排他的経済政策;英仏のものが有名)にさかのぼる。当時はブロック外の国に対する関税を引き上げることに,現在はブロック内の関税を下げることに重きが置かれているという違いはあるが,ブロック内の経

済の発展をめざすところは同じである。

今日の代表的な地域経済ブロックとしては、ヨーロッパの **EU** (European Union；欧州連合)、北米の **NAFTA** (North American Free Trade Agreement；北米自由貿易協定)、南米のメルコスール (Mercosur; Mercado Común del Sur；南米南部共同市場)、東南アジアの **ASEAN** (Association of South-East Asian Nations；東南アジア諸国連合)、などが有名である（関税削減政策などは行わないが、地域諸国の連携を強めるという意味では、中東・南米・アフリカのOPEC〔Organization of the Petroleum Exporting Countries；石油輸出国機構〕もある）。

ヨーロッパでは、戦争を2度と繰り返さないという考えのもと、1952年にECSC（欧州石炭鉄鋼共同体）が設立され、58年にEEC（欧州経済共同体）、67年にEC（欧州共同体）となり、93年には、欧州連合条約により、EU（欧州連合）という地域統合体が設立された。1999年には単一通貨ユーロを導入し（紙幣の流通は2002年から）、加盟28カ国中19カ国で使用されている。2014年現在、EU28カ国で、総人口5億人、域内GDP 18.4兆USドル（1人当たりGDP 3万6317USドル）の経済圏を形成している。ただ、EUの主要国の1つであるイギリスが、2016年6月23日の国民投票の結果、EUを離脱することになり（実際の離脱は数年先になる見込み）、今後の展開を注視する必要がある。

北米では、アメリカ、カナダ、メキシコの3カ国が、NAFTA（北米自由貿易協定）というFTA（自由貿易協定）を締結している（1994年発効）。NAFTA成立以降、域内の貿易は拡大し、とくにメキシコではマキラドーラ（保税加工制度；製品を輸出する場合、当該製品を製造する際に用いた原材料・部品などを無関税で輸入できる制度）が発展し、アメリカとの国境地帯を中心に所得が拡大した（一方、アメリカでは職がメキシコに流出したとして批判された）。2014年現在、

NAFTA 3カ国で総人口4.8億人，域内GDP 20.4兆USドル（1人当たりGDP 4万2703 USドル）の経済圏を形成している。

アジアでは，ベトナム戦争中の1967年，東南アジアの共産主義化を恐れたアメリカの支援のもと，地域協力機構としてのASEAN（東南アジア諸国連合）が設立された（原加盟国は，タイ，フィリピン，マレーシア，インドネシア，シンガポール）。その後，ブルネイ，ベトナムなどを加え，現在の加盟国数は10カ国で，2014年現在，総人口6.2億人，域内GDP 2.4兆ドル（1人当たりGDP 3976 USドル）の経済圏を形成している。2015年12月には，ASEAN経済共同体（AEC）が発足し，域内の貿易がさらに自由化され，市場統合を通じた経済発展が期待されている。

このような世界の経済統合化に対し，当初，日本はAPEC（Asia-Pacific Economic Cooperation；アジア太平洋経済協力；1989年発足）で対応していたが，なかなか成果をあげられていなかった。そのような中，近年大きな注目が集まるのが，**TPP**（Trans-Pacific Partnership；環太平洋戦略的経済連携協定）である。これは関税撤廃などによる経済発展をめざすEPA（経済連携協定）であり，現在の交渉参加国は，日本に加え，アメリカ，カナダ，メキシコ，チリ，ペルー，マレーシア，シンガポール，ベトナム，ブルネイ，オーストラリア，ニュージーランドの12カ国であり，12カ国全体のGDPは約28兆USドルで世界のGDPの約4割を占めている。

日本では，2015年の閣僚会議で大筋合意したので，今後は各国の議会の承認が得られれば発効する。発効後は，TPP参加国間での貿易にかかる関税は大幅に下がるので，これら諸国に進出する日本企業にとっては利益拡大要因になる。さらに，また非締結国のライバル企業に対して競争的な優位性も獲得できる。TPPは，海外進出を考える日本企業にとって，目の離せない大変重要なテーマで

ある(ただ,TPPに明確に反対するトランプ米大統領の出現で,日本の経済戦略も早急に再検討すべき課題となっている)。

[2国間:FTA・EPA]

WTOが164カ国の加盟国(2016年10月現在)に共通の国際的なルールであるのに対し,2国間(もしくは2国間以上)のルールにFTA(Free Trade Agreement;自由貿易協定)と,EPA(Economic Partnership Agreement;経済連携協定)がある。

FTAとは,2つ以上の国や地域が関税,輸入割当などの措置を撤廃・削減する協定であり,締結国間の自由貿易および投資拡大をめざすものである。一方,EPAは,FTAを基礎としながら,さらに人的交流や知的財産権保護,投資や競争政策まで含めたより包括的な協定である。上で見たNAFTAやTPPは,それぞれ2国間以上のFTA,EPAの例である。

WTOなどの多国間交渉では加盟国の合意形成に多大な時間とコストがかかるが,FTAでは(2国間交渉の場合),相手国との交渉だけでよいので,臨機応変的に,また戦略的に締結することができる。その結果,近年,とくに2国間のFTAが盛んに締結されるようになっている。たとえば,韓国は,EU・韓国自由貿易協定(2011年発効),米韓自由貿易協定(2012年発効)を締結し,さらに2015年12月には,中国,ベトナム,ニュージーランドとの自由貿易協定をそれぞれ同時に発効させており,自国に有利な貿易の制度を機動的に展開している。

海外進出の際に他国企業と競合した場合,他国は進出国とFTAを締結している一方,日本が当該進出国とFTAを締結していない場合,不利に働くことも多いわけであり,近年話題のTPPを含め,国家戦略として考えていくべき課題である。

技術的環境

技術的環境としては、動力源（エネルギー）、ICT（インターネットと携帯電話／スマホ）と、(それら技術の標準としての) **規格**、が重要である。

動力源の変化は、乗用車のハイブリッド化や太陽光発電などに見られるし、ICT（情報通信技術）の発展はネット社会を生み出し、人々のコミュニケーション形態を大きく変化させた。またこれらエネルギーやICTの技術を進化させていくためには、その規格戦略は非常に重要である。

[動力源（エネルギー）]

動力源の変化は、人間の発展の歴史と切っても切り離せない。古来、人力・馬力（家畜）や水力・風力など、自然の力を動力としていたのが、18世紀の産業革命で蒸気機関（石炭による蒸気力）が生み出され、19世紀の第2次産業革命では、ガソリン（石油）内燃機関や電力の発明・発見により、動力源が多様化し、強力になった。

1972年にローマクラブが『成長の限界』報告を出して以来（Meadows et al. 1972）、石油・石炭に代わる新たな動力源の問題は、環境問題とも関わって、今日の世界における最重要の課題の1つになっている。

車では、1997年、トヨタが世界初の量産HV（ハイブリッド車）として、「プリウス」を発売して以来、多くのHV、PHV（プラグイン・ハイブリッド車）、EV（電気自動車）、FCV（燃料電池車）など、ガソリン・エンジンに代わる新たな動力源による新製品が陸続と生み出されている。たとえば、2015年の北京モーターショー（約2000社が出展し、世界最大規模を誇る）では、独BMWの「740Le」(PHV)、仏シトロエンの「E-エリーゼ」(EV)、トヨタ「FCVプラス」(FCV)、など多くの次世代カーが出展された。日産が出展した「IDSコンセプト」は、さらに進んで、単に動力源が電気というだ

けでなく，多くのセンサーをAI（人工知能）で制御して，快適な自動運転車をめざしたものである。動力源の革新に加え，新たな動力源を用いてさらに車を快適にしようとするものであり，自動車のR&D（研究開発）に大きな影響を与えている。

一方，発電に関しては，2011年の東日本大震災以来，原子力発電も含め，議論が活発になっている。電気事業連合会によると，2014年度の電源別発電電力量構成比は，火力が87.8%（内訳：石炭31.0%，LNG 46.2%，石油等10.6%），水力が9.0%，地熱および新エネルギーが3.2%，原子力が0.0%であった（電気事業連合会ホームページ）。大震災前の2010年が，火力61.7%，原子力28.6%，水力8.5%，地熱及び新エネルギーが1.1%であったので，原子力が主に火力で代替されていることがわかる。中でもとくにLNG（液化天然ガス）が伸長しているが（29.3% → 46.2%），近年，アメリカ産などが注目を集めているシェールガス（頁岩〔シェール〕層という深いところから採取される天然ガス）の発展とも大きく関わっている。

地熱および新エネルギーはわずかに伸びているが，このような再生可能エネルギー（太陽光，風力，波力・潮力，流水・潮汐，地熱，バイオマス〔再生可能な生物由来の有機性資源〕）では，ドイツが進んでいる。ドイツ政府は，1990年代以降，複数の法律を制定して，電力会社に再エネ電源から電力を高価格で買い取ることを義務づけた。その結果，とくに風力発電は，1990～2012年の間に約570倍に増大した。最近では，太陽光発電の政策も進めており（住宅への太陽光発電パネルの設置，大規模なソーラー発電所〔メガソーラー〕の建設など），ドイツ政府は，再生可能エネルギーが発電に占めるシェアを2020年までに少なくとも35%まで拡大する計画という。

インフラに関わる日本企業のグローバル・マーケティングにとって，目の離せない重要なテーマである。

[ICT(インターネットと携帯電話/スマホ)]

インターネットと携帯電話/スマホの普及に代表される ICT の発展は,人々のコミュニケーション環境を劇的に変えた。

1991年に WWW(World Wide Web;世界中のサーバ公開情報をインターネットの Web ページで閲覧可能にしたハイパーテキスト・システム)が利用可能なサービスとして登場し,1993年のブラウザソフト「モザイク」の無償配布,95年のマイクロソフト「Windows95」と抱き合わせで提供された「インターネット・エクスプローラー」の普及によって,インターネットは一気に拡大した。

一方,1990年前後にいまに続く小型の携帯電話が発売され(92年の NTT ドコモ「mova」など),2000年前後に初期のスマホが導入された後,大きな転機となったのが2008年のアップル「iPhone 3GS」の発売である。ソフトバンクの積極的なキャンペーンもあって翌年には爆発的な普及が始まり,さらに2010年には Android 搭載スマホが多く発売され,単なる携帯電話を超えた,無線電話+PDA(Personal Digital Assistant;超小型パソコンと考えられる)としてのスマホが人々の日常になった。

表2-2は,世界におけるインターネットと携帯電話の普及率である。

表に見られるように,インターネットの普及率は,1~3位の島国や,4・5位のヨーロッパの小国が上位にきている(6位以下も同様の傾向)。実は9位までがすべてヨーロッパで,10位にバーレーンが入っており,中東も総じて高い。一方,BRICs は,ロシア(53位)~インド(141位)と順位は高くないが,たとえば,中国は104位といえども約半数にインターネットが普及しており,6.5億人以上という世界最大のユーザーがいる(26%と率では低いインドでも,3億人以上のユーザーがいる)。

第2章 グローバル市場環境分析

表2-2 インターネットと携帯電話の普及率の国際比較（2015年）

順位	インターネット普及率（％）		順位	携帯電話普及率（％）	
1	バミューダ	98.32	1	マカオ	324.44
2	フォークランド諸島	98.30	2	クウェート	231.76
3	アイスランド	98.20	3	香　港	228.83
4	ルクセンブルク	97.33	4	モルディブ	206.65
5	アンドラ	95.91	5	アラブ首長国連邦	187.34
12	日　　本	93.32	18	ロシア	159.95
16	イギリス	92.00	68	ブラジル	126.59
19	韓　　国	89.89	70	イギリス	125.75
26	ドイツ	87.58	71	日　　本	125.05
30	フランス	84.69	79	韓　　国	118.46
49	アメリカ	74.55	81	アメリカ	117.58
53	ロシア	73.41	83	ドイツ	116.71
84	ブラジル	59.07	121	フランス	102.61
104	中　　国	50.30	135	中　　国	93.16
141	インド	26.00	159	インド	78.84

（出所）　ITU（2015）World Telecommunication/ICT Indicators Database.

　このように欧米や中東，日本などの豊かな国ではインターネットが普及しており，また，実数で見ると中国やインドなども多く，それらの国々では，単に大企業（多国籍企業）だけでなく，中小企業や個人でさえグローバル展開が容易になっている（いまや若い世代はデジタル・ネイティブといわれ，英語さえできれば小中高生であってもグローバルなビジネスを展開することが可能である）。

　一方，携帯電話（含む；スマホ）の普及率では，1位マカオからから20位南アフリカまで，トップ20に欧米先進国は一国も入っていない（G7ではイタリアの27位が最上位）。これは先進国ではすでに有

線の電話インフラが充実していることが理由と考えられる。BRICsでは，ロシアが18位，ブラジルが68位と欧米先進国より普及している一方，中国が135位，インドが159位と普及は相対的に遅れている。ただ，これも契約者数で見ると，中国が圧倒的な1位（13.1億人），インドもそれに次ぐ2位（10.1億人）となっている（アメリカは3.8億人で3位，日本は1.5億人で7位）。インターネットに比べ，携帯電話／スマホの普及率は，アジアその他の発展途上の国々でも高く，仮にまだネットに接続できない携帯電話であるとしても，将来の大きなモバイル消費需要の核になると考えられる。

　実際，日本をはじめ先進国では，ユビキタス消費と呼ばれるように，インターネットとスマホによって，いつでも，どこでも，誰からでも消費できるようになっている（三浦 2013）。リアル店舗で営業時間内に購買していた従来型の消費に代わり，いまや通勤・通学時の音楽やゲームのダウンロード，母親が子どもを砂場で遊ばせながらの携帯からのネットスーパーでの購入，好きな服や本のヤフオクやメルカリ（スマホでネット上のフリーマーケットの利用ができるアプリ）での購入など，格段に消費・購買市場が広がっており，企業としては目の離せない非常に重要な市場である。

　[規　　格]

　動力源などのエネルギー技術でも，インターネットなどのICTでも，技術には，その標準としての規格（Standard）が必ず存在する。規格とは，当該技術に共通のルール（サイズ・性能・成分・構造・設計方法など）を設定するものであり，これによって，品質や生産効率の向上，部品・モジュール相互間の互換性などが促進され，技術の普及・発展につながる。したがって，技術的環境を分析する際には，規格を考えることは非常に重要なのである（共通のルールを設定する組織の視点から考えると，制度的環境の側面もあわせもってい

る）。

　1970〜80年代のビデオの規格争い（ソニーのベータ vs. ビクター・松下のVHS）や，2000年代のDVDの次世代規格争い（ブルーレイ vs. HD DVD）など，とくに機械モノ系では，昔から規格が重要な環境要因となっており，その対応戦略の違いで企業の盛衰が決定されることが多い。

　近年では，EV（電気自動車）充電器の規格について，チャデモ（CHAdeMO；トヨタ・日産など日本企業）と，コンボ（Combo；欧米企業）が対立していた（ただ現在，欧州市場では，どちらの規格にも対応できるマルチ充電器が主流になっているという）。

　規格に関しては，①デジュリ・スタンダード，②デファクト・スタンダード，③コンセンサス・スタンダード，という3つの考え方がある。①は法令上の標準ともいわれるもので，ISO（International Organization for Standardization；国際標準化機構）など公的な標準化機関が決定する規格である（品質マネジメントシステム規格のISO9000シリーズや，環境マネジメントシステム規格のISO14000シリーズ，など）。②は事実上の標準ともいわれるもので，上で見たVHSやブルーレイなど，公的な機関でなく，市場が決定する規格である。ネットワーク外部性（ネットワーク型サービスにおいて，加入者が増えるほど利用者の便益が増加するという現象）が重要な決定要因であるといわれるように，戦略を同じくするグループ企業の拡大が規格獲得への1つの戦略と考えられる。③は近年いわれるもので，フォーラムやコンソーシアムを組織し緻密な議論を重ねて合意しデファクト化をめざす規格である。その背景としては，技術が高度化してきたこと，デファクト化を市場に任せると時間がかかり経済的負担が重くなること，などがある。

　規格の競争は，all or nothing（すべてか，無か）が特徴である（ベ

ータも HD DVD も市場から退場させられた)。したがって,欧米各国は,「自分が勝てるルール」をつくるために,ISO や IEC(国際電気標準会議)などさまざまな組織や手段を使って努力してきた。一方で日本は,世界標準の規格づくりにはあまり参加せず,もっぱら品質の改善に邁進してきた。その1つの結果がガラパゴス化である(当該技術が日本でしか通用しないこと;携帯電話が有名だが,その他,カーナビ,ATM,ETC などでも見られる;圓川 2009)。

情報化の進展や環境志向の高まりの中,これからも多くの規格が世界標準化に向けて提案・議論されていくことが予想され,グローバルに展開する企業にとっては非常に重要な技術的環境といえる。

文化的環境

文化的環境としては,高低コンテクスト,宗教,言語が重要である。**高低コンテクスト**とは,世界の人々の価値観の特徴を表す概念であり,彼らの消費者行動に大きな影響を与える。そしてこの価値観に影響を与えるのが,宗教や言語である。

[高低コンテクスト]

アメリカの文化人類学者のホールは,文化には,高コンテクスト文化と低コンテクスト文化があることを示した (Hall 1976)。ここで,コンテクスト (Context) とは,その場の「状況・文脈」のことである。

高コンテクスト文化とは,人々の間のコミュニケーションにおける言葉の意味の解釈がその場のコンテクスト(状況)に大きく依存する文化で,日本などアジアが代表的である。実際,日本では,「阿吽の呼吸」と言われるように,口に出して明示的に言わなくても,その場の状況や相手の表情から,相手の気持ちを慮るコミュニケーションが行われる。一方,低コンテクスト文化とは,メッセージ自体に多くの情報が含まれているため,意味の解釈をコンテク

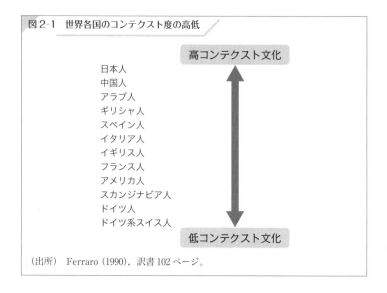

図2-1 世界各国のコンテクスト度の高低

高コンテクスト文化

日本人
中国人
アラブ人
ギリシャ人
スペイン人
イタリア人
イギリス人
フランス人
アメリカ人
スカンジナビア人
ドイツ人
ドイツ系スイス人

低コンテクスト文化

（出所） Ferraro (1990)，訳書102ページ。

ストに頼る必要のない文化で，アメリカなど欧米が代表的である。アメリカは，自分の意思は言葉ではっきりと明確に主張することが尊ばれる社会であり，相手の表情やその場の状況などのコンテクストに依存しないコミュニケーションが行われる。

世界の代表的な国のコンテクスト度（コミュニケーションの解釈がコンテクストに依存する程度）の高低を示すと，図2-1のようになる。

図から明らかなように，日本をはじめとするアジアは最もコンテクスト度の高い国々で，中東も高く，これらの国々では，相手の立場や状況（コンテクスト）を慮ってコミュニケーションが行われる。一方，欧米はコンテクスト度の低い，明示的で明確なコミュニケーションをする国々と考えられるが，スペインやイタリアなどラテン系でカトリックの南欧の国々が相対的に高コンテクストの社会である一方，ドイツや英米・北欧といったゲルマン系（アングロサクソン系を含む）でプロテスタントの国々は相対的に低コンテクストの社

会であることが見て取れる(十余年にわたり,数千人の経営幹部にインタビューした結果に基づいた近年の研究でも,ゲルマン系→ラテン系→アジアという高低コンテクストの地域間格差はほぼ同様であった;Meyer 2014 参照)。

この高低コンテクストと関連が深いのが,個人主義/集団主義という価値観である。一般に,高コンテクスト文化の国(日本やアジア)が集団主義に対応し,低コンテクスト文化の国(欧米など)が個人主義に対応する。実際,1967～73年に,米IBMの66カ国のべ約11万7000名の社員に質問紙調査を行ったホフステッドの研究でも,組織文化の重要な価値次元の1つである個人主義/集団主義の軸において,アジア(台湾やタイなど)は集団主義的で,欧米(アメリカやイギリスなど)は個人主義的であった(Hofstede 1980)。周りの状況(コンテクスト)を慮るというのはまさに集団主義であり,周りの状況に依存しないというのはまさに個人主義である(ホフステッドは,この研究で,「個人主義/集団主義」「権力格差」「男性らしさ/女性らしさ」「不確実性回避」という4つの文化次元を提示し,その後,「長期志向/短期志向」「気ままさ/自制」の2つを加え,現在,6つの文化次元を示している;Hofstede et al. 2010, 古川 2012)。

欧米など低コンテクスト文化の国で広告をする際には,明確な形で製品の機能的特徴や価格などを知らせる必要がある一方,アジアなど高コンテクスト文化の国々では,製品や企業の全体的イメージをソフトに伝える広告が望まれる。また高コンテクストで集団主義のアジア諸国では,製品購買などにおける他者の影響も,欧米より大きいと考えられる。同様に,BtoBの取引でも,欧米など低コンテクスト文化の国々の企業と交渉する場合は,明確で明示的なコミュニケーションが必要であるし,先に見た規格の国際標準化の会議でも,明確で明示的な主張が不可欠である。一方,アジア諸国に展

開する場合は，周りの状況（コンテクスト）や集団を重視する日本的なコミュニケーションもある程度は有効であると考えられる。

このようにコンテクスト度の違いは，個人主義／集団主義ともあいまって，世界の人々の消費者行動やビジネス慣行に大きな影響を与える。したがって，企業のグローバル・マーケティング戦略を左右する重要な文化的要因なのである。

[宗　教]

上で見た高低コンテクストや個人主義／集団主義は，地域とのつながりが深いが，その1つの理由が宗教による違いと考えられる。

ゲルマン・アングロサクソン系はプロテスタントが多く，ラテン系はカトリックが多く，中東はイスラム教が多く，アジアは仏教，イスラム教，ヒンズー教が多い。

とくに近年，インバウンド消費などで注目されるのがイスラム教で，そこで重要とされる概念がハラル（合法なもの）である。イスラム教の戒律では，食べてよいものなど，合法なものをハラルと呼び，それ以外をハラムと呼ぶ。豚肉やアルコールは口にしてはいけないハラムであり，それらが入っていない食物のみが安心して食べられるハラル食である。単に材料に入っていないだけでなく，貯蔵や調理の仕方などにもさまざまな決まりがあり（豚肉料理を作ったフライパンは使えない，など），イスラム教徒向けのハラル食を供するためには細心の注意が必要である。最近は，レストランだけでなく，大学の学食でもハラル・メニューを提供するところも出てきたし，スマホのアプリを使えば，簡単にハラル・メニューの店を検索することができる。

このような食物の禁忌は，ヒンズー教にもあり，そこでは牛が聖なる動物として，食されない。したがって，ヒンズー教徒の多いインドに進出したマクドナルドは，牛肉を使わない（実は豚肉も使わず，

肉はチキンと羊)。

　日本においても，江戸時代までは，殺生を禁じる仏教(五戒の1つに不殺生戒がある)の影響で，肉(牛，豚，馬，その他)を食することは禁忌であった。

　イスラム教は，食以外でも戒律が厳しく，金融もイスラム法に則って行われるため，①利子が禁じられ(商品取引などを形式的に絡めて実質的に対応)，②教義に反する事業(豚肉，アルコール，武器，賭博，ポルノなど)への投資も行わない。また，礼拝は1日5回，カアバ神殿(メッカの中心部にある建物)方角へ向かって祈りをしなければならない。そのため，東南アジアのホテルでは，カアバ神殿の方角を示す矢印が天井や机などに表示されている。

　[言　語]

　文化の基層をなすと考えられる言語は，重要な環境要因である。

　アメリカの人類学者らによる，有名なサピア＝ウォーフ仮説が，「異なる言語を話すものは，異なる思考をする」というように(Matsumoto 2000)，言語の違いは，人々の世界観に影響を与え，生活行動や消費者行動に大きな差異をもたらす。たとえば，インドネシアのジャワ語は，日本語と同様，相手の社会的地位・年齢・性別により呼称が細分化されており，ジャワ語を話すときは，英語を話すときよりも，社会や地位への意識がより厳密になる，という調査研究が報告されている。

　日本語は，相手の地位・立場や周りの状況を意識しすぎて，表現が婉曲的で曖昧になることが多いが(16世紀に来日したイエズス会宣教師ルイス・フロイスが日欧文化の違いを述べた著書の中でもすでに同様の記述あり；Frois 1585)，「No(ノー)」と明確に言うことに慣れていない日本人は，世界のビジネスの現場では誤解されることが多い。

　英語が，英米圏だけでなく，ヨーロッパ全体でも，アジア・アフ

リカ諸国でもビジネスの共通語となっている状況下では，ものの考え方や交渉スタイルを含めた英語の感覚を身につける必要がある。近年，楽天（2012年実施）やファーストリテイリング（12年実施）など日本のいくつかの企業が，英語を社内公用語にしているが，グローバル企業にとっては，基本的方向性として正しい戦略である。実際，P&Gジャパンなど，外資系企業では，従来から英語を社内公用語にしているところも多い。

英語を社内に取り入れる際に，語学は技術にすぎないので，簿記の技術のように使えるようになればよいという即物的な議論もあるが，注意しなければならないのは，言語は文化と深く結びついており，単なる技術を超えているという基本的な理解である。実際，ビジネス・コミュニケーション研究の分野では，英語の表現を理解するためには聖書とシェークスピアの知識は必須であるといわれており，そのような文化まで理解してはじめて建設的で友好的なビジネス・コミュニケーションが可能になるのである。日本や中国のビジネスでも，三国志や西遊記，故事成語などの知識があってはじめて交渉がスムーズに行くのと同様である。

進出国の言語を理解するためには，言語自体とともに，それと関わる文化全体を理解することが，グローバルなビジネスでは不可欠なのである。

3 ミクロ環境分析
●顧客，競合他社，流通チャネルを分析する

ミクロ環境とは，企業が接するより具体的な環境で，消費者・市場，競合他社，流通業者，供給業者，株主などがある。

経営・マーケティング戦略を立案する際，企業の内外環境を整理

するためのフレームワークとして，3Cもしくは4C分析がある。3C（Company, Customer, Competitor）にChannelを加えたものが4Cである。具体的にいうと，4Cとは，内部環境としてのCompany（自社）と，外部環境としてのCustomer（顧客），Competitor（競合他社），Channel（流通チャネル）を示している。本章は，企業を取り巻く外部環境の分析の章であるので，内部環境のCompany（自社）は扱わず（簡単な分析は第4章98ページ，「グローバル・ポートフォリオ」を参照），Customer（顧客），Competitor（競合他社），Channel（流通チャネル）という，3つの重要なミクロ外部環境について検討する。

Customer：思考／感情

Customer（顧客）については，年齢（日本の平均年齢は46.51歳，インドネシアは28.33歳，など；2015年時点）や所得（先に見た1人当たりGDPなどとも関わる）なども重要な要因であるが，購買行動を含めた消費者行動を規定する要因としては，近年，消費者行動研究分野でも注目を集めている「思考／感情」という概念が重要である。

アメリカの広告代理店FCB社は，**思考型製品**（Think Goods）と**感情型製品**（Feel Goods）という概念を提案し，それら製品類型に応じて，消費者の購買行動が異なり，適切なコミュニケーション戦略も異なるというモデルを開発した。思考型製品とは，論理的・分析的に購買される，車や家電，日用雑貨品などであり，一方，感情型製品とは，直感的・イメージ的に購買される，化粧品やファッション，食品などである。

この両製品の決定的な違いは，その主要属性に「優劣の客観的判断基準」があるかないか，ということである。思考型製品の車では，その主要属性の1つの燃費には，10モード燃費などの客観的な測定基準があり，それが同時に優劣の客観的な判断基準にもなっている（燃費10 kmより燃費20 kmの車の方が優れている）。同じく思考型

製品のPCの処理速度という主要属性にも、クロック周波数という、優劣の客観的判断基準がある（1 GHzより5 GHzのCPUのPCの方が優れている）。一方、感情型製品の口紅では、その主要属性の1つの色には、優劣を客観的に判断する基準はない（レッドが好き、ピンクが好き、といった「主観的な」基準はあるが、レッドがピンクより優れているという客観的な判断基準はない）。同じく感情型製品のチョコレートの味という主要属性にも、セミスイートの方がミルクチョコレートより優れているという客観的な判断基準は存在しない。

したがって、思考型製品の車やPCでは、皆が燃費の良い車、処理速度の速いPCを欲求し（もちろん予算の範囲内で）、消費者行動が収斂化する一方で、感情型製品の口紅やチョコレートでは、消費者行動は多様に拡散する（レッドやピンクに加え、オレンジやパープルやラメ入りなど多様な口紅を人々は望む）。

[思考／感情の国による違い]

図2-2は、日本の広告代理店アサツーディ・ケイ（ADK）が1998年に行った世界10地域消費者調査の分析結果の一部である。

この調査では、世界10地域（日本、アメリカ、イギリス、ドイツ、シンガポール、台湾、香港、上海、タイ、ベトナム）の消費者の、8つの製品（カラーテレビ、洗濯機、ジーンズ、ビール、チョコレート、インスタント・コーヒー、シャンプー、衣料用洗剤）に関する購買行動について分析を行っているが、各製品に関するTFスケール（Feel尺度の得点から、Think尺度の得点を減じたもの；各国消費者の購買行動が、思考型寄りか、感情型寄りか、を示す）の各地域別平均を示したのがこの図である。

図2-2から明らかなように、台湾に続いて、日本、香港とアジアの諸国が感情（Feel）型の購買行動をとっていたのに対し、ドイツ、イギリス、アメリカと欧米諸国が思考（Think）型の購買行動をと

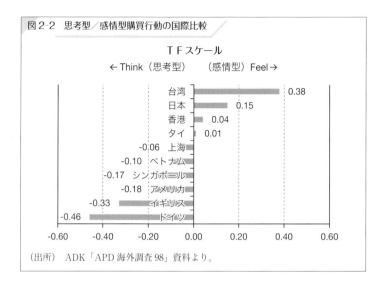

図2-2 思考型／感情型購買行動の国際比較

(出所) ADK「APD海外調査98」資料より。

っていた。したがって，グローバルにブランド戦略や広告戦略を展開する際には，アジアの消費者に対しては，よりイメージ重視のブランド戦略，情緒訴求の広告表現がフィットする一方，欧米の消費者（とくにゲルマン・アングロサクソン系）に対しては，より機能重視のブランド戦略，品質訴求の広告表現がフィットすることが予想される（もちろん，このTFスケールは，Feel得点からThink得点を減じたものであり，差し引き結果が感情型となった日本・アジアの消費者も，当然，思考型の意思決定も行っており，企業のすべての戦略を感情型で行ってよいわけではないことは理解する必要がある）。

Competitor：メガコンペティション

Competitor（競合）に関しては，その競合状況は，メガコンペティションと捉えることができる。

メガコンペティション（Megacompetition）とは，世界の企業が国境や業界を越えて行う世界規模の競争であり，ベルリンの壁崩

(1989年)やソ連崩壊(1991年)以降,自由主義経済の拡大の中で,1990年代の終わり頃から言われ出した。近年は,さらに,ICTの普及による経済のボーダレス化や,アジアやラテンアメリカ諸国の企業の台頭などもあり,競争はさらに激化している。

国内マーケティングでは,競合は日本企業が中心であるが,グローバル・マーケティングでは,日本企業に加えて,世界の巨大企業や地場の企業とも競争するのである。

たとえば,花王は,日本のトイレタリー(日用雑貨品)業界では盤石の首位であるが(売上高1兆4719億円〔約140億USドル〕;2015年),アジアの市場では,P&G(同845億USドル;同)やユニリーバ(同642億USドル;同)といった世界の巨大企業と戦わなければならない。同様に,日本では強い明治やグリコの菓子メーカーも,アジアでは,ネスレ(同1001億USドル;同)などの巨大企業と戦わなければならない。欧米巨大メーカーの本丸であるヨーロッパやアメリカで苦戦するのは理解されるが,日本に距離的に近いアジア市場でさえもはるかに強い競合なのである。このような欧米巨大企業に比べると,日本企業は,資金力でも,グローバル人材力でも大きく引き離されている。

さらに加えて,近年,アジア諸国の地場企業が成長している(とくに現地の財閥系)。タイのCPグループ(食品大手のチャロンポカパンフードなど),インドネシアのサリム・グループ(食品大手のインドフードなど)などが有名である。財閥系といえば,韓国のロッテ・グループやサムスン・グループもあり,これら地場企業は,地域の消費者のニーズをよく知っており,また地域の流通などの取引慣行も熟知しており,相当に手強い相手である。

日本企業としては,巨大な欧米企業や地域に密着している地場企業にどう対抗し,どう差別化していくかが非常に重要である。モノ

づくりの製品力（グリコ「ポッキー」など），独自のチャネル（ヤクルトレディなど）など，多様な取り組みが期待される。

> **Channel：MT と TT**

Channel（流通チャネル）は，グローバル・マーケティングの4P（製品，価格，プロモーション，流通チャネル）の中で最も重要といわれることもあるように，いくら優秀な製品を海外展開しても，実際の売場に並ばなければ意味がない。この Channel に関しては，取引チャネルの近代化程度に関する，MT／TT という違いが重要である。

近年，アジアに進出しているメーカーは，この **MT**（Modern Trade；近代的流通）と **TT**（Traditional Trade；伝統的流通）の違いに直面する。ここで MT とは，日本や欧米先進国で一般的なスーパーやコンビニエンス・ストアなどであり，TT とは，都市の郊外や農村部などでのパパママ・ストアのような零細な小規模店である。図2-3は，アジア諸国の食品小売市場における MT と TT の割合を示したものである（比較のため，アメリカと日本も記載）。

図から明らかなように，全体的傾向としては，国の経済水準を表す1人当たり GDP が高くなるほど，MT の比率が増えてくる。インドネシアがフィリピンより1人当たり GDP が高いにもかかわらず MT の比率が低いのは，インドネシアが国土が広く，東西は5110 km とアメリカよりも幅広く，1万3466という世界最多の島嶼を抱える国であるため，とくに地方では MT が普及していないことがあげられる。また中国が，1人当り GDP の高いマレーシアよりも MT 比率が高いのは，GDP が世界第2位とマレーシア（同35位；2015年）をはるかに超えるという全体的な国力の差と考えられる。

アメリカは先進国の代表として MT 比率が84％と高いのはわかるが，流通構造の特徴が「小規模・多数・多段階」で遅れていると

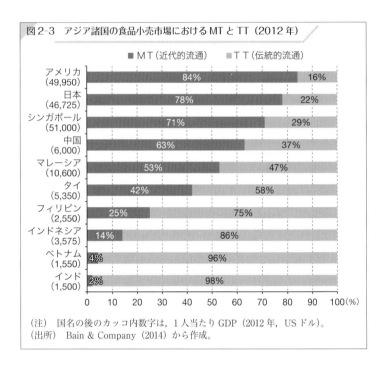

図2-3 アジア諸国の食品小売市場におけるMTとTT（2012年）

(注) 国名の後のカッコ内数字は，1人当たりGDP（2012年，USドル）。
(出所) Bain & Company (2014) から作成。

いわれていた日本の流通もMT比率が78%であり，かなり近代化が進んでいる。シンガポールは，OECD（経済協力開発機構；欧米日の先進国を中心とした国際機関）のメンバーではないが，IMF（国際通貨基金）など多くの機関が先進国と捉えており，MT比率も71%と高く，経済の発展とともにMT比率があがっていくことが理解される。

[MTとTTの意義と課題]

先進国では大手スーパーやコンビニエンス・ストアなどMTがチャネルの中心となるが，MT比率がまだまだ低いアジアの新興国では，MTとTTをどのように使い分けるかが重要な課題となる。

アジアの進出国でMTを流通チャネルとした場合，日本でもGMS（総合スーパー）やコンビニエンス・ストアなどのMTが取引先の中心となっているため，基本的なチャネル戦略は同様であり，対応しやすい。また，富裕層や中間層がMTを利用することが多いことから，ターゲットとしても有望である。ただ，①MTの大手小売業のリスティング・フィー（口座開設費）や棚代（棚貸し料）が高い，②欧米メーカーとの競合が激しい，という問題点がある。前者については，リスティング・フィーや棚代など，大手小売業に商品を導入してもらうだけで多額の費用がかかる（1アイテムで数十万円から数百万円かかるといわれる）。後者については，ウォルマートやカルフールといった大手小売業には，当然，欧米の巨大メーカー（ネスレやP&G，ユニリーバなど）の商品も入っており，それらとの競争は厳しい。

　一方，アジアの新興国では，TTの比率もまだ高いので，国によっては有望なチャネルである。代表的なTTがいわゆるパパママ・ストアであり，インドネシアではワルン（warung），フィリピンではサリサリ（sari-sari），インドではキラナ（kirana）と呼ばれる。これら店舗の取扱商品は，日本の昔の萬屋のように，食品から雑貨まであらゆるものが揃っており，1回分の小分け（サシェット；sachet）による販売も多い（調味料や洗剤・シャンプーなど；タバコも1本からのバラ売り）。MTに比べ，これら伝統的なTTはフィーやリベートを基本的に取らないので，利益面からは重要なチャネルである。ただ，TTは顧客層が中流以下である上に，小規模で多数のため，それら多数の小規模店にいかに配荷していくかが課題である。そのためには，小規模店に実質的に配荷する2次卸の選択が重要となる。

　アジア諸国ではいまだ伝統的で零細なTTの割合が多いので，ア

Case ②　フマキラーのインドネシア攻略作戦：MT と TT の使い分け　●●●■

　殺虫剤など日用品メーカーのフマキラーは，海外売上比率が約4割とグローバルに展開しており，とくにインドネシアで強い。人口が2億4000万人と将来が有望なインドネシア市場に進出したのは1990年。アジア通貨危機（1997年）後に営業を本格化し，2004年以降，増収増益を続けている。

　インドネシアを攻略する上でまず重要だったのが，MT（近代的流通）と TT（伝統的流通）の区別であった。インドネシアでは，ハイパーマーケット，スーパーマーケット，コンビニエンス・ストアなどの MT が約2万3000店なのに対し，ワルンやキオスといった TT が230万店もあった。首都ジャカルタでは MT がある程度存在する一方，東西に5000 km 以上で1万3000を超える島を持つ同国の田舎では TT が圧倒的であった。最後発に属する同社は，競争の激しいジャカルタなどジャワ島を避け，ジャワ島以外から攻略することにした。

　フマキラーから現地のディストリビューター（卸売業者や代理店）に卸された商品は，グロシール（もしくはセミグロシール；両者あわせて約6万店）という中間流通業者を経て，ワルン（村のよろず屋のような小さな個人商店）に届く。グロシールはワルンに営業活動はかけず，ワルンがグロシールに仕入れに来る。したがって，ワルンを攻略できれば売れるのである。殺虫剤はコイル（線香）とノンコイル（エアゾール，マット，リキッド）に分けられるが，ワルンなど TT ではコイルが主流

ジア諸国に進出する日本企業としては，MT と TT をどのように使い分けるかを考えるのは非常に重要である。たとえば，インドネシアのフマキラーは，首都のジャカルタをあえて外し，地方の TT の開拓に力を入れ，ある程度の成功を収めている（本章 **Case** ②参照）。

で，一箱にダブルコイル（二重ワンセット）が5つ入っているが，売れ筋はワンダブルコイルというバラ売りであった（500ルピア；5円程度）。フマキラーは膨大な数のワルン一店一店に，自社のコイル商品の価値を伝えて行った。このような努力が実って，2008年頃には，ジャワ島以外でのシェアNo.1を達成した（ジャワ島以外のコイル市場では，約40％のシェア）。

そして現在展開しているのが，最大市場のジャワ島の攻略である。「キャンバスバンセール」という戦略で，現在42台あるキャンバスバンにキャンバス隊（フマキラーの営業マン1人とMDと呼ぶ女性2人から構成）が分乗し，担当するクチャマタン（日本の郡に相当）のすべての集落を訪問する。営業マンはワルンを1軒ずつ訪問して，商品説明をして置いてもらうように交渉する。その間，MDは周辺の家庭を訪問して試供品を配る。地域住民が試供品を気に入りワルンに買いに来てくれれば，ワルン店主もグロシールに仕入れに行くわけである。1つのクチャマタンを攻略できれば，キャンバス隊は，次のクチャマタンに向かう。このクチャマタンはジャワ島だけで1200以上あるといわれ，徹底した地域密着のローラー作戦といえる。

ジャワ島以外で成功したワルン攻略作戦が，ジャワ島でも成功し，そこで勝ちえたブランド・イメージがMTでも好影響を発揮するか。今後の展開が楽しみである。

演習問題

2-1 経済的，制度的，技術的，文化的環境の内の1つを取り上げ，その中で，グローバル・マーケティングを展開する企業に最も重要な環境要因は何か，考えてみよう。

2-2 日本の消費者，欧米の消費者，アジアの消費者の違いを考えてみよう。

2-3 世界の国々におけるMTとTTの企業を，整理してみよう。

文献ガイド

三浦俊彦 (2013)『日本の消費者はなぜタフなのか──日本的・現代的特性とマーケティング対応』有斐閣。

Hofstede, G., Hofstede, G. J., and Minkov, M. (2010) *Cultures and Organizations: Software of the Mind*, 3rd ed., McGraw-Hill International.(岩井八郎・岩井紀子訳『多文化世界──違いを学び未来への道を探る(原書第3版)』有斐閣, 2013年)

Meyer, E. (2014) *The Culture Map: Breaking Through the Invisible Boundaries of Global Business*, PublicAffairs.(田岡恵監訳『異文化理解力──相手と自分の真意がわかるビジネスパーソン必須の教養』英治出版, 2015年)

第3章 グローバル・マーケティング・リサーチ

多様な環境に適応するための情報獲得

Introduction

　グローバル・マーケティング・リサーチのプロセスは，国内におけるマーケティング・リサーチと基本的なプロセスは変わらない。しかし，国内で用いてきた調査手法や技術を異なる文脈において，どのように適応させていくのかという点が重要である。

　調査目的の明確化にあたっては，自己準拠的判断基準に基づく無自覚な状況認識と国外環境への不精通といった問題に陥らないように留意する必要がある。

　調査はデータの種類とデータ収集の方法を考慮した上で行う必要がある。調査設計から実査・分析にあたっては，2次データの信頼性の低さ，オンライン調査の未普及，サンプリングにおける抽出台帳の不備，調査に携わる人材不足など，先進諸国における調査ではあまり課題とならない，発展途上国における調査特有の課題も多いので，対応策をしっかりと検討するべきである。

Keywords

探索的リサーチ　　記述的リサーチ　　因果的リサーチ　　自己準拠的判断基準（SRC）　　オムニバス・サーベイ　　1次データ　　2次データ　　定性データ　　定量データ　　グループ・インタビュー　　現場調査　　サンプリング　　クロス集計　　エミック／エティック・ジレンマ

1 グローバル・マーケティング・リサーチとは
●国内マーケティング・リサーチの国外での適応

グローバル・マーケティング・リサーチの重要性

　グローバル・マーケティング・リサーチは，参入決定前の参入市場や参入モードの決定から参入後の各市場のマーケティング戦略まで，すべての意思決定の前提となっている。そして，企業活動のグローバル化が進み，活動可能領域が拡大していく中でリサーチ市場の規模は拡大し，その重要性も高まってきている。

　リサーチ市場の規模を地域別に見ると，北米が43％，欧州が37％と両市場で8割を占めているが，市場成長率は北米が0.3％，欧州が-0.9％であるのに対して，中東9.1％，アフリカ2.6％，アジア太平洋1.7％であり，リサーチ市場も新興市場の成長に支えられていることがわかる。とくにBRICS（ブラジル，ロシア，インド，中国，南アフリカ）といった新興国市場の台頭はここでも大きい。2014年には米英独仏に次いで，中国が日本を抜いて5位の市場となり，7位にブラジル，15位にロシア，17位にインド，18位に南アフリカとなっており，BRICSすべてが20位以内にランクインしている。

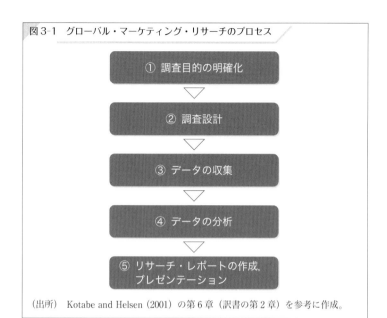

図3-1 グローバル・マーケティング・リサーチのプロセス

(出所) Kotabe and Helsen (2001) の第6章(訳書の第2章)を参考に作成。

> グローバル・マーケティング・リサーチのプロセス

グローバル・マーケティング・リサーチのプロセスは基本的には国内マーケティングと同様であり、図3-1の通りである。①調査目的の明確化を行った上で、②以降で示されるように、調査目的に応じた調査を設計・実施し、分析して、リサーチ・レポートの作成、社内外でのプレゼンテーションへとつなげていく。

グローバル・マーケティング・リサーチでは、国内で用いてきた調査手法や技術を異なる文脈(コンテクスト)において、どのように適応させていくのかが重要となる。異なる文脈の具体的内容としては、国際的であるからこそ考慮すべき関税率、輸入割当量、国際的な配送料および為替レートといった新たな変数、国境を越える複数国以上の調査ゆえに生じる変数の領域の広さや量の多さ、さらに

は新興国の消費者の行動や態度の相違に表れる文化的要因などがある。

2 調査目的の明確化
●調査手法の使い分けと陥りやすい問題

3つの調査目的

マーケティング・リサーチは，一般に探索的リサーチ，記述的リサーチ，因果的リサーチに分けられる。**探索的リサーチ**では「仮説の発見」，**記述的リサーチ**では「現状の把握」，**因果的リサーチ**では「仮説の検証」が，それぞれの目的となる。したがって，これら3つの目的に応じて，調査手法を使い分けることになる。

メーカーがインドネシアに進出して洗剤を売ることを想定してみよう。最初は何もわからないので，探索的リサーチを手当たり次第に行って，仮説を発見する。たとえば，「インドネシア洗剤市場の特徴は？」といった内容を現地消費者に多数インタビューを行い，インドネシアの田舎では1回分ごとに小分けにされた洗剤が売れる一方，都市部ではそれほどでもなさそうだといった仮説を発見する。

探索的リサーチで発見されたこの仮説をより詳細に把握するために，記述的リサーチでは，実際の売上構成比（箱入り洗剤と小分け洗剤の比率，地域ごとの構成比の違い）や購入者の所得分布（箱入り・小分けの購買者の所得分布）などを調査する。

こうした探索的リサーチと記述的リサーチから，「インドネシア都市部ではメイドさんが洗剤を買いに来るために小分けであることは重視されないが，田舎では重視される」といった調査仮説を確定し，それを検証するために消費者質問紙調査などの因果的リサーチを行うことになる。

陥りやすい問題

調査目的の明確化にあたって，陥りやすい問題として，**自己準拠的判断基準**（Self-Reference Criterion：**SRC**）に基づく無自覚な状況認識と国外環境への不精通といった点があげられる。

SRCに基づく無自覚な状況認識の問題は，自身の文化的な規範や価値および個々人が有する文化的なステレオタイプに基づいて判断を下してしまうことである。SRCはエスノセントリズム（自民族中心主義）と密接に結びついているといわれる。SRCに基づく無自覚な状況認識がなされると，調査目的の明確化のために本来質問するべき項目を排除してしまうことになる。そのため，SRCの影響を意識し，最適な目的の明確化をめざす必要がある。

パナソニックは2008年にインド市場に参入した。同社のテレビは当時世界を席巻しており，中核製品であるテレビの販売に注力するがあまり，現地市場ニーズを見極めるための現地調査が不十分なままであった。そのため，同社はテレビだけではなく，テレビ以外の製品に関しても日本国内と同様の高性能製品を投入することでインド市場に本格参入してしまうことになった。その結果，市場ニーズに適合せず，十分な業績をあげられなかった。

2010年以降，パナソニック・インド社長直属の「ボリュームゾーンマーケティング研究所」を創設し，首都デリー近郊に設置した市場調査センターを通じて，現地家族と販売店を対象に徹底的な聞き取り調査を実施した。そこで，こまめな電源操作をしないことがわかり，リモコンは不要とした。そして，増加する集合住宅には設置スペースの制約が多いため，省スペースと静音性を重視した製品を発売するなどといった施策を試み，巻き返しを図った。ある程度SRCの影響を克服できたが，当初の出遅れは大きく，韓国家電メーカーLGなどに対して現在も劣勢なままである。

一方，LGはインド市場進出に際して，現地法人に権限を大幅に与え，市場ニーズを現地調査などによってしっかりと見極め，インド市場専用の低価格製品を投入するという「地域化戦略」で現地に根づいている。2003年以降テレビ，洗濯機，電子レンジなどで市場シェア1位を維持しており，16年現在では冷蔵庫も1位となっている。

　国外環境への不精通という問題は，誤った仮説を導いたり，適切でない質問項目を設定してしまったり，結論を誤って導き出す可能性もある。したがって，オムニバス・サーベイなどの予備的調査を行って，少しでも国外環境への精通度を高める必要がある。**オムニバス・サーベイ**とはニールセンなどの専門調査会社がさまざまな顧客からの質問を一括して定期的に行っている調査であり，自社単独での予備的調査に比べて安価であり，迅速に結果が得られる。たとえば，ニールセンはインドネシアにおいて2016年に四半期ごとに4回主要6都市において15歳以上の男女にオムニバス・サーベイを行うことになっており，調査項目は顧客ニーズにあわせて決定される。

3　調査設計から実査・分析
●データの種類・収集方法を考慮した上での実査・分析

　調査目的が決まったならば，実際の調査設計を行うことになる。その際にまず考慮するべきなのは，データの種類とデータ収集の方法である。

データの種類　データの種類は1次データと2次データに分けられる。**1次データ**は自社が独自に収集したデータであり，**2次データ**はすでに誰かが収集・加工したデ

ータである。1次データと2次データは優位性が異なり、2次データを用いる際には、1次データとは異なる優位性を考慮して用いる必要がある。

2次データは、1次データに比較して迅速に入手可能な上、相対的に安価である。2次データの代表的な例として、政府による国勢調査（センサス）、貿易支援を行う機関であるJETRO（日本貿易振興機構）などによって提供される情報、国連、世界銀行、経済協力開発機構（OECD）、国際通貨基金（IMF）などの国際機関によって提供される公刊物、業界団体によって発行される統計、ユーロモニター（Euromonitor）やエコノミスト・インテリジェンス・ユニット（Economist Intelligence Unit）などのビジネス情報の専門調査会社によって発行される年鑑などがある。

さらに、インターネットの普及は安価に情報を入手できる環境を拡充し、2次データへのアクセスを容易にしている。上記の既存の情報源以外にも、NGO（オックスファム、ヒューマンライト・ウォッチなど）、シンクタンク（アメリカのブルッキングス研究所、イギリスの王立国際問題研究所など）、民間調査会社（アメリカのニールセン、イギリスのカンターなど）などがある。たとえば、MarketResearch.com（www.marketresearch.com）は世界720社以上の主要出版社からの情報を提供し、その情報は毎日更新されている。

また、決定したリサーチ目的について調査した2次データが存在しない場合には、2次データの加工を検討する必要がある。他社や他の機関が過去に行った調査を分析・加工すれば自社が今後行うべき調査対象が明確になる。たとえば、自社に先行して数年前に市場参入を検討した競合企業の調査データからは、自社が1次データを入手すべき都市、年齢層、階層などの特徴が推測できる。

2次データの活用は有用な手段であるが、異なる情報源から得ら

Case ③ ディズニー社の自己準拠的判断基準に基づいた調査 ●●●

　ディズニー社は，1955年アメリカ・カリフォルニア州アナハイムでの開業以来約30年を経た83年に，海外進出第1号として東京ディズニーランドを開業し大成功を収めた。しかし，この進出はリスク回避のために，オリエンタルランドにライセンスを提供する契約での進出であった。ディズニー側はパークの設計とともに版権および運営の指導・クオリティ管理を行う見返りに，入場料収入の10％と物販・飲料収入の5％のロイヤリティを獲得できるにすぎなかった。そのため，毎年入る50億円あまりの収入は当時経営が傾きつつあった同社の経営を支える収入源とはなったが，その成功の見返りとして大きいとはいえなかった。

　ディズニー社は，日本における成功の主な理由が自社のブランド力の高さにあると考え，海外進出における経営関与度を高めることを決定した。

　しかし，1992年パリ郊外に開業したユーロ・ディズニーと2005年に香港郊外に開業した香港ディズニーランドは，東京ほどの成功を収めたとは言い難く，苦戦を強いられた。苦戦の主な要因はマーケティング・リサーチにおける自己準拠的判断基準に基づく調査にあるといわれている。この問題は，東京ディズニーランド開業にあたっては，京成電鉄，三井不動産および朝日土地興業という地元を知り尽くした3社が設立したオリエンタルランドというパートナーが存在したことにより，回避できていたのである。

　ユーロ・ディズニーでは自己準拠的判断基準に基づいた調査により，ヨーロッパでは，パーク内での食事でもゆったりととりたいというニー

れたデータの比較に関してはデータの定義などをしっかりと確認し，その評価を体系的に行う必要がある。とくに，発展途上国に関する2次データについては先進国に比較して，その信頼性，調査頻度，時系列性，調査範囲などの問題点も多い。また，特定の製品やブランド・レベルのデータが2次データによって得られる可能性は少ない。

　上記の問題点をふまえて，2次データの価値を検討し，活用する

ズがあるにもかかわらず，そのニーズをくみ取る調査努力を怠った。食事に関する彼らのリサーチの前提はヨーロッパの食習慣を無視し，自国アメリカのファストフードなどの軽食の提供にあった。不振で自己準拠的判断基準の問題点に気づいたディズニー社は1996年にディズニーランド・パリに名称を変更し，高品質高価格ワインを提供するレストランを拡充した。

香港ディズニーランドでも自己準拠的判断基準に基づいた調査がなされた。とくに，春節の連休という中国人にとっての一大イベントを軽視していたようである。春節における中国人客の動きをくみ取るための事前調査を怠ったのである。そのため，期日指定なしの前売りチケットを持った顧客が春節時に入場できないのではないかといった混乱が生じ，その他の期間でもスムーズな入場ができないのではという誤ったイメージが伝わってしまった。結果として，入場料の高さといった問題も相まって競合するオーシャンパークに，多くの顧客を奪われてしまった。

香港ディズニーランドは2006年以降，香港市民，香港空港利用者およびディズニーホテル利用者向けの入場券割引，3つのテーマランドの増設を発表するなどテコ入れを行っているが，当初の思惑とはかけ離れた結果となっている。

2016年には上海ディズニーランドが東京ディズニーランドを上回る規模で開業したが，上記2パークの苦戦を経て，自己準拠的判断基準の問題を改善したマーケティング・リサーチが行われたのかという観点からの検証が期待される。

必要がある。2次データは，本格的な1次データ収集をどのように行っていくのか費用対効果を検討するためにも用いられるのである。

データは定性データと定量データにも分けられる。**定性データ**は消費者のブランド・イメージや使用体験など，数値として表しにくい情報である。**定量データ**は市場占有率や消費者の購買金額など，数値として把握可能な情報である。定量データは客観的な分析が可能で調査の基礎を形づくるものであるが，とくにマーケティング分

野においては,市場の声などの定性データをいかに効果的に収集分析するかが重要となっている。

ICT(情報通信技術)が普及し,定性データが従来よりも幅広く獲得できるようになったこともあり(TwitterやInstagramなど),近年では顧客の声など,多様な解釈が可能で独自の新視点を提供しうる定性データ調査が重視されるようになっている。定性データの形式は文章,画像,音声などさまざまであり,具体的には市場の情景を示した文章,現地で撮影された画像および録音された音声などがあげられる。

> データ収集の方法

データ収集の代表的な方法は,面接調査,電話調査,郵送調査,ネット調査の4つである。表3-1は4つの調査方法と調査対象国の状況の関係を示したものである。表で示したように,調査対象国の状況に応じて適切な調査方法は異なる。たとえば,面接調査は自宅へのアクセスが容易で,訓練された大量面接者の利用が容易な場合に適切な方法である。また,近年ではネット調査が普及している。

表3-1 調査対象国の状況に応じた適切な調査方法

調査対象国の状況	面接調査	電話調査	郵送調査	ネット調査
自宅へのアクセスの容易さ	○			
訓練された大量面接者利用の容易さ	○			
電話の普及率の高さ		○		
電話帳の利用の容易さ		○		
住所録の利用の容易さ			○	
Wi-Fi利用の容易さ				○

(出所) Malhotra et al. (1996), p.17 の表の枠組みを参考に作成。

表3-2 オンライン調査およびオフライン調査の各比率上位10カ国（2014年）

順位	オンライン調査上位国	%	オフライン調査上位国	%
1	日　本	46	ベトナム	80
2	スウェーデン	45	パキスタン	67
3	オランダ	34	南アフリカ	64
4	ニュージーランド	32	トルコ	56
5	ドイツ	31	スリランカ	56
6	イギリス	30	フィリピン	53
7	シンガポール	30	バングラデシュ	53
8	チェコ共和国	30	ホンジュラス	52
9	カナダ	30	インドネシア	50
10	ブルガリア	30	ＧＣＣ	50

（注）　GCC は中東の湾岸諸国会議加盟国である。
（出所）　ESOMAR (2015), p. 21 の内容に基づいて作成。

　表3-2 はオンライン調査とオフライン調査の国別の比率を示したものである。表によれば先進諸国ではオンライン調査が普及してきており，発展途上国ではオフライン調査がいまだに主流である。

　3つの調査目的のうち仮説の発見（探索的リサーチ）については，面接調査（インタビュー調査）が用いられることが多い。その手法として，グループ・インタビューや現場調査がある。**グループ・インタビュー**は司会者（モデレーター）が調査テーマについて質問を行い，1グループ6～8人の参加者が自由に発言することによって，多様な意見・情報を収集する調査手法である。ベトナムなど社会主義国ではお世辞が述べられたり，安易に他者に同調したり，本音を隠したりする傾向がある。そのため，本音を引き出せるモデレート力が高い司会者の採用・育成が重要となる（宮内 2013, 38-39 ページ）。

　現場調査は実際に調査対象者の自宅を訪問し，製品の使用場面や

生活場面にふれることによって，ターゲット消費者のインサイト（消費者ニーズの核心）を探る調査手法である。たとえば，P&Gは，洗剤に関する自宅訪問調査で，女性消費者が洗剤容器の液だれを，洗う前の汚れた洗濯物で当たり前のように拭いていたのを観察し，「液だれ防止キャップ」の開発を行った。同様に，消費者の自宅ではなく，現地社員の自宅を彼らとともに訪問するのも，現地回答者の回答した内容の背景にある論理を理解するのに有用な手法だといわれている（大石・瀬川 2013, 26ページ）。

近年ではこうした現場調査の重要性への認識が高まり，貿易支援を行う機関であるJETRO（日本貿易振興機構）が現場調査を行った情報を発信するようになっている。JETROが発行する「スタイルシリーズ」は，海外進出をめざすビジネスパーソンにとって「出張1回分」の情報提供というコンセプトが高く支持され，貴重な情報源として注目を集めている。たとえば，「ハノイスタイル」は図3-2のように，ハノイにおける現場調査の内容に基づいて作成されている。

「スタイルシリーズ」は，2010年にBRICsの一角として注目を集めていたインドのデリーとブラジルのサンパウロの2都市を対象に発行が開始された。その反響は当初から大きく，翌年には海外ビジネスのニーズが高かった中国の主要7都市をラインナップに加え，その後もニーズの高いASEAN諸国，情報が少ない南米諸国へと対象都市を拡大している。2015年には先進国の主要都市のマーケティング情報を強化した「スタイルシリーズ」の発行も開始し，「パリスタイル」「ヒューストン・ダラススタイル」などが発行されている。

WTOに加盟して注目を集めるラオスの首都「ビエンチャンスタイル」を例にとれば，その内容は，①都市概要（全体像）：約15％，

図3-2 お宅訪問（ハノイ）

(出所)「ハノイスタイル」（JETRO発行）より。

②衣（ファッション）：約10％，③食：約20％，④住：約10％，⑤余暇：約10％，⑥暮らし：約20％，⑦進出に向けての情報：約15％となっている。とくに，お宅訪問による現地市民の家庭の食卓や所得別の自宅タイプや保有家電などの情報は，従来からあるガイドブックにはない情報を多く含んでおり，無料の調査レポートとは思えない充実した内容となっている。

調査設計

調査目的が明らかになると，その目的にあった調査対象・地域を設定し，調査内容・調査方法を確定した上で，質問紙などを設計する。質問紙調査においては，質問紙の作成，調査対象のサンプリングの方法，データ収集を依頼する調査員の選択，訓練，監視および評価，データの分析などについて考慮する必要がある。

第3章　グローバル・マーケティング・リサーチ

質問紙の作成は質問構成の決定，質問内容の決定および質問の表現方法の決定（ワーディング）によりなされる。とくに複数国間で行われる調査においては，翻訳の共通性がデータの等価性の確保のためにも重要である。原版を一度ある言語に翻訳し，元の言語に翻訳し直すという逆翻訳が手軽であり，最もポピュラーな手法である。しかし，データの等価性確保が困難な行動や態度に関する項目を含む場合には，委員会やチームを組織して協同で反復的な質問紙翻訳がなされる場合もある。

　調査対象の**サンプリング**は，確率抽出法を用いることが望ましい。しかし，この手法を用いるためには電話帳や住民基本台帳などの抽出台帳が必要とされ，調査対象国によっては抽出台帳が得られるとは限らない場合もある。そのため，非確率抽出法を選択することが最善である場合もある。しかし，この方法で得られた情報では，サンプルを抽出した調査対象全体の集団の正確な特性を統計学的に推定することができないことを認識しておく必要がある。また，多くの諸国間で行われる調査の場合，諸国の文化の多様性によって必要なサンプル数が異なる。インドのように多様な文化が存在する国では，タイや韓国のように同質的な文化が存在する国に比べて，必要とされるサンプル数は多くなる。

実査と分析

　調査設計が確定すると，次には実査が行われる。とくに発展途上国における実査については，信頼に足る調査会社が十分な数存在するケースが少ないことを考慮しなければならない。現地の状況に精通している現地調査員を採用して，訓練し，任せることも必要となる。現地調査員に任せることによって，標準化されていない多くの報告が集まってくる。こうした報告から得られた情報は手間をかけて調整することで，信頼性の低いデータを分析に用いることを回避できるのである。

データの分析は，収集されたデータを編集，コード化および調整した後に行われるが，調査が多くの国で行われた場合には，データの信頼性が確保されているとは限らない。そのため，データの収集が終わり，結果の解釈を行う前に調整を行うことが非常に重要となる。調整は，データに加重値を掛けるウェイトづけ，変数の再定義，尺度の変換などを通じて統計的に行われる。

　データの分析レベルは個人レベル，国家あるいは同一文化単位内（たとえば，マレーシアではマレー系，中華系，インド系）レベル，国家および文化単位間レベルの3層で行うことができる。

　国家あるいは同一文化内レベルの分析は各国あるいは各文化単位の特徴を把握するために行われ，データは各国あるいは文化単位ごとに分析される。国家および文化単位間レベルの分析は，国家あるいは文化単位間の類似性や相違を把握するために行われる。手法としては，国家あるいは文化単位を越えた範囲のすべてのデータを集めて国家あるいは文化単位を越えた集団の傾向を一括して分析する汎文化型分析（Pan-Cultural Analysis）と，国ごとにデータを集めて各国の類似性や相違を分析する国家横断型分析（Cross-Cultural Analysis）の2つに区分できる。後者の分析の場合には，国の特徴を示すデータの平均の差，分布の差および分散の差についても注目するべきである。

　分析手法としては，まずクロス集計が基本である。その上で，多変量解析（因子分析，クラスター分析，重回帰分析など）が用いられる。**クロス集計**とは，2つの質問項目をクロスさせて相互の関係を明らかにするための統計手法であり，消費者行動に関する質問項目の場合なら，その消費者行動の決定要因を探る基礎になる。

　たとえば，**図3-3**は，代表的な国際調査の1つであるアジア・バロメーター（インド，ウズベキスタン，スリランカ，タイ，ベトナム，

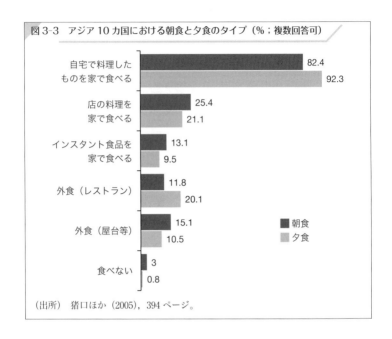

図3-3 アジア10カ国における朝食と夕食のタイプ（％；複数回答可）

（出所） 猪口ほか（2005），394ページ。

マレーシア，ミャンマー，中国，韓国，日本の10カ国調査；各国のサンプル数は20～59歳の男女各400人程度ずつ）の2003年版の結果の一部である。この調査は，アジア進出を考える企業にとって重要な2次データであるが，ここでは仮に，ある外食企業が1次データとしてこれらの調査結果を得たとして，その分析を考える。

図3-3は，アジア10カ国における朝食と夕食のタイプの単純集計であるが，たとえば，このうち，朝食を「外食（屋台等）」と回答した人（全10カ国平均で15.1％）について，他の要因とクロス集計すると図3-4のようになる。

図3-4(a)が，朝食を「外食（屋台等）」と回答した人と「国」をクロスした結果である。図から明らかなように，日本では朝食を屋台等で食べる人が皆無なのに対して，マレーシアやミャンマーでは

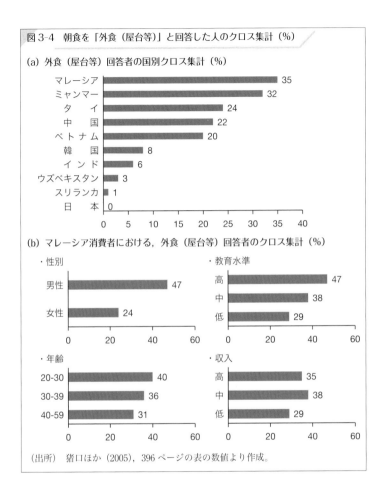

図3-4 朝食を「外食（屋台等）」と回答した人のクロス集計（％）

(a) 外食（屋台等）回答者の国別クロス集計（％）

(b) マレーシア消費者における，外食（屋台等）回答者のクロス集計（％）

（出所）猪口ほか（2005），396ページの表の数値より作成。

30％超が，タイ，中国，ベトナムでも20％超が，朝食で屋台等を利用している。したがって，調査を行った日本の外食企業としては，アジア進出をするならば，これらの諸国が有力な候補になる（一方，韓国，インド，スリランカ，ウズベキスタンでは難しい）。

この結果に基づき，朝食を「外食（屋台等）」と回答した人が35

％と最も多いマレーシアを進出の有力な候補と考えた場合，次には，マレーシア国内データでクロス集計を行うということなる。すなわち，マレーシアの消費者のどのセグメントが狙い目かを探るのである。図3-4(b)は，朝食を「外食（屋台等）」と回答した人と，性別・年齢・教育水準・収入という4つの要因とのクロス集計である。図から明らかなように，性別では男性が，年齢では若い方が，教育水準では高い方が，収入では中〜高が，朝食で屋台等を多く利用していることがわかる（それらの要因の重要性の確からしさは，カイ2乗検定などで調べる）。こうして，たとえば，若い高学歴の男性向けに，東京のハイセンスさを売りにした外食店の進出が考えられる。

　上の例では，朝食における屋台利用という消費者行動の決定因を探るために，性別，年齢，教育水準，収入の諸要因とクロス集計を行った。その他にも，結婚の有無，子どもの有無，健康志向の程度等々，多くの要因とクロス集計することが可能であり，そうすることによって，当該消費者行動（屋台等で朝食をとる）の決定因が徐々に明らかになってくる（さらに，性別，年齢，収入等々を掛け合わせるなど多重クロス分析も行う）。このような多くのクロス集計によって分析の方向性を見極めた上で，重回帰分析や因子分析などの多変量解析を行い，仮説を検証していくのである。

補論　エミック／エティック・ジレンマ

　グローバル・マーケティング・リサーチにおける1次データの収集に際して，複数国を対象にリサーチを行うがゆえに，多様なバイアスがデータの等価性を損なう可能性が高い。そのため，データの等価性の確保に向けた取り組みは，国際比較を行う際に最も留意すべき課題といえる。等価性に関しては，調査されるデータの構成概念，調査される概念の測定方法，調査されるサンプルの等価性，調査されたデータの分析方法などについて考慮する必

要がある。

その際,国際比較を重視するあまり,一部の差異を無視してでも共通性を重視するエティック(Etic)志向に陥ってはならない。グローバルあるいは地域本社の主な調査目的は自社の製品やサービスがすでに受け入れられている市場と調査対象市場の共通性の確認であり,調査方法としてはエティック志向に基づく手法を選択しがちになる。しかし,複数国を対象にしたリサーチの多くは現地の子会社と協力して行う場合が多い。現地子会社の調査目的は自社が対象とする現地市場の特異性の確認であり,調査方法としては各国の態度や価値観の差異を重視するエミック(Emic)志向に基づく手法を求める傾向にある。

この視点の相違は,「**エミック／エティック・ジレンマ**」と呼ばれる。この相違は調整される必要があり,調整は,グローバルおよび地域本社と現地子会社が参加して行われるべきである。そして,しっかりと各参加主体の意見が反映されるように,調査資金も互いに分担する必要がある。

たとえば BMW が行ったヨーロッパ全体でのポジショニングに関する調査では,以下の基準を用いた本社と現地子会社の調整が行われた(Kotabe and Helsen 2001, pp. 214–215, 訳書 70–71 ページ)。

(1) すべての関係組織(本社と現地子会社で結果を利用する担当者)が,リサーチ・プロジェクトの計画に初期段階から携わる。
(2) 仮説や目的は,リサーチの後半段階で確定するものと考えておく。
(3) すべての関係組織が,リサーチへの資金拠出に貢献する。
(4) 調査の監督における関係組織の衝突をなくすために,外部の調査会社に委託する。
(5) データ収集は,2つのステップを通じて行われる。最初に,心理的な主題に関する,各国固有の回答を収集する。次のステップでは,(最初のステップにおける発見に基づいて)国ごとにカスタマイズしたいくつかの質問を含みながら,大部分については標準化した調査手法を用いて,最終的なデータ収集を行う。

演習問題

3-1 自己準拠的判断基準やエスノセントリズムが調査目的の明確化に及ぼす影響について考えてみよう。

3-2 2次データを実際に収集し,2次データから得られない情報を具体的に確認してみよう。

3-3 今後有望な市場を指定し,現地調査を行う際に調査すべき具体的内容を考えてみよう。

文献ガイド

池田謙一編著(2016)『日本人の考え方 世界の人の考え方——世界価値観調査から見えるもの』勁草書房。

丸谷雄一郎(2015)『グローバル・マーケティング(第5版)』創成社。

De Mooij, M. (2013) *Global Marketing and Advertising Understanding Cultural Paradoxes,* 4th ed., Sage Publications. (朴正洙監訳『グローバル・マーケティング・コミュニケーション』千倉書房, 2016年)

Meyer, E. (2014) *The Culture Map: Breaking Through the Invisible Boundaries of Global Business,* PublicAffairs. (田岡恵監訳『異文化理解力——相手と自分の真意がわかるビジネスパーソン必須の教養』英治出版, 2015年)

第4章 参入市場の決定

グローバル企業による参入先の選択

Introduction

本章では、グローバル企業が新規市場に参入する際に何をどのように考えて参入先を選択すべきかについて説明する。

考慮すべきポイントは3つある。1つめは、1つひとつの参入国をどのような基準や方法を用いて選択するかである。2つめは、すでに多数の国々に参入しているグローバル企業が、既存の市場との関係性に注目して次に参入するべき国をどのように選ぶかである。3つめは、水平的な市場間のつながりだけでなく、部品や原材料の調達から、製造、流通、物流、販売までの垂直的なサプライチェーンの文脈において参入国を選択する際に何を考慮するべきかである。

本章では、これら3つのポイントを、事例を交えて説明していく。

Keywords

グローバル市場セグメンテーション　購買力平価（PPP）　世界共通セグメント（グローバル・セグメント）　地域セグメント　特殊セグメント　グローバル・ポートフォリオ　相互連結度　戦略的ポートフォリオ単位（SPU）　グローバル・サプライチェーン（GSC）　コンティンジェンシー・プラン

1 参入国の配置についての3つの考え方
● 経営資源をどのように配置するのか

　参入市場を決定するということは，自らの製品やサービスを含めた経営資源をグローバルにどのように配置するのかを決定することである。本章では，参入意思決定を3つの配置問題として捉えて説明していく。①参入国の配置と，②参入国間の水平関係の配置，③参入国間の垂直関係の配置である。

　参入国の配置とは，世界中の国々の中からどの国や地域に参入するかを決定し，さらにはその参入市場間の相互のバランスを考えることである。参入国間の水平関係の配置とは，参入した各市場間の関係をどのようにバランスさせ，さらに次にどの市場に参入するのかを考えるための指針を提示するためのグローバル・ポートフォリオを構築することである。参入国間の垂直関係の配置とは，原材料や部品の調達から，生産，流通，販売までのグローバル・サプライチェーンの垂直的な流れ全体を，どのようにグローバルに配置するのかについて考えることである。以下では，これら3つの配置問題について順番に説明していく。

2 グローバル市場セグメンテーション
●国単位のセグメンテーション

　企業は製品やサービスが本国で成功したとき,その成功事例を他国に移転しようとする。ただしグローバル・マーケティングでは,国境を越えた消費者ニーズに非常に大きな違いが生じる場合が多々あるので,セグメンテーションは慎重に行わなければならない。ここでは,**グローバル市場におけるセグメンテーション**の定石である国単位のセグメンテーションについて説明する。

　マーケターは,通常2段階のスクリーニングを用いて国単位のセグメンテーションを行う。2段階とは,マクロ指標によって参入見込み国を選定したのちに,ミクロ指標によって参入国を決定することを指している。

マクロ指標による参入見込み国の選定

　マーケターは最初の段階として,世界銀行やOECDなどの調査から得られる社会経済や,政治,文化といった多次元的なマクロ・データを用いて参入見込み国を選定する。とりわけ,多くの消費財のマーケターは,1人当たりの所得あるいは類似の尺度を国単位のセグメンテーションにおいて重視する。しかしながら,国や地域ごとに物価水準は大きく異なるので,マーケターは購買力で消費者をセグメンテーションする方法を工夫する必要がある。最も一般的な基準は,**購買力平価**(Purchasing Power Parity:**PPP**)である。PPPは,各国において家計における必需品を一揃え買うのにいくらかかるのかについてUSドル換算で示した指標である。PPPによって多くの国々の物価水準をある程度客観的に比較可能になるが,マーケターはなるべく自社の製品やサービスの購買力について比較

第4章　参入市場の決定

可能なデータを独自に工夫した方がいい。たとえば,「ビッグマック指数」や「スターバックス・ラテ指数」などグローバルに展開している飲食チェーンの商品価格を購買力の比較基準に用いる場合もある。

マクロ・データによる参入見込み国の選定は,国単位のセグメンテーションにおいて必須のプロセスであるが,これだけによるセグメンテーションでは各市場セグメントが購買意図や支払意欲といった市場反応測度と必ずしも対応しないという問題も抱えている。したがって,マーケターは,マクロな指標を用いた分析はあくまでもミクロな指標によるセグメンテーションの予備的な段階であることを意識する必要がある。その意味で,マクロ指標は参入に最低限度必要な基準として用いるのが最も有効な利用方法である。つまり,世界中の国を参入可能な国と参入不可能な国の2群に分ける際に用い,参入可能国はミクロ指標に基づくセグメンテーションを行うのである。

ミクロ指標による参入国の決定

ミクロ指標に基づく国単位のセグメンテーションとターゲット・セグメントの設定には,大きく分けて3つの基本シナリオがある。

1つめは,**世界共通セグメント**(もしくは,**グローバル・セグメント**)というシナリオである。**図4-1**は,4つの国(自国,P,Q,R)のそれぞれの国内のある企業の製品市場におけるセグメンテーションを表現している。A,Bといったアルファベットは各セグメントを表しており,各国の網掛けになっているセグメントはそれらの国に存在しているセグメントを意味している。議論を単純にするために,各セグメントのサイズはここでは考慮しないこととする。世界共通セグメントというシナリオでは,図4-1のセグメントAのように

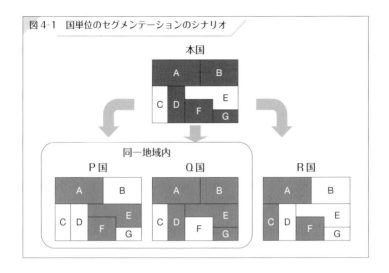

図 4-1 国単位のセグメンテーションのシナリオ

各国に共通する同じニーズを持つ潜在顧客をターゲットとする。

世界共通セグメントほど広域ではないが，ある程度の地理的な範囲で共通性を持つ**地域セグメント**も存在している。地域セグメントでは，消費者ニーズが地域間では相違があるものの，地域内では類似性が存在しているのである。図 4-1 では，P 国と Q 国が同一地域に属している場合，セグメント E は地域セグメントということになる。たとえば，東洋水産の即席麺「マルちゃん」は，メキシコで大成功したことを受け，アメリカのヒスパニック向けや中南米諸国向けに市場を展開した。これは，ヒスパニック系の味覚が地域的に共通しているだろうという推測に基づいた地域セグメントである。

さらに，国境を越えることによる消費者ニーズの違いが大きすぎて本国や既存の進出国と共通するセグメントが見いだせない場合は，**特殊セグメント**を設定しなければならない。これは，図 4-1 の R 国のセグメント C がそうである。このセグメントのシナリオでは，

マーケターは,既存セグメントとの共通性ではなく,その国内で最も魅力的なセグメントを探求し,本国とはまったく別物のマーケティング・ミックスを考えなければならない。

これら3つのセグメンテーションのシナリオは,必ずしも固定的なものではない。顧客のニーズや,競合企業の戦略,国際的な貿易枠組みなどの環境変化に応じて,常に調整する必要があるし,企業全体としてはいくつかのシナリオを組み合わせて使うこともある。

3 グローバル・ポートフォリオという考え方
●複数市場間のバランスのとり方

グローバル・ポートフォリオによる分析

第2節まではある1つの市場についての参入手順について説明してきたが,参入市場の決定にはもう1つ重要な論点がある。それは複数市場間のバランスをどのようにとるべきかである。多くのグローバル企業にとって,参入する市場は1つではない。複数の国や地域に対して,どこに何をなぜ配置するのかについて考える必要があるのである。このような配置問題を考えるための基本枠組みが**グローバル・ポートフォリオ**である。

グローバル・ポートフォリオの「ポートフォリオ」とは,もともと金融分野の分散投資の考え方において,危険資産と安全資産をどのようなバランスで保有するべきかを示すための保有資産の一覧を意味していた。そこから転じて,企業が収益性や持続的な競争優位を獲得するために,製品や事業をどのようなバランスで配置すべきかを考える場合の多角化企業の事業一覧を用いる分析手法について,製品ポートフォリオ分析や事業ポートフォリオ分析と呼ぶようになった。ポートフォリオ分析を使った考え方で有名なものには,ボス

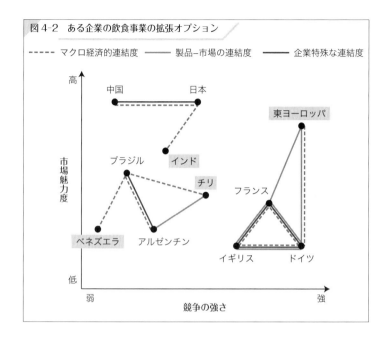

図4-2 ある企業の飲食事業の拡張オプション

トン・コンサルティング・グループのプロダクト・ポートフォリオ・マネジメント（Product Portfolio Management：PPM）やGEのビジネス・スクリーンなどがある。

そのポートフォリオ分析の考え方を，グローバル企業内の事業の地理的な配置に応用したものがグローバル・ポートフォリオである。もちろん，グローバル企業における事業の配置は国別のみではないが，ここではポートフォリオ分析の考え方を理解するために，代表的な配置の方法として，ダグラスとクレイグのグローバル・ポートフォリオを紹介しておこう（Douglas and Craig 1996）。図4-2は，ある企業の飲食事業のグローバル・ポートフォリオを例示したものである。この図4-2に則して，グローバル・ポートフォリオを用い，どのように参入市場の配置を考えるべきなのかについて説明してい

く。

　グローバル・ポートフォリオには，各国市場に関する3種類の情報の組合せが表現されている。横軸の「競争の強さ（Competitive Strength）」，縦軸の「市場魅力度（Market Attractiveness）」，および各国の市場を表す点を結ぶ「市場間の相互連結度（Market Interconnectedness）」である。

　競争の強さは，各国市場における自社の競争上の優位性を表している。市場魅力度は，第3章のマーケティング・リサーチによって調査を行った各国市場の自社にとっての魅力度である。この2次元のグラフに自社が参入している国（国名のみ）と参入候補国（国名に網掛け）を配置するのである。図4-2では，この企業はアジアでは日本と中国で，ヨーロッパではフランスとイギリスとドイツで，ラテンアメリカではブラジルとアルゼンチンでそれぞれ事業を展開していることがわかる。その現状から，参入候補国としてのインドと，東ヨーロッパ，ベネズエラ，チリを**相互連結度**（Interconnectedness）によって優先順位をつけていくのである。

　この相互連結度こそがグローバル・ポートフォリオ分析において最も重要な指標であり，これによって経営者は**戦略的ポートフォリオ単位**（Strategic Portfolio Unit：**SPU**）を適切に設定できるようになる。SPUとはマクロ経済と製品市場と企業特殊の3種類の相互連結度によって各国市場をまとめたものである。結論を先取りすれば，既存のSPUから最も相互連結度が強い参入候補国から順番に参入していくというのが，グローバル・ポートフォリオを用いた基本的な考え方である。すなわち，この企業の場合は，東ヨーロッパ，チリ，インド，ベネズエラの順番に参入するべきだと考えるのである。インドとベネズエラのように相互連結度が同じ場合は，市場魅力度と競争の強さが自社にとって望ましい方（図4-2の中でなるべく右上

に位置する国）を優先する。

相互連結度の3レベル　以上のように，参入の優先順位に大きな影響を及ぼすと考えられる相互連結性とはどのようなものなのだろうか。相互連結度には，大きく分けてマクロ経済レベルと製品-市場レベルと企業特殊レベルの3つがある。

マクロ経済レベルの相互連結度については，マクロ経済レベルの2国間の交流が活発であるか，2国間の連携を妨げる要因がないかをチェックする必要がある。具体的には，2国間の貿易量が多いかどうか，NAFTAやASEANといった同じ地域的市場統合へ所属しているかどうか，を考えることが重要である。ほかにも，道路や鉄道網などがつながっているか，広告会社や調査会社が共通して利用できるか，といった企業にとって重要だと考えられるマクロ経済レベルの相互連結度をチェックする必要がある。

製品-市場レベルの相互連結度は，共通の競合企業や共通の顧客が存在しているか，共通の流通チャネルや小売店が利用できるか，といったことが重要である。とくに，共通の競合企業の存在は，その国の市場における自社のポジショニングや現地化の戦略に影響を及ぼす。

企業特殊レベルの相互連結度は，共通の工場から製品供給が可能か，マーケティング組織や販売組織が共通利用できるかなどを考慮する必要がある。

これら3つの相互連結度をふまえて，図4-2を見直してみよう。東ヨーロッパは，フランスとドイツから製品市場の相互連結がなされており，ドイツはさらにマクロ経済レベルでも相互連結度が高い。そのため，東ヨーロッパでは既存のSPUの競争の強さをそのまま転用できる可能性が高く，市場の魅力度もあわせて考慮すると参入の優先順位が最も高くなる。チリはインドよりも市場魅力度という

点ではやや劣るものの，ブラジルとのマクロ経済レベルの相互連結度だけでなく，アルゼンチンとの製品-市場レベルの相互連結度も高いことを考慮すると，チリの方がSPUの競争の強みを発揮できる可能性が高い。したがって，参入候補国としてはチリの方がインドよりも優先順位が高いと評価されるのである。

4 グローバル・サプライチェーンにおける配置
●その設計とマネジメント

　グローバル・ポートフォリオの議論は，自社の製品やサービスを販売する各国市場間の水平的な配置問題を扱ってきた。それに対し，参入国間の配置についてはもう1つ垂直的な配置問題も考えなければならない。それは，調達から，生産，流通，販売までの垂直的な**グローバル・サプライチェーン**（Global Supply Chain：**GSC**）の設計とマネジメントの問題である。

　企業がグローバルに事業を展開すると，顧客のニーズにあわせて適切なタイミングで適切な質と量の製品を提供するという作業が格段に難しくなる。なぜなら，距離や，為替レートの変動，国外の中間業者，規制，安全性などの要因が，国内のみのサプライチェーンと比較してはるかに複雑だからである。そのような状況下で，ロジスティクスの担当者は，各製造拠点の原材料や，部品，エネルギーを最適な価格で過不足なく調達したり，完成品を世界中に散在する顧客に対して必要な分だけ必要なときに出荷したりしなければならない。この一連の流れの中で過剰在庫が発生したり，品切れによる機会損失が生じたりしないように全体最適をもたらす必要があるのである。

　GSCはその名の通り一連のプロセスのつながりなので，市場に

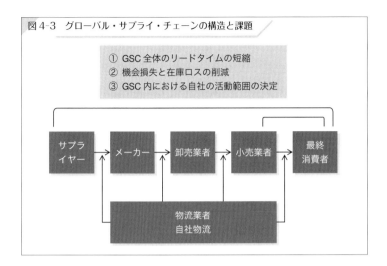

参入した後に全体を再構築することは難しい。したがって，市場参入の意思決定を行う前に GSC の観点からも，参入候補国の検討を行う必要がある。その際には，次の3つの GSC に関する項目について検討し，競合他社に対して少なくとも競争劣位にないことを確認しておく必要がある。すなわち，①顧客の求めるリードタイムと，② GSC の管理の効率性，③ GSC の自社内で行う範囲である。

顧客の求めるリードタイムを達成できるか

参入市場を決定する場合に，GSC について最初に考えるべき問題は顧客のニーズに適切に対応できるかである。ここでの「適切」とは，顧客ニーズの変化に対するレスポンスの敏捷性や柔軟性を意味している。すなわち，自社がその市場において競合他社と同等以上に，顧客が必要なものを必要なときに必要な分だけすばやく提供できるかを検討する必要がある。そのためには，サプライチェーンを実際に移動する製品が発注されてから顧客に納品されるまでの時間が重要である。この時間をサプライチェーンのリードタイム

第4章 参入市場の決定

(Lead Time) と呼ぶ。リードタイムの短さが重要であればあるほど，工場などの生産拠点から市場までの距離は一般的に短い必要がある。その結果として参入可能な国は生産拠点の立地に縛られたり，参入の際に生産拠点も設立しなければならなかったりするのである。

リードタイムが短いことが重要かどうかは，基本的に製品の3つの性質に影響を受ける。①在庫が困難か，②物流コストが全コストに占める割合が高いか，③顧客のニーズの変化が短期的か，である。

製品の在庫が困難であればあるほど，リードタイムは短い方がいい。在庫が困難な製品とは，たとえば，在庫ロスが出やすい生鮮に近い食品などが典型的である。在庫が困難であるほど，リードタイムを短くするために最終消費地と生産地は近接していなければならない。したがって，参入候補国の検討の際には，在庫が難しい製品を扱っている企業は生産地からの範囲が限定されたり，当初からジョイント・ベンチャーや直接投資のような参入モードをとらなければならなかったりすることを念頭に置かなければならない。

物流コストが全コストに占める割合が高い場合も，リードタイムは短い方がいい。この種の製品は，単価が安い割に体積が大きい，いわゆる「かさばる」ものであるため，長距離を移動させると採算をとるのが難しくなる。典型例としては，セメントのような製品がある。セメントは，セメックスや，ホルシム，ラファージュといったグローバル企業が世界中の市場の統合を進めているが，基本的に現地企業の買収や自社工場の設立によって参入している。それは，セメントが製品の性質上海上輸送が適さないことと，長距離の移動に必要な物流コストをかけていては採算がとれないからである。この場合も，リードタイムを短くするために消費地と生産地を物理的に近接させた方がいいだろう。

顧客のニーズが短期的に変化する場合も，リードタイムは短くし

なければならない。たとえば，ファスト・ファッションをグローバルに展開する「ZARA」は，1つのシーズンのアイテムは実需よりも少なめに生産することによってリードタイムを短くし，顧客のニーズの変化に対応している。

これらの性質を持つ製品にとってリードタイムの短縮は必須であるが，他の製品であってもリードタイムはなるべく短くした方がいいので，参入国を検討する際にはこの点で競合他社に対して不利になっていないかは確認しなければならない。

効率よく GSC を管理できるか

リードタイムをなるべく短くした方がいいのは顧客への対応としては非常に重要であるが，そのために自社のコストが増加してしまっては GSC のマネジメントがうまくいっているとは言い難い。たとえば，顧客に適切な対応をするために，自社内で過剰に在庫を抱えることで対応し，結果として在庫ロスを発生させるようなことが起こっては GSC のマネジメントを適切に行えているとはいえない。逆に，在庫を過少にしか持っていなかったために顧客のニーズに対応できず機会損失が発生してしまうことも問題である。GSC は顧客のニーズを過不足なく満たすだけでなく，自社も過不足なく製品を提供できなければならないのである。このような GSC を実行するために，自社内の体制やサプライヤーや流通業者との提携が参入国で実行できるかどうかも，参入候補国を選定する際の重要な確認項目である。

ただし，あまりにも「適切に」GSC をマネジメントしてしまうと，自然災害や政情不安などで部品や完成品の在庫が不足し顧客へのデリバリーが困難になってしまうこともありうる。そのような状況下では，かえって顧客のニーズを満たすのが困難になってしまうことがある。そういった状況も想定して，GSC においては，複数

第 4 章　参入市場の決定

Case ④　ZARA のグローバル・サプライチェーン

　スペインのインディテックス社が展開するアパレル・ブランド「ZARA」は，世界 88 カ国に 2100 店舗以上を展開している世界最大の SPA である。その規模の大きさは，日本のユニクロが世界 17 カ国に 1700 店舗を展開していることと比較すると理解しやすいだろう。とくに ZARA は進出国数の多さが際立つ。ユニクロが比較的アジアやヨーロッパにドミナントに出店しているのに対し，ZARA ははるかに多くの国と地域に出店を行っている。このように ZARA が多様な国々に参入することができるのは，グローバル・サプライチェーンを適切に管理することによって，世界中の店舗に過不足なく商品を行き渡らせることができているからである。

　ZARA のアパレル・ブランドとしての特徴は，最新のファッション・トレンドを取り込んだ高品質な製品を廉価に販売するという，いわゆる「ファスト・ファッション」である。ファスト・ファッションは，シーズンごとの製品の回転が速いため，常に在庫リスクにさらされている。そこで ZARA では，売れ残り（在庫リスク）をなるべく避け，売り切れ（機会損失）のリスクが高まるように，需要予測よりもやや少なめに生産する計画を立てている。ZARA がなぜ在庫リスクよりも機会損失のリスクを積極的にとろうとするかというと，機会損失が生じる可能性によって，「この製品は今ここで買わなければ，次に来たときはも

の生産施設，余裕在庫の確保，調達の複線化などといったある程度の冗長性をもたせた設計を行った方がいいだろう。また GSC 全体においてコンティンジェンシー・プランを準備しておくことも不確実性への備えとしては重要である。**コンティンジェンシー・プラン**とは，不測の事態が生じたときに GSC のメンバーがどのように対応するべきかをあらかじめ定めたマニュアルである。

　デル・コンピュータは，アメリカ西海岸の港湾労働組合が数日間のストライキを行ったことによって海外からの部品調達が滞るという事態に直面したときに，コンティンジェンシー・プランを用いることで他社よりもはるかに円滑に危機を乗り越えている。ストライ

うないかもしれない」と消費者に思わせることによって，購買意思決定を後押しすることができると考えているからである。しかしながら，機会損失のリスクを恐れないとはいえ，長期的に欠品が続くようでは顧客が離れてしまうので，次々に新たな製品を投入し顧客を飽きさせないようにしなければならないのである。したがって，ZARAは多品種少量の製品を短いスパンで入れ替えながら，機会損失も在庫ロスもなるべく出さないという非常に困難なサプライチェーン・マネジメントをグローバルに展開しているのである。

この困難な課題にZARAは，ハブ・アンド・スポーク・システムを中心とするGSCによって対応している。ハブ・アンド・スポークとは，世界各地で生産した製品をいったん1カ所の物流センターに集約したのちに，各国市場向けに仕分けをし，発送するという方法である。その物流センターと各生産拠点や各国市場との関係が，あたかも自転車のタイヤの車軸とスポークのように見えるので，この名が付いている。ZARAは，このハブ・アンド・スポーク・システムに航空輸送を組み合わせることによって，世界中の各店舗に生産拠点から24〜48時間で輸送することができるといわれている。このシステムはさまざまな工夫によって最適化されており，新規参入市場の選択の自由度を高めることに貢献している。

キは突発的な自然災害とは異なり，ある程度予測可能であったため，デルのロジスティクス担当者は，アジアのサプライヤーや海運会社や航空会社とコンティンジェンシー・プランを事前に共有していたのである。そのプランに基づき，サプライヤーは航空輸送用の部品を準備し，航空会社は事前にデルの部品輸送用の航空機をチャーターし，海運会社はストライキ終了直後に適切に効率よく部品が届くように手配していた。その結果，デルはまったく滞ることなく顧客にコンピュータを届けることができたのである。

GSC のどこまでを自社でやるか

GSC 全体のどの範囲まで自社で行うかは，参入市場を決定する際に検討する必要がある。アパレルの SPA のように GSC のほぼすべての部分を自社で担うことも可能であるし，製造以外のすべての GSC 内の業務をサプライヤーや流通業者と提携して遂行することもできる。

GSC を自社内ですべて担うことは，他社と連携するよりも調整が容易であるため，リードタイムの短縮や効率的なマネジメントは行いやすくなる。しかしながら，グローバルに事業を展開するメーカーにとって，部品や原材料製造から，流通，物流，小売のすべてを自社内で囲い込むことはほぼ不可能に近い。いずれの企業も多かれ少なかれ，GSC 内で自社に残す部分と他社と提携する部分の線引きをしなければならない。その際に注意すべきなのが，GSC 内で提携しているサプライヤーや流通業者などとの関係である。これらの企業は，GSC 内においては最終顧客に対して共通の価値を提供する協力者である一方，獲得した利益の配分という点では競争相手という側面も持っているのである。グローバル市場における参入候補国を考える際には，これらの GSC 内の企業と自社の間の利益配分において自社が有利であるかどうかも目配りしておく必要がある。

それを参入前に考えておかないと，参入後に GSC が思ったように機能しなかったり，たとえ GSC 全体として顧客のニーズを満たしたとしても GSC 内で十分な利益配分が得られなかったりするのである。

参入候補国の選定の観点からすると，参入先の流通業者と自社の間の交渉力の見通しについてはとくに注意を払った方がいい。たとえば，世界最大規模の小売企業であるカルフールは，日本市場に参入して数年で撤退を余儀なくされた。その撤退理由はいくつかあっ

たが，とりわけ適切なサプライチェーンが構築できなかったことが重要な理由であったといわれている。カルフールは圧倒的なバイイング・パワーを背景としてメーカーから直接，廉価に商品を調達するというビジネスモデルによってフランス本国で成功を収めていた。カルフールはそのモデルをそのまま日本で展開しようとしたが，新規参入企業であるカルフールはメーカーに対しても流通業者に対してもほとんど交渉力を持っていなかったため，競合他社に価格も品揃えも対抗することができなかったのである。カルフールは小売業の事例であるが，メーカーであっても流通業者，とくにアフターサービスなども担う事業者との関係は事前に検討しておく必要がある。

もちろん既存のチャネルへのアクセスが困難であるからといって，その国や地域への参入を諦める必要はない。実際にはチャネルの交渉力が，メーカーや小売業に対して相対的に強い市場は参入に有利な場合もある。なぜならチャネルを構成している企業がその交渉力の強さによって慢心し，自らのビジネスの改善努力を怠っている場合が多々あるからである。したがって，最終顧客にとってよりよい結果をもたらす新たなチャネルが参入に際して利用可能だったり，自ら構築できたりするのであれば参入が成功する可能性は十分ある。

たとえば，1990年代にデル・コンピュータが日本市場に参入したときは，量販店チャネルはほぼNECや富士通といった日系企業に押さえられていた。その後，数年間デルは日本での市場シェアを伸ばすことができなかったが，インターネットが普及し，最終消費者がコンピュータの使い方に慣れてくると，量販店チャネルを回避し，電話やインターネットによるデルの直接販売を利用する消費者が増加していったのである。

さらに，新興国市場においては，そもそもGSCの一部を担える能力を持つ現地の事業者が存在していない場合もある。たとえば，

インドネシアではコールド・チェーンと呼ばれる冷蔵・冷凍の物流網が未整備なところが多い。小売店においても TT（第 **2** 章参照）のような小規模店舗では冷蔵庫がないこともある。このような状況をふまえ，ヤクルトは，冷蔵トラックを保有して自社物流を行い，小規模小売店に対しては冷蔵庫を貸し出すリース業も自社で担って参入したのである。

演習問題

4-1 図 4-1 のグローバル・セグメントをターゲットとしている製品にはどのようなものがあるか考えてみよう。

4-2 図 4-2 において，チリよりもインドを優先的に参入した方がよいと主張するためには，相互連結度をどのように変えればよいか考えてみよう。

4-3 ZARA の事例では，QSC におけるハブ・アンド・スポーク・システムのメリットが描かれているが，デメリットとしてはどのようなことが考えられるか議論してみよう。

文献ガイド

Kotabe, M. and Helsen, K. (2010) *Global Marketing Management,* 5th ed., John Wiley & Sons.（栗木契監訳『国際マーケティング』碩学舎，2010 年）

向山雅夫＝ J. Dawson 編著（2015）『グローバル・ポートフォリオ戦略——先端小売企業の軌跡』千倉書房。

中川功一・林正・多田和美・大木清弘（2015）『はじめての国際経営』有斐閣。

第5章 参入モードの決定

どのように参入するのか

Introduction

　参入モード（方法）の決定は，参入市場の決定と並んでグローバル・マーケティング戦略において参入段階のみならず，現地化段階の成否をも左右する重要な意思決定である。参入モードは輸出，ノウハウの提供，出資を伴う直接投資の3つに分けられる。進出する際の現地での経営をコントロールする力の強さ，必要とする投入資源の大きさ，進出する際に必要とする変動費と固定費のバランス，獲得可能な市場シェアの大きさがそれぞれで異なっており，各参入モードの特徴を見極めて選択する必要がある。

　近年は，不確定要因が多い中での進出が増え，多くの多国籍企業がより厳しく経営資源の有効活用を意識しており，参入市場から退出する事例も多く見られるようになっている。そのため，グローバル・マーケティングにおける退出戦略の重要性も高まってきている。

Keywords

参入モード　輸出　ノウハウの提供　ライセンシング　フランチャイジング　契約生産　OEM　EMS　直接投資　ジョイント・ベンチャー　戦略的提携　完全所有子会社　現地企業買収型　グリーン・フィールド型　退出戦略

1 参入モードの選択

●どのような参入モードがあるのか

参入モードの選択基準

外国市場への参入モードの決定要因は，多国籍企業論において研究が蓄積されてきたものであり，いかなる場合にいかなる参入モードが適切なのかを示そうとしてきた。市場参入の決定についてさまざまな実証研究がなされてきたが，その影響要因は非常に多様であり，参入決定の要因と参入モードの関係は依然としてはっきりとしない部分がある。

参入モードの決定は，各企業が意思決定をする時点によって，ケースごとに異なる。そのため，自社が置かれた環境と類似したケースを検討するなど，自社の参入モード決定のために重要となる基準を明確にし，その時点での参入先市場における環境を加味して選択する必要がある。参入モード決定に関する代表的な研究としては，ダニングの国際生産の折衷理論の研究がある (Dunnning 1977)。

参入モードの選択

参入モードは，①製品を海外で販売する輸出，②生産・販売の権利を現地企業に与えて利益を得るノウハウの提供，③出資を伴う直接投資の3つに分けられる。

表5-1は3つの参入モードと各参入モードの5つの特徴との関

表 5-1 各参入モードの特徴

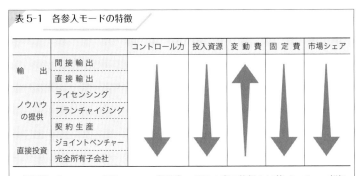

(出所) Jeannet and Hennessey (2004), p.311 の表の枠組みに基づいて，一部加筆修正。

係を示したものである。表によれば，各参入モードは進出する際の現地での経営をコントロールする力の強さ，必要とする投入資源の大きさ，進出する際に必要とする変動費と固定費のバランス，獲得可能な市場シェアの大きさがそれぞれ異なっている。そのため，各参入モードの特徴を見極めて選択する必要がある。

各企業は製品ごと・地域ごとに異なる参入モードを選択する場合もある。上記のすべての参入モードを選択肢として考慮に入れ，その組合せを検討することが重要である。

2 参入モードのタイプ
●各参入段階・製品・市場特性での各モードの使い分け

輸出は，主に間接輸出と直接輸出に分けられる。

間接輸出は，企業が総合商社および専門商社など本国の中間業者を通じて，自社製品を外国市場に販売することである。

総合商社は高度経済成長期に世界に進出する日本企業を支える存在として，世界からも注目されていた。バブル経済崩壊後の再編を経た7大商社（三菱商事，伊藤忠，丸紅，三井物産，住友商事，豊田通商，双日）は，これまでの役割を既存市場で維持している。そして，それまで築いてきた現地経済界や政府とのネットワークを活かして，BRICS やポスト BRICS といった新興市場（詳細は第 **12** 章参照）の発展に不可欠な水道，電力，鉄道，空港，港湾などのインフラ輸出のコーディネーターという中間業者として，新たな役割が期待されている。

　中間業者を用いるメリットとして，豊富な専門知識を有するため，輸出を即座に実行でき，リスクも小さいことがあげられる。デメリットは，中間業者であるため，あくまでも輸出の専門知識を有しているにすぎず，各製品に最適な顧客対応を行うことができるとは限らないことや，顧客に直接接する機会が少なくなり，現地情報が獲得しにくいことなどがあげられる。したがって，間接輸出は外国進出の初期段階に用いられ，一定の期間を経て経験を蓄積し，輸出規模が拡大すると，直接輸出に移行する場合が多い。

　直接輸出は，企業が自社製品を自社で創設した輸出部門を通じて外国市場に販売することを意味する。間接輸出を用いることのデメリットである不適切な顧客対応や現地情報獲得の困難さは克服されるが，一方で，出資を伴うので，相対的に大きなリスクが生じる。

　また，協同輸出という方法が用いられることもある。この方法は，すでに進出先に販路を有する企業の協力を得て販売を行う方法である。清涼飲料メーカー大手キリンビバレッジのベトナム市場参入がその代表的事例である。同社は 2007 年ベトナム市場進出の際に現地で強固な販路を有するカップ麺メーカーのエースコックとエースコック現地子会社のエースコックベトナムとの3社合弁の子会社を

設立し，参入した。まさにこの進出は協同輸出による進出といえる。同社はこの方式によるベトナム市場での活動で得た経験をふまえて，2011年には合弁会社を完全子会社化した。

ノウハウの提供　図5-1に示されているように，**ノウハウの提供**は進出国の事業者の担当する役割によってライセンシング，フランチャイジング，契約生産の3つに分けられる。

[ライセンシング]

ライセンシングは参入側であるライセンサーが研究開発（R&D）のみを担当し，参入される側であるライセンシーが研究開発以降のすべてを担う方法である。代表例としては，バーバリーのライセンシングによる日本市場参入があげられる（詳細は本章の**Case ⑤**参照）。

ライセンサー側のメリットは，研究開発に専念できるため，少ない投入資源で外国市場への進出が可能なことである。一方，ライセンシー側のメリットは，すでに確立されたブランドや技術ノウハウなどを利用できることである。

ライセンサー側のデメリットは，得られる収入が直接進出するより少ないということ，ライセンシー側がライセンサー側の提供したブランドを傷つけ価値を損ねる可能性があること，ライセンシー側が契約終了後にライバルになってしまう可能性があることである。

また，迅速な開発競争が行われている分野では，ライセンスを互いに提供し合う，クロスライセンシングという手法が用いられる場合もある。スマートフォンの製造などICT分野でよく行われている。この領域ではアップルやサムスンなど従来世界全体の市場を支配してきた巨大企業に対し，母国市場が巨大である中国出身のファーウェイ，小米（シャオミ），オッポ，ビボなどが台頭し，国境を越えた企業間での迅速な開発競争を行っている。彼らは高い付加価値

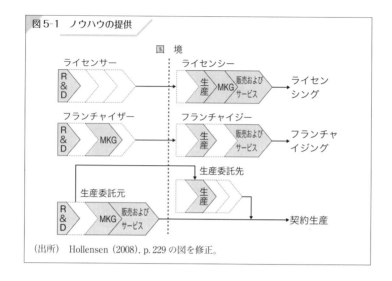

図5-1 ノウハウの提供

(出所) Hollensen (2008), p. 229 の図を修正。

をより速く生み出すために，裁判などを通じて自社の権利を主張し合うと同時に，研究開発成果である特許などを互いに供与し合うクロスライセンシングを用いて開発を進めている。

［フランチャイジング］

フランチャイジングは，特定の国や地域に参入する側のフランチャイザーが研究開発とマーケティングを担当し，参入される側のフランチャイジーが生産，販売およびサービスを担当する方法である。

フランチャイジングとライセンシングとの相違は，フランチャイジングは参入する側がマーケティング手法を提供するという点にある。フランチャイザーは，自社が開発したマーケティング手法が進出市場において的確に実行されるように，フランチャイジーに対してトレーニングや経営指導を行う。

フランチャイザー側のメリットは，少ない投入資源で自社の事業方式を世界に広めることができることにある。フランチャイジング

の場合，ライセンシングとは異なり，マーケティング手法が進出市場において的確に実行されるように，現地市場への適応を求められる。そのため，フランチャイジー側の有する現地市場における企業経験などを利用できることもメリットとしてあげられる。

包括的フランチャイジングは，このメリットを強く意識した方式である。包括的フランチャイジングでは，参入する側の本国フランチャイザーが現地市場における企業経験や高い信用を有するフランチャイジーに対して，現地でのフランチャイジー募集などの権利や現地適応の方策考案などに関して一定の権限を与える。結果として，本国フランチャイザーの負担はかなり軽減される。

フランチャイジー側のメリットは，資金さえ出せばノウハウを提供してもらえるので，早期に事業を開始できることである。

一方，フランチャイザー側のデメリットは，ライセンシング同様，得られる収入が直接自身で進出するよりも少ないこと，フランチャイジー側がフライチャイザー側の提供したブランドを傷つけ価値を損ねる可能性があること，フランチャイジー側が契約終了後にライバルになってしまう可能性があることである。

フランチャイジー側のデメリットは，ノウハウの提供や経営指導を受けるというメリットの裏返しであるが，経営の裁量権が小さいことである。

永谷園ホールディングス傘下の「麦の穂」が展開するシュークリームチェーンであるビアードパパは，フランチャイジングのデメリットをしっかりと意識し回避することで海外展開に成功している。ビアードパパは看板商品であるシュークリームの品質管理に努め，シュー皮を日本とシンガポール（2014年に海外向け生産物流拠点として法人設立）の2カ所から輸出し，シュー皮を焼く際に日本と同じ状況で焼けるように，現地でのオーブンの温度や電圧などを逐次確

Case ⑤ バーバリーと三陽商会のライセンシング終了

　1856年創業のイギリスの老舗ブランドであるバーバリーは、三陽商会と1970年にライセンス契約を締結し、双方ともライセンシングによるメリットを享受してきた。この事例は、三陽商会による1996年の若い女性向けのブルー・レーベル、98年の若い男性向けのブラック・レーベルの展開という新規顧客層の開拓の実現に見られるように、ライセンシーによるレーベル展開の成功という文脈でも取り上げられ、ランセンシングの大成功事例とされてきた。しかし、2015年6月末に45年にわたる契約を終了し、バーバリーは直営店による展開に切り替えた。

　バーバリーはライセンシングでの販売が終了した2015年8月の翌月の9月以降、新たな展開を開始している。9月16日には資生堂と日本への輸入・販売契約を締結し、すでにソウルなどで展開していたメーキャップ・フレグランス商品を販売する店舗であるバーバリービューティボックスを東京と大阪で同時に開店した。9月18日には日本最大級の直営路面店である新宿店を開店し、同年11月末現在路面店6店舗を含めて合計38店舗（チルドレンズ9店舗、ビューティボックス2店舗を含む）を展開している。

　三陽商会は、バーバリーとのライセンシングによって培ったノウハウを活かして、同じくイギリス出身の老舗ブランドであるマッキントッシュとのライセンシング事業を強化し、従来から展開するマッキントッシュのセカンド・ラインであるマッキントッシュ・フィロソフィーに加えて、2015年7月14日から高級ラインのマッキントッシュ・ロンドンの

認し、さらにクリームの生産は手作業にこだわっている。現地で実際に店舗拡大を行うフランチャイジーと手作業のこだわりの重要性を共有するために、彼らを日本に招いて実際に一緒に作業してみるといったきめ細かな対応を通じて、ブランドを傷つけ価値を損ねるというデメリットを回避すべく工夫を重ねている。

［契約生産］

　契約生産は参入する委託元が研究開発、マーケティング、販売お

店舗を，バーバリーを展開してきた全国の主要百貨店での売場において順次開店した。

2015年9月よりバーバリーとも新たなライセンシング契約を結び，バーバリーという名称を外し，「ブルーレーベル・クレストブリッジ」と「ブラックレーベル・クレストブリッジ」として，展開を開始している。象徴であるマイクロチェックの柄や，現状のブランド・コンセプトは継承したまま，クリエイティブ・ディレクターに三原康裕氏を迎え，彼が手掛けるスーツなどの商品ラインを拡充すると同時に，従来行うことができなかったスコットランドの最古の生地メーカー，ジョンストンズやリバティ柄で有名なイギリスのリバティなどとのコラボ商品の展開を開始した。さらに，2015年9月19日には銀座8丁目にバーバリー銀座店であった自社ビルに，同社を代表するブランドを集めた「SANYO GINZA TOWER（三陽銀座タワー）」を開店し，独自ブランドも含めて三陽商会としての存在感を強く打ち出し始めている。

しかし，「バーバリー」事業の終了後の決算を見ると，「バーバリー」事業終了前の2015年上期（1〜6月）の店頭販売が前年同期比104％であったのに対して，終了後の下期（7〜12月）は70％と，大幅減少となった。営業損益も上期が77億円の黒字であったのに対して，下期は11億円の赤字となり，厳しい状況にあるといえる。

バーバリーによる三陽商会へのライセンシングは大成功事例とされてきただけに，両社の今後の動向が注目される。

よびサービスを担当し，参入される側の委託先に生産のみを担わせる方法である。

委託元のメリットは費用節約であり，委託先のメリットは技術さえあれば仕事が獲得できることである。委託元は主に欧米や日本など先進国出身企業であり，彼らは労働力が豊富で賃金が安い発展途上国においてこの方法を実施してきた。とくに中国は，1990年代以降「世界の工場」と呼ばれてきた。

このメリットを活かして誕生したのが，大手メーカーの契約生産を行う **OEM**（Original Equipment Manufacturer）である。そのうち，とくに電子機器の製造請負に特化したのが **EMS**（Electronics Manufacturing Service）である。EMS は当初一部の製造工程を安価で請け負う企業であった。しかし，世界中の多様な工程を担当する工場を次々と買収し規模を拡大して，台湾のスマートフォン製造大手の鴻海（ホンハイ）精密工業などに見られるように，製品ライフサイクルが短く頻繁な仕様変更が特徴となっている特定産業においては，不可欠の存在となっている。

ノウハウ提供に共通したデメリットであるが，委託元のデメリットは，委託先が契約終了後にライバルになってしまう可能性があることである。委託先のデメリットは，労働集約的部分を担当するため収益性が低いことである。

しかし，EMS の中には複数の委託先から生産委託されることによって規模を拡大させ，蓄積したノウハウを活用して委託領域を企画開発領域に拡張する，付加価値の高い技術を獲得して委託元との関係を優位にするなどの工夫を行うことによって，委託先のデメリットである収益性の低さを改善しようとする企業も多く存在する。

EMS の代表である鴻海は，2016 年にシャープ買収を決定したが，買収の主要目的は収益性の改善にあるともいわれる。同社はシャープの有する有機 EL の技術を獲得することによって，委託元であるアップル社の主力製品 iPhone のディスプレイの液晶パネルから有機 EL への変更に早期に対応することによって，委託元との関係を優位にすることを目論んでいると見られる。

また，インターネットなどの情報コミュニケーション技術を用いたサービスの委託先となったインドは，「世界のバックオフィス」と呼ばれるような発展を遂げている。南部の中心都市ベンガルール

はいまやインドのシリコンバレーと呼ばれ，インフォシス・リミテッドやウィプロ・テクノロジーズなどインド出身のグローバル企業を輩出するようになっている。

> **直接投資**

進出先で設立する企業への**直接投資**が共同なのか単独なのかによって，ジョイント・ベンチャーと完全所有子会社による参入の2つに分けられる。

[ジョイント・ベンチャー]

ジョイント・ベンチャーは，進出先で設立する企業への直接投資を複数企業との共同で行う参入モードである。共同出資者は現地情報や人脈を多く有する現地企業であることが多い。とくに，発展途上国に進出する場合には，政府規制によりこの方法を用いることが進出の条件となっている場合も多く，この方法は海外進出初期段階においては頻繁に用いられる。

最近の事例としては，2015年7月に民主化が急激に進展していたミャンマーにおいて，日立製作所の変圧器の製造を行う子会社である株式会社日立産機システムが，現地変圧器大手企業ソー・エレクトリック・アンド・マシナリー（SEM）社と合弁会社を設立したことがあげられる。

ジョイント・ベンチャーのメリットとしては，パートナーである現地企業から情報が得られることに加えて，現地受入国からの反発が少ないこともあげられる。また，現地流通チャネル構築や人材確保が容易となる場合も多い。

なお，現地パートナーが出資を行う代わりに，現地の流通チャネルへのアクセスの提供などによって議決権を獲得する協働ジョイント・ベンチャーという方法もある。この方法を採用する場合には，出資の代わりに提供される現地パートナーの経営資源をしっかりと評価し見極めることが重要となる。

ジョイント・ベンチャーのデメリットは，現地パートナーとの意見対立の可能性があることである。多くの場合，進出側は安価な労働力や市場機会を求めて参入するのに対して，現地側は技術ノウハウやブランド獲得などを目的とすることが多い。ジョイント・ベンチャーの設立の契約を結ぶ前に，明確に契約解消後の取り決めを行っておくことが重要となる。

　ジョイント・ベンチャーという参入モードを上手に用いて発展した企業として，スターバックスコーヒーがあげられる。スターバックスは1996年に日本参入に際して，受け入れ先パートナーとしてサザビー社（現・サザビーリーグ社）を選択した。サザビー社は自社開発の時間消費型飲食店チェーン「アフタヌーンティー」を展開しており，スターバックスはそのノウハウを活かすことで北米以外で初の海外出店を行い，2014年合弁解消までに1000店舗以上の出店という大成功を収めた。

　なお，ジョイント・ベンチャーと類似した手法として**戦略的提携**があげられる。戦略的提携は出資を必ずしも伴わないが，2社以上が共同で事業を行うという点ではジョイント・ベンチャーと類似している。

　表5-2に示されるように，2つの参入モードの違いは対象事業の違いによるところが大きい。ジョイント・ベンチャーの対象事業は発展途上国における生産や販売など，これまでの経験からリスクがある程度想定可能な周辺分野である。それに対して，戦略的提携はICT，燃料電池，家庭用ロボットなど，現在，開発が急激に進む技術の開発実用化や，その後の普及に向けた業界標準の確立をめざす戦略的中核事業である。戦略的提携が採用される分野では，提携している企業同士の競争が相対的に激しく，環境変化が速いため，事前に将来状況を想定することが難しい。そのため，提携内容は事後

表 5-2　戦略的提携とジョイント・ベンチャーの相違

	戦略的提携	ジョイント・ベンチャー
対象事業	戦略的事業	既存事業
環境不確実性	未知	ある程度理解
パートナー数	多数が多い	2社が多い
活動内容	複雑	相対的に単純
事後での決定事項	多い	少ない

(出所)　Doz and Hamel (1998), pp. 6-9 (訳書7-12ページ) の内容に基づいて作成。

的に決定する部分が多くなり，事後的な調整の結果，その内容がより包括的なものになることが多いのである。

　WTO加盟国が世界中に拡大し，FTAやEPAの締結が進み，外資出資規制が緩和され，完全所有子会社による進出が可能になった結果，ジョイント・ベンチャーを継続的に採用する企業の割合は減少傾向にある。しかし，既述の日立産機システムのミャンマーへの早期進出に見られるように，生産や販売のフロンティア獲得競争が激しく，開放初期で進出競争が激化している状況においては，今後も参入初期の参入モードとしては有力な選択肢であり続けると考えられる。

[完全所有子会社]

　完全所有子会社は，進出先で設立する企業への出資が自社単独な参入モードである。現地企業を買収して参入する現地企業買収型と，ゼロから会社を立ち上げるグリーン・フィールド型に分けられる。

　メリットは，自社のみですべての決定をできるため，経営上のコントロールを行いやすく，得られた利益もすべて獲得できることである。そのため，社員のモチベーションも維持しやすくなる。

デメリットは，メリットの裏返しでもあるが，リスクが大きい点である。ジョイント・ベンチャーのように，進出先のパートナーがいれば回避できたはずのリスクを回避できない場合も多い。こうしたリスクを回避するためには，進出先で採用した社員の登用や，社会貢献活動を通して進出先の企業と同等の扱いを受けられるような努力が重要となる。

現地企業買収型はジョイント・ベンチャーと同様に，適切な買収先の選択が重要となる。そのためには，自社が買収を通じて獲得したい経営資源を明確にし，その経営資源の価値を見極めることが重要となる。

従来，この参入モードは先進国企業が進出先の施設，人材，ノウハウ，情報などを求めて選択することが多かった。しかし，2012年の中国メーカーであるハイアールによる三洋電機，16年の同じく中国メーカーである美的集団（ミデア・グループ）による東芝といった日中間での白物家電部門買収に見られるように，発展途上国出身の企業がグローバル展開を視野に，先進国のブランド，技術，ノウハウなどを獲得するために行うケースも多く出てきている。

グリーン・フィールド型は多額の投資と長い時間が必要とされる反面，ゼロから企業活動を行うことになるため，最も柔軟性が高い参入モードである。

この参入モードは，市場参入が経営戦略上不可欠であり，なおかつ進出先企業の中に買収候補が存在しない場合や，買収候補先との交渉が失敗した場合に採用される。とくに，BRICSに代表される有望な新興市場では，競合企業との買収合戦になる場合も多く，有望な買収先が確保できるとは限らない上に，確保できても莫大な投資が必要となる。そのため，総合的に判断してこの参入モードが採用される場合もある。

また，この参入モードは進出先政府が産業振興のために外国企業誘致に税免除などの優遇措置を実施する場合にも採用されることがある。

3 退出戦略
●早期参入決定により重要性が高まる戦略

退出戦略の重要性の高まり

従来，退出はグローバル・マーケティング活動において戦略的に検討されていなかったため，退出に関する議論は重視されてこなかった。しかし，世界中の企業による早期のミャンマー進出に見られるように，近年になって不確定要因が多い中でも，多くの多国籍企業がより厳しく経営資源の有効活用を意識して，進出国を従来よりも早いタイミングで決めるようになっている。そのため，退出しなくてはいけない状況に陥るリスクが上昇し，**退出戦略**の重要性が高まった。参入モード選定に際しては，退出の可能性を織り込んだ検討が重要となる。

他方，参入市場から退出する事例も実際に多く見られるようになり，従来，幅広い領域での事業展開を重視し，短期的な収益には寛容であった日本の総合商社でさえも退出基準を厳格に運用するようになるなど，グローバル・マーケティングにおける退出戦略の重要性が高まってきている。

企業が退出すべきであると考えたとしても，一度参入した市場から退出するには多くの障壁があり，容易ではない。退出の容易度は事業活動に関する各国の制度や制度の運用によって左右されるため，各国の制度や制度の運用に影響を及ぼす政治状況などに注目し続ける必要がある。

表5-3 ビジネス容易度総合順位，事業開始容易度および退出容易度の順位

	総合順位	事業開始容易度	破産処理容易度
ニュージーランド	1	1	34
シンガポール	2	6	29
デンマーク	3	24	8
香　港	4	3	28
韓　国	5	11	4
ノルウェー	6	21	6
イギリス	7	16	13
アメリカ	8	51	5
スウェーデン	9	15	19
マケドニア	10	4	32
日　本	34	89	2
中　国	78	127	53
ベトナム	82	121	125
インド	130	155	136

（出所）　世界銀行グループが公開する「Doing Business 2017」の内容に基づいて作成。

　表5-3で示すように，世界銀行グループは毎年各国のビジネス環境を総合的に評価するランキングを公表している。ランキングのうち総合順位は非常に多様な要因で評価されるが，その中には参入に関わる事業開始容易度，退出に関わる破産処理容易度の順位も含まれている。日本は2017年ビジネス環境の総合順位では190カ国中34位と，先進諸国の中では環境があまりよくない状況にあり，とくに事業開始容易度は89位と，発展途上国を含む全世界を見てもあまり高くない状況にある。一方，破産処理容易度は2位（2014年まで1位）である。つまり，日本は事業開始が難しいが，退出は

容易な国なのである。

　他方，日本企業が多く進出している諸国は事情が異なる。人件費高騰などで退出が続いている中国の総合順位は78位，事業開始容易度127位，破産処理容易度53位である。それに対して，中国に代わる存在として注目されるベトナムは，事業開始容易度は121位と中国を若干上回っているが，総合順位は82位と若干下回り，破産処理容易度は125位と大幅に下回っている。

　日本企業は退出が容易な日本で成長してきたことを考えれば，他国出身企業以上によりしっかりと破産処理といった退出に関わる内容を注視し，退出戦略を検討する必要があるといえる。

具体的な退出戦略

　退出の主な理由には，①継続的損失，②新興市場における市場としての価値の脆弱性，③早すぎる参入意思決定の増加，④企業の社会的責任への要請の高まりに基づいた倫理的理由，⑤競争激化，⑥資源再配分，の6つがあげられる。

　主要な障壁としては，①労働者への処遇にかかる費用など退出に伴う莫大な経費，②進出先での資産放棄の可能性，③他の進出市場の動揺や他の進出候補先の評判などその他の市場への影響，④長期的な市場機会の喪失，などがある。

　上記の4つの障壁のうち，企業は退出戦略によって生じる経費（①②）などもさることながら，その他市場への影響や機会損失（③④）などを十分に考慮し，退出戦略のガイドラインをつくる必要がある。その際には以下の3つの点が重要となる。

（1）退出はかなりのリスクを伴うので，退出を簡単に決断するのではなく，退出しないためのあらゆる選択肢を検討する。

（2）完全退出ではなく，段階的退出や経営関与度の縮小を検討する。

(3) 自社の顧客のアフターケアを十分に行い，自社のパートナーや自社の別地域の拠点の顧客にするのと同様の努力を行う。

 演習問題

5-1 フランチャイジングとライセンシングの違いを考えてみよう。

5-2 参入段階と現地化段階でのパートナーとの協力のあり方の変化を考えてみよう。

5-3 退出戦略が信用度に及ぼす影響について考えてみよう。

 文献ガイド

川端基夫（2010）『日本企業の国際フランチャイジング——新興市場戦略としての可能性と課題』新評論。

原田保・三浦俊彦編著（2016）『小売＆サービス業のフォーマットデザイン』同文舘出版。

藤沢武史（2000）『多国籍企業の市場参入行動』文眞堂。

松本茂（2014）『海外企業買収失敗の本質——戦略的アプローチ』東洋経済新報社。

丸谷雄一郎（2015）『グローバル・マーケティング（第5版）』創成社。

第 II 部
グローバル調整

　　第I部のグローバル配置で見たように，企業は，まず環境分析やリサーチに基づいて参入市場・参入モードを決定し，海外進出を行っていく。そして，次の段階で本国および進出諸国間でのマーケティングを調整していかなければならない。それがグローバル調整である。

　　第II部では，標準化／現地化，知識移転，組織設計，という3つの視点から分析する。

第6章 標準化／現地化とグローバル・ブランドによる展開

標準化／現地化戦略の原理を探る

Introduction

　標準化（世界で同じマーケティングを展開）と現地化（国ごとに異なるマーケティングを展開）という配置戦略の課題は，グローバル・マーケティングでは，最も古くから研究されてきたテーマの1つである。企業の視点からは，世界で標準化した方が効率的で利益も大きいが，現地消費者の視点からは，現地のニーズにあわせてくれた方がありがたい。

　標準化／現地化というグローバル・マーケティングの永遠の課題について，本章ではまず，「消費者から遠いところは標準化」，「消費者に近いところは現地化」という簡潔明瞭な立場に立ち，①製品類型，②1つの製品事業の中への組み入れ方（投機と延期の理論に基づく），③（流通業の）フロント・システムとバック・システム，という3つの視点から整理する。

　そして第3節で，近年注目を集めているグローバル・ブランドを取り上げ，そこにおける標準化／現地化を考察する。

Keywords

標準化／現地化　　思考型／感情型製品　　投機　　延期　　フロント・システム　　バック・システム　　グローバル・ブランド　　消費の二極化　　COO（原産国）効果　　リージョナル・ブランド　　ローカル・ブランド

1　標準化戦略と現地化戦略

● 標準化／現地化のさまざまな戦略

標準化／現地化とは　グローバル・マーケティングでは複数国で同時にマーケティングを行うが，本国および進出諸国の市場で同じマーケティングを展開するのが**標準化**（Standardization）であり，地域にあわせて異なるマーケティングを展開するのが**現地化**（Localization）である。

この標準化／現地化に関する問題の所在を端的に表現するなら，「企業としては標準化したいが，地域で異なる市場特性を考えると現地化の必要性がある」とまとめられる。すなわち，メーカーとしては，世界中で同じ製品を生産・販売できれば，規模の経済性によって，多大な利益が得られる。一方，1960年代の日本の自動車メーカーが対米進出にあたって行ったように，日本では右ハンドル車，アメリカ向けでは左ハンドル車と，別々に生産するとコストがかかる。ただ，アメリカでは右ハンドル車は売れないので，コストがかかるのをがまんして左ハンドル車を生産して現地化するのである。

このように，とくにメーカーとしては標準化することによって各種規模の経済性を享受したいが，標準化するだけでは現地の市場に受容されないので，どこを現地化するか，というのが，この標準化

/現地化課題の核心といえる。

標準化／現地化それぞれのメリット

企業が目標とする利益は,「利益＝売上－コスト」の式で表せるので, ①売上の拡大, ②コストの削減, が2大戦略となる。標準化／現地化のメリットも, この2つの側面から説明できる。

標準化戦略のメリットとしては, コストの削減が最も重要である。規模の経済性は, 製品の標準化（世界で左ハンドル車を販売するメーカーなど）だけでなく, テレビCM素材の標準化でも販促物の標準化でも, コストを大きく削減できる。また, 本国での戦略をそのまま進出諸国でも展開できるので, 現地における戦略立案の時間と手間が省け, 市場導入への期間短縮もできる。このように, さまざまなコスト（時間コストも含む）の削減による効率化が, 標準化の一番のメリットである。

標準化のもう1つのメリットは, それほど大きなものではないが, ある程度の売上拡大である。世界の顧客ニーズがある程度共通化し, 世界を旅するグローバル顧客が拡大する中では, 標準化は彼らのニーズに合致する。すなわち, 世界共通の標準化製品へのある程度のニーズが存在し, 自国の製品が他国でも同様に売られているのを評価するグローバル顧客が存在する今日, 標準化製品はある程度の売上拡大をもたらすのである。これは, 世界共通ニーズへの対応による売上拡大といえる。

一方, 現地化戦略を行うメリットは, より大きな売上の拡大であり, それには地域ニーズへの対応によるものとイノベーションの創造によるものがある。これら2つのうちでは, 前者の地域ニーズ対応による売上拡大が最も重要である。国内市場でさえ, 関東と関西でカップ麺の出汁の味を変えるメーカーもあるくらいだが, それが海外市場となれば, さらに多くの面（経済, 制度, 技術, 文化など；

表6-1 標準化/現地化のメリット

	標準化のメリット	現地化のメリット
コストの削減	(1)規模の経済性(製品・広告等すべて) (2)各種活動の時間の短縮	
売上の拡大	(1)世界共通ニーズ対応による売上拡大	(1)現地ニーズ対応による売上拡大 (2)イノベーション創造による売上拡大

第2章42ページ参照)で国内市場とニーズは大きく異なる。したがって,現地消費者へのニーズ対応を考えたなら現地化戦略が基本となる。この場合,現地対応のコストも拡大するが,それを上回って売上が拡大するのである(反対からいえば,コストを上回る売上拡大が見込めない場合は,その現地化戦略は採用されない)。

現地化が生み出す売上拡大のもう1つの道筋が,イノベーションの創造による売上拡大である。国内市場とまったく異なる現地市場に対応した製品開発をすることによって,新たなイノベーションを生み出す源泉となる(第7章参照)。たとえば,ユニリーバのインド子会社ヒンドゥスタン・リーバ・リミテッドが開発・販売した「アンナプルナ・ソルト」(ヨード添加された食塩)がある。発展途上国では2億人以上の子どもがヨード欠乏症で(インドはそのうち7000万人),知的障害や甲状腺腫を引き起こす原因となっていた。また,インドでは市場の20%がヨード添加塩だが,貯蔵・搬送・調理の際に徐々に成分を失い,子どもの口に入るときにはヨードが失われていることが多かった。そこで,同社は分子レベルでヨードをカプセル化して成分を保つという画期的技術K15を開発し,地元の女性たちを雇用して展開した販売部隊(シャクティ・アマ)も成功し,2001年には食卓塩市場の2位にまで躍進した(Prahalad 2004)。

以上をまとめると，標準化／現地化のメリットは，表6-1のようになる。

　このように，標準化／現地化戦略は，異なるメリットを持っているので，進出国の状況にあわせて柔軟に意思決定していく必要がある。

STPの標準化／現地化

　現代のマーケティングの体系は，STP (Segmentation；市場細分化，Targeting；ターゲティング，Positioning；ポジショニング) ＋ 4P (Product；製品戦略，Price；価格戦略，Promotion；プロモーション戦略，Place；流通チャネル戦略) といわれている。したがって，STP, 4P, それぞれで標準化／現地化を考えなければならない。

　海外に進出した際に，当該国での市場細分化の仕方を，本国の市場細分化と同じにするか（標準化），別のものにするか（現地化）は非常に重要な調整課題である。しかし，進出国における市場細分化は，それ以前の（配置課題である）国の細分化と密接に関わるので，本書では，それらをまとめてすでに第4章（参入市場の決定）で解説した（市場細分化と不可分なターゲティングも同様に第4章95ページで扱った）。

　そこで本章では，ポジショニングの標準化／現地化を検討する。

　ポジショニングとは，当該製品（またはサービス）の市場における位置づけであり，当該製品の中核的コンセプトと言い換えることができる。たとえば，ベンツが日本でEクラス（入門ラインのCクラスと高級ラインのSクラスの中間ライン）を市場導入した際，日本の風景やイメージを使用し，「メルセデスと美しい国」というメッセージで広告を行った（Kotabe and Helsen 2001）。ここでベンツのEクラスは，他国市場同様，高額所得者セグメントをターゲットにしているという意味で，ターゲティングは標準化戦略をとっているが，

ポジショニング（提案される価値）は，「スポーツ性」「静粛性」といった欧米でのものとは異なり，「美しさ」を提案しており，日本市場に現地化している。

［消費者文化によるポジショニング戦略］

グローバルなポジショニング戦略に関しては，消費者文化を用いた3類型が知られている。その3類型を，標準化／現地化の文脈で説明し直すと以下のようになる。

まず，ポジショニングの標準化に関しては，①グローバル消費者文化ポジショニングと，②外国消費者文化ポジショニングがある。前者のグローバル消費者文化ポジショニングは，世界の多くの人に支持されているグローバルな消費者文化でコンセプトをつくり，それによって製品を世界同一にポジショニングするものである。例としては，米スポーツ・メーカーのナイキの「Just Do It.」や，米ICTメーカーのアップルの「Think Different.」といったコーポレート・スローガンがあげられる。何事にもどんどん挑戦するという意識や，人と違うことを考えるという発想は，いまや世界の若者の消費者文化に共通して見られるものであり，ナイキやアップルは，それらの文化・価値を自社のスローガン（コンセプト）として，世界共通のポジショニング戦略を行っている。

後者の外国消費者文化ポジショニングとは，ある国が持つ独自の文化・イメージに基づくポジショニングである。たとえば，イタリアのファッション，フランスの香水，ドイツの自動車，日本の家電などは，世界的に非常に有名である。したがって，イタリアのアパレル・メーカーは，世界中でイタリアの文化を中核にしたポジショニングを展開しているし，日本の家電メーカーは，日本製を謳ったポジショングを世界共通で行っている（本章後述のCOO〔Country of Origin；原産国〕を参照）。

一方,ポジショニングの現地化に関しては,③地域消費者文化ポジショニングがある。これは進出国の地域文化にあうように,自社製品のポジショニング(コンセプト)を現地化するもので,先に見たベンツEクラスの日本における戦略例などがある。

> **4Pごとの標準化/現地化**

STPに続くのが,マーケティングの4P(製品戦略,価格戦略,プロモーション戦略,流通チャネル戦略)であり,その標準化/現地化については,膨大な研究成果の蓄積がある。

4Pのどれを標準化し,どれを現地化するかについては,ソレンソンとヴィーチマンの調査研究(Sorenson and Wiechmann 1975)(対象:欧米非耐久消費財多国籍企業27社)を嚆矢に,竹内とポーターの調査研究(Takeuchi and Porter 1986)(対象:日系多国籍企業5社46製品群),三浦の調査研究(三浦 2002)(対象:在日外資系企業114社)などがあるが,結果はおおむね同じであった。すなわち,標準化しやすい方から,製品戦略,広告戦略および流通チャネル戦略,価格戦略の順であった。図6-1は,三浦(2002)の結果である。この調査は2000年2月に行われ,業種は,金融,自動車,化学,電機,精密機械,食品など,本社所在地は,アメリカ,ドイツ,スイス,フランス,イギリス,スウェーデン,台湾などであった。

図6-1に見られるように,ブランド名,製品仕様,製品保証,製品ポジショニング,製品品揃え,パッケージと,製品戦略に関わる項目が圧倒的に上位を占めている(サービスも,主に製品戦略に関わる)。製品仕様が,全体としての標準化(「標準化」と「やや標準化」の合計)が製品保証より高いにもかかわらず,「標準化」に限ると28.2%と製品保証より少なくなっているのは,家電の電圧(ボルト数)などの製品仕様はより細かく現地対応が必要な項目だからだと考えられる。

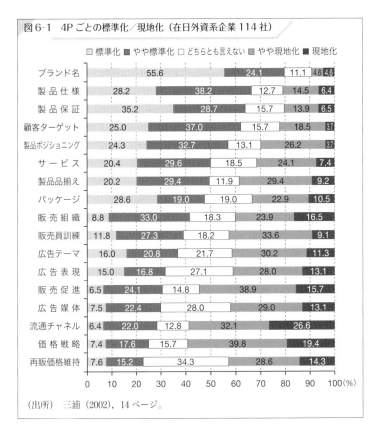

図6-1 4Pごとの標準化／現地化（在日外資系企業114社）

(出所) 三浦（2002），14ページ。

　続いて，流通チャネル戦略については，販売組織・販売員訓練が高く，販売促進と流通チャネルが低かった。これと同型なものとして，プロモーション戦略では，広告テーマと広告表現が高く，広告媒体が低かった。これらは企業の裁量の余地の高低によるものである（制度の関わり方の高低ともいえる）。流通チャネル戦略の販売組織をどうつくるか，販売員訓練をどのように行うかは，企業の裁量の余地が大きく，企業がおおむね決定できる。一方，流通チャネル自体は，企業の裁量の及ばない制度的環境であり，たとえば，大手ス

ーパーやコンビニエンス・ストアなどのMTが発展していない東南アジアでは、日本企業も現地にあわせて伝統的小売のTTに現地化せざるをえない（第2章67ページ参照；日本に進出する欧米メーカーも、これまで日本の流通チャネルの複雑性に常に頭を悩ませてきた）。プロモーション戦略でも同様で、広告テーマや広告表現は企業の裁量の余地が大きいが、その一方、広告媒体は制度的環境であり一企業の力ではどうにもならない。たとえば、日本では『読売新聞』『朝日新聞』などの全国紙があるが、アメリカでは全国紙といえるものは『USAトゥデイ』など一部しかなく、多くが『ニューヨーク・タイムズ』などの地域紙である。したがって、この媒体の存在の違いによって、日本とアメリカの広告戦略は変えなければならないのである。

そして最後が、価格に関わる価格戦略と再販売価格維持である。価格は、国の経済水準に大きく影響されるので、標準化の程度は最も低かった。メーカーの価格戦略は、出荷時における価格の設定と、店頭における価格（再販売価格）の維持に大きく分けられるが、この数値からは、どちらも標準化が難しく、現地にあわせる必要があることが読み取れる。

2 標準化／現地化戦略の枠組み
●消費者・顧客との遠近が決め手

本節では、標準化／現地化戦略の意思決定に向けての枠組みを提示する。以下では、①2つの製品類型、②投機と延期、③フロント・システムとバック・システム、という3つの視点を提示するが、その原理は皆同じである。すなわち、「消費者・顧客から遠い（見えない）ところは標準化、消費者・顧客に近い（見える）ところは現

地化」という原理である（消費者との遠近による標準化／現地化）。消費者は多様なニーズをもっているので，消費者に近いところは現地化して現地消費者対応する一方，消費者から遠いところは標準化して規模の経済性による利益を獲得するのである。

　この視点に基づき，①では，自社の取り扱う製品の類型によって（消費者との近さが異なるために）標準化／現地化の基本戦略が異なることについて，②では，1つの製品事業の中に（消費者との遠近が異なる部分があるので）いかに標準化／現地化をミックスさせるかの戦略について，③では，小売業・サービス業にとっての（消費者との遠近による）標準化／現地化の基本戦略について，それぞれ説明する。

2つの製品類型

企業（メーカー）の取り扱う製品の類型ごとに，消費者との遠近が異なるため，標準化／現地化の基本的方向性は異なる。

　まず代表的な分類が，生産財／耐久消費財／非耐久消費財の分類であり，この順で，標準化しやすい。なぜなら，生産財（発電機や合成樹脂など）は消費者から遠く，国を越えてのニーズが似ており，標準化が基本となる。一方，消費財は，消費者に近いものであり，そのニーズや嗜好は異なるため，どこかに現地化の要素が必要となる。車や家電などの耐久消費財では，馬力や燃費，周波数特性や解像度など，ある程度，国を越えての消費者ニーズに共通性があるため，まだ標準化の要素が多い。しかし，食品や日用雑貨品などの非耐久消費財の場合は，人々の日々の生活や文化に密着する製品（非常に消費者に近い製品）のため，現地化の程度が高くなる。

　たとえば，中国市場に投入されるトヨタのRAV4やハイランダーは日本市場と基本的に同じものであるが，サントリーの烏龍茶をはじめ茶飲料は中国では糖分が入っていて甘いのは有名な話である。

車の部材である鋼板（生産財）や車自体（耐久消費財）は，消費者からやや遠く，世界のニーズが共通している部分が多いため標準化が行われやすい。一方で，茶飲料（非耐久消費財）などは生活に密着し，消費者に近く，文化や嗜好の影響を受けるので，現地化されることが多いのである。

　もう1つの分類が，**思考型製品**（家電や日用雑貨品など思考して購買する製品）／**感情型製品**（ファッションや食品など感情・感覚で購買する製品）で，この順で，標準化しやすい（第2章63ページ参照）。同じ非耐久消費財でも，機能が評価されて購買される洗剤など日用雑貨品（思考型製品）は，味の好みで購買される食品（感情型製品）に比べて標準化しやすい。同様に，同じ耐久消費財でも，機能が比較考量されて購買される家電製品（思考型製品）は，イメージで感覚的に購買されるファッション製品（感情型製品）に比べ標準化しやすい。理由は，思考型製品の評価は，車の燃費やPCのクロック周波数など，国を越えた客観的な世界共通基準に基づいて行われる一方，感情型製品の評価は，シャツの色やチョコレートの味などを考えればわかるように，国や文化によって異なる主観的な判断基準によって行われるからである。すなわち，思考型製品は，客観的判断基準によって選ばれるという意味で，消費者よりやや遠く標準化が基本になる一方，感情型製品は，主観的判断基準によって選ばれるという意味で，より消費者に近く現地化が基本になるのである。

　たとえば，日本では，マイルドな味（甘すぎないケーキ，ごてごてしない繊細な味付け）や，マイルドな色（微妙な色合いの中間色など）が好まれるが，東南アジアでははっきりした辛い味などが好まれるし，中国ではヴィヴィッドな赤などが好まれる。したがって，外食やファッションなど感情型製品に関わる日本企業は，より現地のニーズや嗜好を分析することが不可欠になる。一方，思考型製品の車

や洗剤は，日本でもアジア諸国をはじめ世界中で，燃費のよい車，洗浄力の高い洗剤が好まれるのであり，標準化が基本となる。

> 投機と延期

上記のように，製品類型ごとに標準化／現地化戦略との相性はあるが，実際の戦略では，1つの製品の中に，標準化部分と現地化部分があることが多い。その戦略を考える際に大変参考になるのが，国内マーケティングにおいても近年注目を集めている「投機（Speculation）と延期（Postponement）」の考え方である。

投機とは，実需（実際の需要）の把握を待たず，需要予測などに基づく計画的生産によってできるだけ早く製品を生産し，できるだけ早めにまとめて店舗へ納品するものであり，これによって企業は大きな規模の経済性を得ることができる（たとえば，紳士服量販店の「洋服の青山」や「AOKI」など）。一方，**延期**とは，実需が把握されるまでできるだけ製品の生産を引き延ばし，実需がある度にこまめに店舗への納品を行うものであり，これによって消費者ニーズに適合した生産・流通体制ができあがる（たとえば，銀座の仕立屋〔注文生産〕の「壹番館」や「英國屋」など）。

投機すれば規模の経済性は得られるが消費者ニーズにあわない可能性があり，一方，延期すれば消費者ニーズに適合するものは作れるが価格が高く時間もかかってしまう。そこで，投機と延期をミックスすることによって，規模の経済性と顧客満足の両者をめざす企業が現れる。それら企業のミックスの仕方を分析すると，消費者に遠いところは（前もっての）大量生産（投機），消費者に近いところは顧客別対応（延期），となっている。

伊アパレル・メーカーのベネトンは，生成りのセーターの大量生産（投機）で規模の経済性を得る一方，購買動向にあわせたセーターの色の後染め（延期）によって顧客満足を獲得した。米コンピュ

ータ・メーカーのデルは，CPU，メモリー，ディスプレイ・サイズなどの属性ごとに複数オプションの大量生産・調達（投機）をする一方，それらオプションの最終組合せは消費者に任せる（延期）ことによって大躍進した。米外食業のマクドナルドは，ポテトやアップルパイはある程度作り置き（投機）して規模の経済性を得る一方，ハンバーガー類は注文を受けてから作るバイオーダー式(Made for Youと呼ぶ；延期)で顧客の支持を得た。また，BtoB分野では，金型卸のミスミは，完成品メーカー（家電メーカーその他）からの微妙に仕様が異なる金型部品の注文に対し，金型部品のハーフメイド品の大量生産（投機）によって規模の経済性を得る一方，注文に応じた追加加工（延期）で完成品メーカーの満足を獲得し，成功した。これらは皆，消費者に遠いところは前もっての大量生産，消費者に近いところは顧客別対応なのである（マクドナルドの例も，「消費者にとってより重要な〔近い〕バーガー類は延期」と捉えられる）。

　これらの企業例も含め，投機と延期の成功例をまとめると，**表6-2**のようになる。

　表にあるように，中核投機・追加延期型のベネトンやミスミは，前半の中核部分は投機し（生成りセーター・ハーフメイド品の大量生産），最後の追加部分（染め・追加加工）は延期した。部品投機・組合せ延期型のデルは，部品は投機して大量調達する一方，最終の組合せだけを顧客に任せて延期した。投機・延期両揃え型のマクドナルドは，バーガー類とポテト・アップルパイなどで，延期と投機を両揃えで行っている（前2者が1つの製品の中に投機と延期をミックスする戦略なのに対し，3つめは，製品ごとの投機と延期を事業全体としてミックスする戦略である）。

　ここで投機が（前もって）同一物の大量生産をすることによって規模の利益をめざすという意味で標準化に通じ，延期が顧客のニー

表6-2 投機と延期のミックス戦略の成功例

戦略タイプ	企業名	投　機	延　期
中核投機・追加延期型	ベネトン	生成りセーターの大量生産	売行きに応じた後染め
	ガスト	セントラルキッチンでの大量生産	各店注文時の追加対応
	玉子屋	大量弁当のトラックをオフィス近く常駐	注文に応じた追加調理・配達
	ミスミ	ハーフメイド品の大量生産	注文に応じた追加加工
部品投機・組合せ延期型	デル	複数オプションの大量調達	顧客別組合せ
投機・延期両揃え型	マクドナルド	バーガー類はバイオーダー	ポテトやアップルパイはレディメイド
	ユニクロ	大半を平準的に大量生産	残りをPOSで随時追加生産

ズを聞いてから顧客別の個別対応をするということで現地化に通じる。グローバル・マーケティングにおいて標準化と現地化をいかにミックスするかを考える際に、この投機・延期ミックス戦略は大変参考になる。上記の例を敷衍して考えると、その方策は、同様に、①中核標準化・追加現地化戦略、②部品標準化・組合せ現地化戦略、③標準化・現地化両揃え戦略、に分けられる（①および②が、1つの製品の中に標準化と現地化をミックスする戦略であるのに対し、③は、製品ごとの標準化と現地化を製品事業全体としてミックスする戦略である）。

[中核標準化・追加現地化戦略]

中核標準化・追加現地化戦略は、製品の中核部分を標準化し、残りの追加部分を現地化するものである。中核部分は消費者から遠いので標準化し、追加部分は消費者に近い個別ニーズなので現地化するのである。

まず、建設機械のコマツがあげられる。コマツは、そのグローバル開発方針の1つに「全世界統一のベースマシンを使用する」というものを持っており、ベースマシンについては先進国であろうと新

興国であろうと全世界共通である(ベースマシンの標準化)。一方,アタッチメントは国ごとの状況(気候・地形・消費者ニーズなど)にあわせ,また各国の安全規則にも対応している(アタッチメントの現地化)。こうすることによって,標準化の規模の利益と,現地化による顧客満足を両立させている。

次に,自動車業界におけるプラットフォーム(車台)の共通化があげられる。もともとは複数車種のプラットフォームを共通化することによって,大幅なコスト削減と開発期間短縮を図るものであったり(1970年代の米フォードのフォックス・プラットフォームが最初といわれる),複数チャネル維持に必要な姉妹車の開発のためであったりしたが(トヨタの小型ミニバンのノアとヴォクシーなど),グローバル展開では重要な戦略である。車の基幹をなすプラットフォームは標準化して規模の経済性による利益を獲得し,その上に載せる,消費者から見えるボディその他を現地化して顧客満足を得るのである。たとえば,ホンダなら,アコード系,シビック系,フィット系などのプラットフォームを共用化する車種群があり,VW(フォルクスワーゲン)なら,A(ゴルフなど),B(アウディ),D(大型車)という基本プラットフォームがある(高橋・芦澤 2009)。

自動車メーカーは,一般に,グローバル車種とローカル車種を分けるが(ホンダなら,フィットやアコードが前者;近年インドで好調なアメイズが後者),グローバル車種では,世界中でプラットフォームを共通化してコストを抑えつつ,一部は地域や国にあったデザインやニーズ(広さ,価格など)を盛り込んで現地化している。プラットフォームに加え,エンジンや制御システム・排気系統などを標準化することも多く,消費者に見えない(遠い)部分は標準化しつつ,消費者に見える(近い)デザインなどの部分はマーケティング・リサーチなどに基づいて現地化しているのである(第1章29ページの「バ

リュー・チェーン」も参照)。

[部品標準化・組合せ現地化戦略]

　部品標準化・組合せ現地化戦略は、製品を構成する部品・素材は標準化して取り揃え、最後の組合せを現地化するものである。部品は消費者から遠い部分なので標準化し、組合せは消費者に近い個別ニーズなので現地化するのである。

　デルはこの戦略(いわゆる「デル・モデル」)で、アメリカ国内市場で成功しただけでなく、現在、世界中でこの戦略を展開しており、年間で約4000万人の顧客がデルのPCを購入している。もちろん、地域ごとにCPU、メモリーなどのオプションの幅は若干異なると考えられるが、各属性ごとのオプションを大量調達して規模の経済性を獲得し、最終組合せを顧客に任せて彼らの満足も獲得している。部品を標準化し、組合せを現地化(現地の消費者に適合)しているのである。

　このような戦略をとれるのは、PCがモジュラー型の製品アーキテクチャ(設計思想)に基づいているからである。製品アーキテクチャには、モジュラー型(組合せ型)とインテグラル型(擦合せ型)があり、前者が部品を事前に決められたルールのもとで組み合わせるのに対し、後者は、事前の組合せルールを確定させず、開発・製造の過程で、全体最適を考えて作り込んで(擦り合わせて)いくものである。モジュラー型の玩具としては、デンマークのレゴ社のレゴ・ブロックがあり、インターフェイス(接合部・連結部)が標準化されているので、いくらでも部品を足していける。同様に、PCでもインターフェイスが標準化されているので、CPU、メモリー、モニター、キーボード、マウス、プリンターなどを個別に生産し、最後に簡単に組み立てられる。一方、インテグラル型の代表例は自動車といわれ、部品を微妙に相互調整しながら最終製品を作り上げ

る（ただし，自動車においても，近年，モジュラー化は推進されており，VW 社のモジュラー・ツールキット戦略では，自動車構成部品の 70% 以上を車種によって交換可能なモジュールとして設計し，それらをフォルクスワーゲン，アウディなど同社 11 ブランドで共用するもので，自動車構成部品のレゴ・ブロック化といえる；日野 2012）。

モジュラー型の考え方は，日本の寿司にもさかのぼれる。日本の江戸前寿司では，魚貝のネタを取り揃え（部品の標準化），客の注文に応じて，シャリの上にネタを載せて寿司をつくり，顧客ごとの満足を獲得する（最終組合せの顧客対応）。近年の回転ずしは，注文を受けてから握るという完全な延期ではないが，職人はお客の動向（何を食べているか，など）を見ながら作っているわけであり（ある程度の延期），投機（ネタの標準化）と延期（顧客ごとの注文にあわせた提供）のミックスは同様にある。近年，日本の外食業のアジア進出は活発であり，回転ずしでも，元気寿司（1993 年〜），くらコーポレーション（2009 年〜），あきんどスシロー（2011 年〜）などが海外進出を果たしており，各ネタの大量調達と顧客ごとの組合せという，部品標準化・組合せ現地化戦略で好業績をあげている。

[標準化・現地化両揃え戦略]

標準化・現地化両揃え戦略は 1 つの製品事業の中に，標準化製品と現地化製品の両方を品揃えする戦略である。

これまでの 2 つの戦略（中核標準化・追加現地化戦略と部品標準化・組合せ現地化戦略）が，1 つの製品の中に標準化と現地化をミックスさせるものであったのに対して，この標準化・現地化両揃え戦略は，1 つの製品事業の中に両者（標準化製品と現地化製品）をともに揃えるものである。消費者との遠近でいうと，世界共通ニーズの標準化製品と，現地の消費者に近い現地化製品との両揃えになる。

この戦略は歴史も古く，事例も多い。

たとえば，マクドナルドの場合，ハンバーガーの中でも，世界中でチーズバーガーやビッグマックを販売し標準化の規模の利益を得る一方，マック・バゲット（フランス），マクドナルド・プルコギ・バーガー（韓国），マック・カリーパン（インド）など，地域ごとのメニューも品揃えして現地化し現地顧客の満足を獲得している。

　自動車では，先に見たようにグローバル車種（世界戦略車）とローカル車種（国内専用車）があり，各自動車メーカーは，世界標準化を基本とするグローバル車種と，現地化を基本とする国内専用車をともに品揃えし，規模の利益と顧客満足を得ている。たとえば，トヨタでは，ヴィッツ（欧米名はヤリス）やカムリ，ランドクルーザーなどが世界に共通して提供するグローバル車種であり，bBやハリアーが日本国内専用のローカル車種である。

　化粧品でも，たとえば，資生堂は中国市場に対し，中国専用ブランドの「オプレ」を中心に展開しているが，同時に，日本をはじめグローバルに展開する「SHISEIDO」や「クレ・ド・ポー　ボーテ」，「イプサ」なども展開している。「SHISEIDO」ブランドなどで世界標準化の規模の利益をめざす一方，中国専用ブランド「オプレ」で中国消費者の心をしっかり摑んでいる。

| フロント・システムと
バック・システム |

　小売業・サービス業のマーケティング戦略を策定する際には，フロント・システムとバック・システムを考えることが重要である（田村 2008，原田・三浦 2016）。同様に，小売業・サービス業のグローバル・マーケティングの標準化／現地化を考える上でも大変重要である。

　フロント・システムとは，店舗ネットワーク（店舗数，店舗規模など）や小売ミックス（立地，取扱商品，サービスなど）といった消費者から見える部分であり，**バック・システム**とは，調達や物流などの

サプライチェーン，店舗業務遂行技術といった，消費者から見えない背後で支える部分である（バリュー・チェーンでいうと，フロント・システムが下流活動，バック・システムが上流活動に対応する；第1章29ページ参照）。したがって，消費者から遠い（見えない）バック・システムは標準化が基本となり，消費者に近い（見える）フロント・システムは現地化が基本となる。

　コンビニ・チェーンの海外展開を考えた場合，店舗内装や品揃えといったフロント・システムは現地の買い手・消費者向けに現地化する一方，背後で支える調達物流や加工などのバック・システムは現地の消費者とは関係なく，最も効率的なものに標準化していくことになる。近年，多くの日本のコンビニエンス・ストアが中国や東南アジアに進出しているが，フロント・システムの品揃えに関しては，おにぎりや弁当などに現地の料理や具材を提供するなど現地化対応できている一方，背後で支えるバック・システムの標準化は課題であるといわれる。たとえば，地域によってはコールドチェーン（低温流通体系；生鮮食品や冷凍食品などを産地から消費地まで一貫して低温・冷蔵・冷凍の状態で流通させる仕組み）が未整備のため，日本と同様の鮮度管理や在庫管理が難しい。また，地場のサプライヤーの不在などで，日本でのような高品質商品の開発体制が築けない。この点は，日本の自動車メーカーの進出とともに多くの部品メーカーが海外進出したように，コンビニエンス・ストアにおいても，日系サプライヤーの進出が日本同様のバック・システム構築のためには望まれる。

　同様に，サービス業でも，この2つのシステムの視点は重要である。味千ラーメン，モスバーガー，大戸屋など日系外食業のアジア進出を分析した川端（2013a）によると，日系外食企業は，味やメニューなどのフロント・システムは現地ニーズに合うように柔軟に現

地化しているが，バック・システムとしての現地オペレーション（食材調達・加工・配送，店舗開発，人材開発）を日本同様に標準化して創り上げるのには苦労しているという。サービス業でも，バック・システムの成否（標準化）が成功の鍵を握っているのである。

以上のように，小売業・サービス業では，消費者に近く直接接するフロント・システムの現地化と，消費者から遠く見えないバック・システムの標準化が，基本となる。

3 グローバル・ブランド戦略
●ブランド戦略の標準化／現地化

前節までで，調整戦略の要である標準化／現地化の基本枠組みについて，「消費者・顧客から遠いところは標準化，消費者・顧客に近いところは現地化」という基本原理が，メーカーであれ，小売業・サービス業であれ，適用されることを詳しく述べてきた。本節では，マーケティングの4P戦略の中核をなす製品戦略の，さらにその中核をなすブランド戦略を題材として，これら基本原理を含めた標準化／現地化のグローバル戦略を検討する。

まず前半で，ブランド戦略のグローバル戦略として代表的なグローバル・ブランドについて分析し，後半で，それを含めたブランド戦略の標準化／現地化の戦略について考察する。

グローバル・ブランドとは | **グローバル・ブランド**とは，ブランド名，BI（ブランド・アイデンティティ），ポジショニング，広告戦略，パーソナリティ，製造，パッケージ，外観，使用感などに関して，世界的に統一されたブランドのことであり，代表的で重要な標準化戦略の1つである。

表6-3は，米インターブランド社の2015年のベスト・グローバ

表6-3 グローバル・ブランドのトップ20（2015年）

順位	企業名	出身国	業種	ブランド価値（百万USドル）	前年比
1	アップル	アメリカ	技術	170,276	43%
2	グーグル	アメリカ	技術	120,314	12%
3	コカ・コーラ	アメリカ	飲料	78,423	−4%
4	マイクロソフト	アメリカ	技術	67,670	11%
5	IBM	アメリカ	企業サービス	65,095	−10%
6	トヨタ	日本	自動車	49,048	16%
7	サムスン	韓国	技術	45,297	0%
8	GE	アメリカ	多事業	42,267	−7%
9	マクドナルド	アメリカ	外食	39,809	−6%
10	アマゾン	アメリカ	小売	37,948	29%
11	BMW	ドイツ	自動車	37,212	9%
12	メルセデス・ベンツ	ドイツ	自動車	36,711	7%
13	ディズニー	アメリカ	メディア	36,514	13%
14	インテル	アメリカ	技術	35,415	4%
15	シスコ	アメリカ	技術	29,854	−3%
16	オラクル	アメリカ	技術	27,283	5%
17	ナイキ	アメリカ	スポーツ用品	23,070	16%
18	ヒューレット・パッカード	アメリカ	技術	23,056	−3%
19	ホンダ	日本	自動車	22,975	6%
20	ルイ・ヴィトン	フランス	ラグジュアリー	22,250	−1%

（出所）インターブランド社資料より。http://www.interbrandjapan.com/ja/data/press-release/pressrelease_bgb2015.pdf

ル・ブランドの上位20ブランドである。

　表から明らかなように，1位のアップルをはじめ，アメリカ企業がトップ10で8社，トップ20で14社と，その圧倒的なグローバル・ブランド力が見て取れる。

　日本については，6位にトヨタ，19位にホンダが入っており，日本の自動車メーカーは世界的に評価されていることがわかる。しかし，その他の分野ではトップ20には入っておらず，グローバル・

ブランドを作れていない状況が見て取れる（事務機器のキヤノンが40位，家電分野でソニーが58位，パナソニックが65位である）。

それ以外では，韓国が1社（サムスン・7位），ドイツが2社（BMW・11位，メルセデス・ベンツ・12位），フランスが1社（ルイ・ヴィトン・20位）であり，日本とともに，アメリカ企業を追っている構図が見て取れる。

グローバル・ブランドのメリット

グローバル・ブランドのメリットとしては，先に見た標準化戦略のメリットと同様，コスト削減効果と売上拡大効果がある。ただ，一般的な標準化戦略では，コスト削減効果が重要であったが，グローバル・ブランドでは，むしろ売上拡大効果の方が重要である。すなわち，グローバル・ブランドは，コスト削減による利益獲得をめざすものではなく，売上拡大による利益獲得をめざすものなのである。

売上拡大効果としては，①市場を横断する露出効果，②グローバル・ブランドとしての名声，があげられる。①市場を横断する露出効果とは，近年，世界を飛び回るビジネスパーソンや旅行者が拡大する中，自分の持つブランドが，本国でも旅先でも同じように宣伝されていると愛着がさらに増す。自社製品を同一ブランド名，同一広告テーマで各国市場で展開することは，消費者のロイヤルティを高め，売上拡大に寄与すると考えられる。とくに，近年，インターネットによって本国にいながらにして世界の情報が手に入る状況が進展する中，この点は重要である。

さらに，②グローバル・ブランドとしての名声，も重要である。先に見たように，表6-3にあげられたグローバル・ブランドは，世界の消費者の羨望の的になっている。世界で評価・支持されているグローバル・ブランドは，それだけで，一国でしか売られていない

ローカル・ブランドよりも価値が高いのである。一種のハロー効果（後光効果）とも考えられ，「世界で売れている」という名声を獲得できたなら，そのブランドの売上は拡大するのであり，それがグローバル・ブランドの強みなのである。

> 成功する3条件

このような多くのメリットを持つグローバル・ブランドだが，アーカーらは，成功するための3つの条件として，①「最善で高級」というポジション，②「国」というポジション，③純粋な機能的便益，をあげている（Aaker and Joachimsthaler 2000）。

[「最善で高級」なポジションと消費の二極化]

「最善で高級」なポジションとは，自動車のベンツやファッションのルイ・ヴィトン，チョコレートのゴディバやホテルのフォーシーズンズのように，それぞれの分野で，とにかく最高のものをコストをかけても提供し，「最善で高級」というポジショニングを行うものである。世界中のどの国でも，規模は異なれど，上流層は必ず存在し，彼らは最高の高級品を望むことが多いので，どの製品・サービス分野でも，最高のものを提供するブランドは，グローバル・ブランドとして成功する可能性がある。

さらに，1990年代中盤以降のアメリカ，90年代後半以降の日本に見られる「消費の二極化」現象の中で，上流層だけでなく，中流層も「最善で高級」なブランドを購買する傾向が見られる。**消費の二極化**とは，さまざまな分野で高額品と低額品が売れる現象のことであり，外食（三ツ星レストランと100円マック），自動車（ベンツと軽自動車），など多くの分野で見られる。もちろん，上流層は三ツ星レストランや高級車を選択するであろうが，それだけでは「消費の二極化」といわれるほどの社会的現象にはならない。ポイントは中流層で，普通の中流層が，車が高関与で食事が低関与なら，食事は

100円マックで抑えて車は BMW を買い，また別の中流層が，食事が高関与でファッションが低関与なら，食事で三ツ星レストランに行きたいがために，ファッションは洋服の青山のスーツで済ませる。

このように，高級な高額品は，単に上流層だけでなく，中流層も，自分の関与の高い好きな製品・サービス分野では，進んで購入する。したがって，「最善で高級」なグローバル・ブランドは，仮に上流層がまだそれほどのボリュームがない発展途上段階の国においても，中流層が育ってくれば，成功する可能性が高いのである。

[「国」というポジションと COO 効果]

「国」というポジションとは，当該企業の本国のよい原産国（COO；Country of Orijin）イメージを利用するポジショニングである。自動車や家電製品に強いドイツや日本，ファッションに強いイタリア，化粧品に強いフランス，スポーツ用品に強いアメリカなどといわれるように，それら製品の原産国の持つよいイメージを強調することによって，**COO 効果**を発揮させ，グローバル・ブランドの地位を構築するものである。

表 6-4 は，ヨーロッパ 6 カ国（英・独・仏・伊・西・蘭）の消費者 6500 人に対し，これら 6 カ国に日米・スウェーデンを加えた 9 カ国の COO イメージに関して，「各製品について，最高のものを作る国はどこか」を聞いた結果である。

表から明らかなように，機械モノに強いドイツと日本，ファッション系に強いフランスとイタリア，スポーツ系に強いアメリカという COO イメージが見て取れる。

このように日本は，自動車や家電など機械モノに強い COO イメージを持っていたが，衣服や化粧品などファッショナブルな製品群の COO イメージは弱く，これら製品を扱う日本メーカーの苦戦の原因でもあった。そのような中,『ポケモン』や『ワンピース』な

表6-4 日米欧のCOOイメージ

「各製品について，最高のものを作る国は？(%)」

	日本	アメリカ	イギリス	ドイツ	フランス	イタリア	スペイン	オランダ	スウェーデン
自動車	15	5	6	49	7	7	0	0	3
TV	59	1	0	12	13	0	0	3	1
洗濯機	9	5	8	46	7	9	2	3	1
写真フィルム	48	8	6	17	4	2	1	1	0
紳士服	1	3	3	10	22	35	1	1	10
化粧品	2	8	7	9	53	5	1	1	1
スポーツ用品	3	33	8	21	8	6	2	1	3

(注) 各製品について，最高の支持を得た国をアミかけにしている。
(出所) Wilkinson (1992), p. 175.

どの世界での成功，『千と千尋の神隠し』のアカデミー賞受賞に代表されるように，日本のアニメやマンガが世界を席巻し，近年，「クールジャパン（Cool Japan）」といわれるようになり，日本の新たなCOOイメージが醸成されつつある（第11章参照）。機械モノ以外での，日本企業の新たなグローバル・ブランド展開が期待される。

[純粋な機能的便益]

　純粋な機能的便益とは，世界の誰の目にも客観的に訴求することのできる機能的便益は，国を越えて世界の消費者に受け入れられる，ということである。第2次世界大戦後，敗戦国の日本の製品は世界の市場からcheap（安物）というありがたくないCOOイメージを持たれていたが，トヨタをはじめとする日本の自動車メーカーは，燃費や耐久性といった純粋な機能的便益で欧米メーカーを凌駕した結果，世界の自動車メーカーのトップの仲間入りを果たすことができた。

　機能的便益（属性）は，優劣の客観的判断基準があることが多い

(第2章参照)。たとえば，10モード燃費で測定した燃費がA車が30 kmで，B車が10 kmなら，欧米アジアどこであろうと，A車の方が客観的に優れていると認識され，もし価格が同じなら，A車が世界の市場で受け入れられる。同様に，同じ価格なら，CPUのクロック周波数が5 GHzのPCの方が，1 GHzのPCより世界の市場で成功する。一方，五感に関わる色・デザイン，味，香り，音，手触りなど，非機能的な情緒的便益（属性）の場合は，優劣の客観的判断基準がないために，日本人が好む家電製品の小さく繊細なデザインはアメリカでは評価されなかったし，反対に，アメリカの甘ったるいケーキの味は，日本ではあまり好まれない。情緒的便益（属性）には優劣の客観的判断基準がなく，その結果，世界のそれぞれの市場で評価が異なってくることが多い。

こうして，世界に共通する優劣の客観的判断基準の多い機能的便益について，もし世界の競合他社を超えるパフォーマンスを実現するブランドを展開することができたなら，そのブランドはグローバル・ブランドとして成功していくことになる。燃費40.8 kmのトヨタ・プリウス，CPUに高速のインテル製を用いたPC，高品質のP&G・パンパースは，世界で成功している。

グローバル・ブランド戦略における標準化／現地化戦略

グローバル・ブランドは，グローバル企業の標準化戦略の代表的なものであるが，上の3条件でも見られるように，必ずしもすべてのブランドが，グローバル・ブランドとして成功するわけではない。

したがって，企業のブランド戦略においても，標準化（世界共通ブランド）と現地化（個別国対応ブランド）のミックスをする必要がある。その際に，参考になるのが，グローバル・ブランドの3階層である。

[グローバル・ブランドの3階層と標準化／現地化]

グローバル展開する多国籍企業のブランドは，①ローカル・ブランド（1カ国のみで市場導入），②リージョナル・ブランド（ある地理的地域で市場導入），③グローバル・ブランド（主要先進国を中心に世界的に導入され，海外売上比率も高い），の3つの階層に大きく分けられる。

グローバル・ブランドの研究が本格化するのは，1990年代半ばからである（井上 2013）。欧米多国籍企業6社のブランドを分析した研究（Boze and Patton 1995）では，34カ国以上の国々で展開しているブランド（グローバル・ブランド）の数は，ネスレ 19，P&G 18，ユニリーバ 17，コルゲート 6，クラフト 6，クエーカー 2，であった。またこれらグローバル・ブランドの全ブランドに対する構成比は，各社1～8％であった。一方，4～33カ国で展開しているブランド（**リージョナル・ブランド**）の構成比は各社24～40％，1～3カ国のみで展開しているブランド（**ローカル・ブランド**）の構成比は各社51～72％であったので，大ざっぱにいうと，6割がローカル・ブランド，3割がリージョナル・ブランド，1割弱がグローバル・ブランドといえる。

ただ，世界で展開するグローバル・ブランドといった場合，上記のグローバル・ブランドだけでなく，4～33カ国で展開しているリージョナル・ブランドもセミ・グローバル・ブランドとして十分なグローバル性を持っており，単なるローカル・ブランドを超えたグローバル戦略が必要である。たとえば，花王は，ヘアケア・ブランド「Asience（アジエンス）」を2003年に日本で発売以来，「アジアンビューティ」のコンセプトのもとにアジア進出を進め，現在，台湾，香港，シンガポール，中国，タイ，マレーシアを含めた7カ国・地域で展開しているが，7カ国といえども，異なる国を統括す

図6-2 アンハイザーブッシュ・インベブのブランド構成

グローバル・ブランド：3
バドワイザー，コロナ，ステラ・アルトワ

インターナショナル・ブランド：3
ベックス，ヒューガルデン，レフ

ローカル・チャンピオン：15
ミケロブ・ウルトラ（米），アンタルチカ（ブラジル），
ジュピラー（ベルギー），ラバット（加），ハルビン（中），など。

それ以外のブランド：150以上

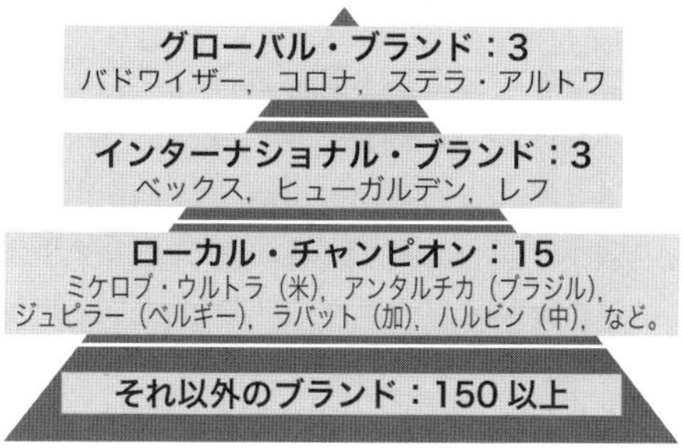

(出所) アンホイザーブッシュ・インベブのホームページより作成。

るグローバル性（グローバル・コンセプト）が必要である。

3階層をすべて展開している，世界最大のビール・メーカーであるアンハイザー・ブッシュ・インベブのブランド構成は，図6-2のように表せる（井上2013参照）。

図のように，同社は，200を超えるブランドを，グローバル・ブランド，インターナショナル・ブランド（リージョナル・ブランド），ローカル・チャンピオン（ローカル・ブランド），それ以外（ローカル・ブランド）と4つに分類し，グローバルなブランド戦略を展開している。すなわち，バドワイザーなどのグローバル・ブランドを全世界で共通して提供する一方，レフなどのインターナショナル・ブランドをある程度の地域・国において提供し，国別では，重要な位置づけのローカル・チャンピオンとそれ以外のブランドを展開しているのである。本章の3類型の中では，標準化・現地化両揃え戦略といえる。ただ，標準化／現地化の2類型でなく，3類型とより複雑になっているので，標準化（グローバル・ブランド），現地化（ローカル・ブランド），その中間（リージョナル・ブランド）の，バラン

Case ⑥　菓子のグローバル・ブランドをめざして：グリコ「ポッキー」の挑戦　●●●

　1966年10月に発売が開始されたグリコ「ポッキー」は，2015年に発売50周年を迎えた。その間，大人・子ども・女性向けなどの多様なラインナップの拡充や，「ポッキーオンザロック」キャンペーンや「ポッキー＆プリッツの日（11月11日）」キャンペーンなどで市場の需要をつかみ，海外でも，タイグリコ（1970年），GBGF（Generale Biscuit Glico France；82年），上海グリコ（99年），米国グリコ（2003年）などに進出し，いまや世界30カ国，年間5億箱（国内2億箱・国外3億箱），約4億USドルを売り上げるブランドに育っている。

　ただ，世界を見渡してみると，10億USドル以上売り上げているチョコおよびビスケットのブランドが，ネスレの「キットカット」，マースの「M&M」，モンデリーズ（旧・クラフト）の「オレオ」など，数多く存在する。ある意味で彼らは菓子のグローバル・ブランド・クラブを形成しているようなものであり，日本では強いポッキーも，世界の市場ではまだまだ弱い。

　そのような中，国内市場中心から海外展開を加速させるという江崎勝久社長の決断のもと，2012年，ポッキーのグローバル戦略が始動した。2020年にポッキーの売上を10億USドルにするという目標を設定し，グローバル・ブランド・マネジャーを新設し（松木剛タイグリコ副社長），さまざまな戦略を展開した。まずグローバル・ブランドとしてポッキーの価値を世界で確立するために，①コンセプトの統一（"シェア・ハピネス〔Share Happiness〕"というブランド・コンセプトを世

スを考えた展開が不可欠と考えられる。

［日本企業のグローバルなブランド戦略］

　上で見たアンハイザー・ブッシュ・インベブやネスレ，P&Gなどは，グローバル展開の歴史も古く，ブランドの3階層管理もしっかりできているが，日本企業はまだそこまで行っていないのが現状である。とくに，自動車や家電，事務機器など機械モノを除くと，グローバル・ブランドを持ちえていないのが現状であり，ブランド

界共通化)，②ロゴの統一（かつて"Rocky"という名で売られていたマレーシアでも，2014年1月1日以降すべて"Pocky"に；ヨーロッパのみ長い歴史があるので"MIKADO"を維持)，③パッケージ・デザインの統一，などの標準化戦略を行った。一方で，高温多湿の東南アジアでは溶けにくいようにチョコの融点を変える配合を考え，中国では現地消費者の嗜好から苦みを足した味付けにするなど，細かい現地対応の戦略も行っている。このような細やかな現地対応力の背景には，細いプリッツにチョコを薄くコーティングする技術をはじめ，グリコの技術力の高さが貢献している。

欧米の巨大ブランドは，豊富な資金力に物を言わせて，スーパーの棚をまるごと買って商品を並べるので（リスティング・フィーや棚代といわれる)，その壁を打ち破ることは簡単ではない。ただ，高い技術力による独自の形（細いプリッツにチョコ・コーティング）から，友だちと1本ずつ取りあって一緒に楽しむ，まさに「シェア・ハピネス」を体現するブランドであること，また，それをインドネシアではJKT48を使ったCMで伝え，ベトナムではデートの必須アイテムとしてプロモーションするなど，確実に市場に浸透しつつある。

自動車や家電，PCなど機械モノではグローバル・ブランドを実現した日本企業であるが，菓子という，より文化的嗜好の強いジャンルでグローバル・ブランドを創り上げることができるかどうか。2020年にどのような結果が出るのか，いまから楽しみである。

の世界標準化戦略（グローバル・ブランド）という戦略オプションをまだ持っていない企業が多い。

日本では強い花王も，グローバル・ブランドを持っていない。たとえば，日本で圧倒的首位の洗剤「アタック」は，日本では日本語のネーミングであるが，中国では「洁霸（ジェッパ)」，香港では「潔霸（ギッパ)」，台湾では「一匙靈（インツーリン)」と異なるネーミングで展開している。東南アジア諸国やオーストラリア，ロシア

は「Attack」で統一しているが，全体として「ローカル・ブランド」と捉えられる。先に見た「Asience（アジエンス）」は，マレーシアやシンガポールだけでなく，香港でも，日本でも「Asience」で統一し，アジアン・ブランドという意味でリージョナル・ブランド（セミグローバル・ブランド）であるが，グローバル・ブランドまでは行っていない。

これらの例のように，機械モノ以外では，グローバル展開の遅れた日本企業であったが，近年，注目されているのが日本の菓子企業である（三田村 2015）。

森永製菓「ハイチュウ」はアメリカのメジャー・リーガーに人気であるというし（ボストン・レッドソックスから始まり，いまや MLB 2 球団，バスケットの NBA 1 球団とも契約締結），江崎グリコ「ポッキー」も世界で売れている（本章の **Case** ⑥参照）。また，和菓子では，丸京製菓のどらやきが世界のオリエンタル・マーケットで成功している。これら成功事例に共通するのは，技術の高さである。「ハイチュウ」の独特のテクスチャー（食感）の技術，「ポッキー」の細いプリッツに薄くチョコレートをコーティングする技術，丸京製菓の冷凍・解凍技術（2 週間かけて凍らせ，現地陸揚げ後に摂氏 5～10 度で 1 カ月かけて解凍）は，他国の企業には真似ができない。味やイメージが重視される感情型製品でも，技術の基礎が大事なのは，自動車や家電など機械モノの思考型製品と同様だったのである。

企業として後発だった日本の自動車メーカーが，いまや世界に冠たるグローバル・ブランドを築けたのは，間違いなくその技術力の高さである。その例にならうと，機械モノ以外の食品やファッション，化粧品などにおいても，現在のローカル・ブランドを超えて，グローバル・ブランドを作り上げていくためには，企業の持つ技術力が鍵となりそうである。

演習問題

6-1　特定の企業を1社取り上げ，その企業の標準化戦略と現地化戦略を整理してみよう。

6-2　1つの製品の中に，標準化と現地化をうまく組み合わせている企業やブランドを探してみよう。

6-3　日本企業のブランドが，グローバル・ブランドとして成功するための条件を考えてみよう。

 文献ガイド

相原修・嶋正・三浦俊彦（2009）『グローバル・マーケティング入門――「70億人世界市場」をとらえる新視点』日本経済新聞出版社。

Aaker, D. A. and Joachimsthaler, E. (2000) *Brand Leadership,* Free Press.（阿久津聡訳『ブランド・リーダーシップ――「見えない企業資産」の構築』ダイヤモンド社，2000年）

第7章 グローバル知識移転戦略

戦略的な知識移転を行うための調整

Introduction

この章では,グローバル・マーケティングにおいて戦略的に知識移転を行うための考え方を学ぶ。

グローバル・マーケティングにおいて,各国市場におけるイノベーションや創造された知識は非常に重要な競争優位の源泉である。しかしながら,局所的なイノベーションや知識をグローバルに移転し共有し利用することは,さまざまな困難が伴う。

その困難がなぜどのように生じるのかをグローバルな知識移転の4つの流れに沿って説明した上で,その困難を克服し知識移転を促進するための方策を提示する。

Keywords

知識移転　　垂直インフロー　　垂直アウトフロー　　水平インフロー　　水平アウトフロー　　暗黙知　　文脈知　　吸収能力　　リバース・イノベーション　　NIH症候群

1 競争優位の源泉としてのマーケティング知識

● 経営資源としての知識

知識の重要性

　図7-1の写真は,「無印良品」ブランドにおいて2003年から始まった「World MUJI」プロジェクトによって生み出された商品である。このプロジェクトでは,無印良品が海外で生まれたらどのようであっただろうかという問いかけのもと,同じコンセプトで海外発の商品を開発している。これらの商品の中には,イタリアや,イギリス,ドイツなどで無印良品の考え方に共鳴する一流のデザイナーが匿名で商品開発を行ったものも含まれている。これらの商品は開発された国で成功を収めると,世界中の無印良品の店舗で販売され,さらなる成功を収めるのである。これがマーケティングに関するイノベーションと知識移転の典型的なイメージである。

　本章では,「無印良品」の例のように海外子会社や本国のイノベーションによって創造されたマーケティングに関する知識の移転をグローバルに行うためには戦略的に何をどのように調整すればよいのかについて説明していく。

　現代の経営戦略論において知識はきわめて重要な経営資源であると考えられているが,なぜ知識はそれほど重要なのだろうか。そもそも知識とは何かといえば,コグートとザンダーによれば,知識と

図7-1 「World Muji」による無印良品のカトラリー

(出所) 株式会社良品計画提供。

は情報とノウハウの組合せであるという (Kogout and Zander 1992)。情報とは移転してもその主たる内容が損なわれずに伝わるものであるのに対し、ノウハウとは物事をより効率的に行うための実践的・専門的なスキルのことを意味している。たとえば、ハロー・キティのキャラクターは、その絵柄そのものは情報であるが、それを実際にどこまでアレンジを許可し、どのように運用するかというのはノウハウであると考えることができるだろう。実際にサンリオはH&Mなどの大手アパレル・メーカーにハロー・キティに関する情報をライセンシングによって提供しつつ、ハロー・キティをグローバルなブランドとして展開していくためのノウハウを学習している。本章でも、この定義にしたがい知識を情報とノウハウの組合せであると考える。

これらの知識が重要なのは、競合他社から模倣されにくいがゆえに競争優位を維持しやすいからである。知識、とりわけノウハウの部分は、企業の外部から見ると実態がわかりにくい。また一般的に

は売買が困難な経営資源の一種であるため、社内で育成するしかない。そうであるからこそ、他社からの模倣が困難であるため、持続的な競争優位が得られるのである。

しかしながら、他社が模倣しにくいのと同様、社内においても知識をさまざまな事業や市場に移転し有効活用することは難しい。さらに、国境を越えたグローバルな**知識移転**はさまざまな点でいっそうの困難を伴う。したがって、グローバル知識移転戦略では、競争優位の源泉である知識を、競争優位を維持したまま、いかに事業間や市場間などで移転し共有するかに関する方策が重要となる。

マーケティング知識

ここまでの説明は企業経営に関わる知識一般についてどのように考えられているのかについて説明してきたが、ここから先はマーケティングに関する知識に議論を限定する。具体的には、顧客のニーズに関する知識や、それに基づく商品開発知識、ある国で製品をプロモーションしたり、流通チャネルを構築したりするためのノウハウなどを想定している。

シモニンによれば、マーケティング知識には次の3つの固有の特徴があるという（Simonin 1999）。その特徴とは、①非常に暗黙知的であること、②取引固有の技術のために非常に特殊性が高いこと、③複雑性が高いこと、である。これらの特徴はすべて知識移転が行われにくくなることを示唆している。知識が暗黙的な性質を持つことと複雑性が高いことは知識移転を困難にし、特殊性が高いことは知識移転のメリットを引き下げるからである。したがって、マーケティング知識は他の知識（たとえば、生産やR&Dに関する知識）よりも移転するのが難しい。さらに移転の難しさは、どこからどこに知識を移転するかによっても、その性質が異なっている。

次節以降では、知識移転の流れごとの課題と対策について説明していく。

2 グローバル知識移転の種類

● 4 つの流れ

　ミハイロワとムスタファは,グローバル企業の知識移転には,大きく分けて 4 つの流れがあるという (Michailova and Mustaffa 2012)。図 7-2 は,ある海外子会社から見たその 4 つの流れを表している。図 7-2 を見てわかる通り,ここでは同じ本社－子会社間の関係でも知識移転の流れの方向が逆のものをそれぞれ別の知識移転と考えている。したがって,これら 4 つの流れはすべてある海外子会社 (Focal Subsidiary) から見た視点によって分類されていることを意識してほしい。

　1 つめの流れは,本国本社から子会社への知識移転である。この流れは海外子会社から見ると組織の垂直方向から知識が流入することになるので,**垂直インフロー**(Vertical Inflow) と呼ばれている。この流れがグローバル企業内の知識移転の中で実際に最も一般的に行われている。このことは,海外子会社が本国本社の成功をもたらした知識の一方的な受け手だと考えられてきたことを示しているともいえる。実際に,多くのグローバル企業は垂直インフローを中心に市場を拡大してきた。

　これとは逆に,海外子会社から本国本社への知識移転は**垂直アウトフロー**(Vertical Outflow) である。この流れは垂直インフローほど一般的ではないけれども,先進国間同士の学習プロセスとして観察されてきた。本章冒頭の無印良品は,垂直アウトフローをうまく活用している事例といえるだろう。近年は,新興国から本国市場への流れとして「リバース・イノベーション」という考え方も提唱されている。

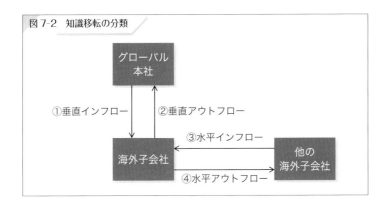

図7-2 知識移転の分類

　これらの垂直方向の知識移転に対して，水平方向，つまり海外子会社同士の知識移転の流れもある。これも垂直方向同様2種類の流れがあり，ある海外子会社が知識の受け手である場合が**水平インフロー**（Horizontal Inflow），知識の提供側である場合が**水平アウトフロー**（Horizontal Outflow）である。この2つの流れは，同じ子会社間の知識移転であっても，知識の受け手の立場か，提供側の立場かで課題が異なっているため，別々に考える必要がある。

3　グローバル知識移転における調整
● 4つの流れごとの調整課題

　以下では，知識移転の4つの流れごとにどのような調整課題が生じ，それに対してどのような対策がありうるかを説明していく。

垂直インフロー：本国
→海外子会社

　垂直インフローは，グローバルな知識移転の中で最も一般的な流れである。なぜなら，本国で成功した企業はその成功をもたらした知識を進出国にも移転したいと考えるからである。垂直インフロ

第7章　グローバル知識移転戦略

ーの具体例としては，1990年代のデル・コンピュータのダイレクト・マーケティングが日本を含めた多くの国々で成功を収めた事例などがわかりやすいだろう。

　それでは垂直インフローにおける本国と進出国間の調整は何が問題となるのだろうか。そもそもある製品やサービスを他国に導入しても，本国と同じようなマーケティングを行うことができて同じように売れるのであれば，調整の必要はない。逆にいえば，本国と同じようなマーケティングができないか，本国と同じマーケティングを行っても同じように売れないか，いずれかの場合に知識移転は本来の目的を達成できなくなってしまうのである。本国と同じマーケティングができないのは，暗黙知や文脈知のような知識の種類が影響する場合と，知識を移転される側が知識を適切に受け入れてその市場で利用するための吸収能力を持っていない場合がありうる。

[暗黙知の問題]

　暗黙知の問題はそもそも知識がその形態のため移転できないという問題である。暗黙知とは，形式知と対比される知識の状態を表している。形式知が成文化されたり，数値化されたりすることによって移転が容易な知識であるのに対し，暗黙知はヒトの行為や実践に体現されている知識である。たとえば，オペレーション・マニュアルのような成分化され誰もがそれに従えば同じような作業が可能なものは形式知であり，職人が長年培ってきた技能やプロスポーツ選手の瞬間的な体の使い方などが暗黙知だと考えられている。暗黙知の中でもとくに超一流の人々の持つ知識は，暗黙知であるがゆえに他の人々や組織に移転することが難しいのである。マーケティングに関しても，一流マーケターの直観は暗黙知だと考えられる。

　コグートとザンダーの提唱した情報とノウハウの組合せという知識観は，おおまかに形式知と暗黙知の組合せとも対応していると考

えられる。ただし，暗黙知と形式知という考え方は，知識がこの2つの組合せで構成されているというだけでなく，暗黙知が形式知化されることもありうることも示唆している。

持続的な競争優位という観点からすれば，形式知は模倣されやすいので社内に豊富な暗黙知を蓄積することが重要であるが，グローバルな知識移転という点では，暗黙知はなるべく形式知化できた方が移転しやすくなる。つまり，垂直インフローにおける暗黙知の問題とは，知識を提供する側が伝達したい知識を暗黙知から形式知に変換できないことによって生じる問題といえる。

この問題への対処法としては，暗黙知を持っている人材を知識移転したい先に異動するというのが最も一般的な方法である。たとえば，本国である製品のプロモーションを成功させたマーケターを，他国で同製品の導入する際にマーケティングの責任者として派遣するといったことである。

[文脈知の問題]

しかしながら，知識を暗黙知から形式知に変換できればスムーズに移転が可能かというと必ずしもそうではない。知識はそれが生み出されたり，活用されたりしてきた状況に埋め込まれており，その状況と組み合わされて初めて意味をなすこともある。そのような知識が埋め込まれている状況を**文脈知**と呼ぶ。たとえば，色のイメージは文脈に大きく依存している。紫は日本では高貴なイメージを喚起するが，多くの国では死を連想させる。

グローバル・マーケティング戦略を考える際にも，文脈知は常に念頭に置いておかなければならない。図7-3は，自動車の購買動機を国ごとにプロットしたものである。縦軸は不確実性を回避することを重要だと考える程度であり，横軸は自動車に求めるものが男性的か女性的かである。日本が位置づけられている右下のセルとフ

第7章 グローバル知識移転戦略

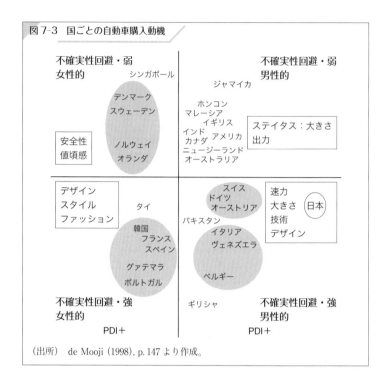

図7-3 国ごとの自動車購入動機

(出所) de Mooij (1998), p.147 より作成。

ランスなどが含まれる左下のセルでは，消費者に好まれるテレビCM も異なるといわれている。右下のセルではスペックなどの性能に訴求した CM が好まれるのに対し，左下のセルでは走行している自動車のイメージが重要である。

さらに，知識の価値が受け入れ側の小会社が利用できないような文脈知の存在に依拠している場合は，理解がいっそう困難になる。マーケティングの知識は，ターゲット市場の文脈知に強く影響を受けるので獲得が難しいのである。たとえば，アルコールと豚を禁忌とするハラールは，同じイスラム教圏であってもサウジアラビアの

ような中東とマレーシアでは考え方が異なる。前者が輸送や製造工程における手続きを重視するのに対し，後者は製品の科学的な成分の分析を重視する。したがって，食品などの認証としてのハラールは各市場で問題となる項目が異なるのである。このようなマーケティング知識を理解し獲得するためには，知識移転を担当するマーケターは現地市場に深く入り込む必要がある。しかしながら，日本企業の海外駐在員はプライベートでは日本人コミュニティに所属していることが多く，現地市場を文脈知まで深く理解するという点では十分な対応とは言い難い状況である。それに対し，韓国のサムスンではなるべく現地人のコミュニティに同化して生活することを仕組みとして取り入れて，積極的に文脈知を理解しようと努めている。

[吸収能力の問題]

知識移転の成否には，暗黙知や文脈知といった知識の種類だけでなく，知識を移転される側が知識を受け入れられる能力を持っているかどうかも強く影響を及ぼしている。この移転される側の能力は**吸収能力**（Absorptive Capacity）と呼ばれている（Cohen and Levinthal 1990）。

ザーラとジョージによれば，吸収能力とは，知識を獲得する能力とそれを利用する能力の組合せであると考えられている（Zahra and George 2002）。吸収能力をこの2つに分けることによって，知識を受け入れる側のボトルネックを理解することができるようになるのである。たとえば，知識の獲得が一見成功しているように見える事例であっても，成果につながらない場合，その利用ができていない状況がなぜ起こるのかを説明することができるのである。

知識の獲得能力は，海外子会社の外部で生み出された知識を識別して獲得する段階の能力である。この段階で問題となるのは，自分たちに必要な知識に気づくことができるかどうかである。この能力

は，次の2つの要因によって向上する。1つめは，普段接する知識の多様性と補完性である。補完性のある知識とは，既存知識とは重複していない上に，既存知識をよりよいものに改善してくれるような知識である。たとえば，無印良品のピクニック・マットになるバッグは，イギリスにおける公園における過ごし方の知識が，それまでの無印良品の自社の製品知識と結びついて開発されている。無印良品のイギリスの製品開発担当者は，日本とは違い，多くのイギリス人が夏だけでなく冬でも公園でピクニックを楽しむことを観察した。その観察は既存の製品知識に新たな気づきをもたらし，製品開発に結びついたのである。

一般的に，人であれ組織であれ，すでに知っていることについてはそれ以上学習したり，吸収したりしようとは考えない。すでに知っていることしか普段接しないような環境に置かれていると，獲得能力は向上しなくなってしまう。したがって，獲得能力を向上したいのであれば，関連性は高いが内容が異なっているような補完的な知識に頻繁に接して常に新たな気づきを得られるようにしておく必要がある。グローバル・マーケティングにおいて獲得能力を高めるためには，マーケターになるべくさまざまな国の市場を経験させるためのジョブ・ローテーションを行ったり，同じ市場内でも調達や製造などの他部署となるべく接する機会を多くつくったりする必要がある。

もう1つは，獲得能力は過去の経験からも影響を受けるということである。過去の成功経験や失敗経験が組織記憶として企業内に残ることによって，知識を獲得しようとする活動にバイアスがかかるのである。たとえば，ある国に参入することに失敗したことがある企業は，その失敗経験のためにその国の市場に関する知識獲得になんらかのバイアスがかかってしまうのである。そのバイアスが，失

敗したがゆえにより慎重に知識を集めようとするようになったのか,失敗に懲りて過度にその国に関わらないようになってしまったのか,どちらに振れるかはわからない。なぜなら,その企業のさまざまな経験との複合的な経路依存性が関わってしまうからである。しかしながら,企業の経験が獲得能力になんらかの影響を及ぼしていることを意識することは,グローバル・マーケターにとって重要なことである。

　もう1つの吸収能力である利用能力は,新たに獲得した知識と既存の知識を組み合わせて現地化する段階の能力である。新たに獲得した知識と既存知識には,通常なんらかの不一致や矛盾といった辻褄の合わない点が存在している。それを見つけ出し,なんらかの方法で解消した上で,知識移転のプロセスをより体系化し,手続きに落とし込むことができるのが利用能力である。

　具体例として,P&Gのファブリーズの日本への知識移転を紹介しよう。ファブリーズは,本国アメリカではソファやカーテンなど「家の中」の布製品の除菌消臭を目的とする商品として開発された。日本への導入当初もそのような目的のためのマーケティングが行われていたが,日本のマーケターは「家の外」にニーズがあることを発見した。たとえば,剣道の面や小手,バイクのヘルメットなどである。この現地で獲得した知識と既存知識の不一致を見出したことによって,ファブリーズの用途を「家の外」にも広げたプロモーションを行った結果,年間売上高が100億円から150億円へと急増したのである。この事例からわかるように,利用能力によって,知識を受け入れる側は,2つの知識の間にあるズレに敏感に気づくことができるのである。ファブリーズの成功は,実証実験が行われた北海道にちなんで「HOKKAIDO MODEL」として,P&G内において現地市場のニーズを重視する考え方や手続きを整備するきっかけ

となった。最初の知識移転がもたらした成功は偶然の産物だったとしても，その本質を見つけ出しルーティン化することで知識移転を組織に定着させていく能力が利用能力である。

海外子会社の利用能力を活用するためには，海外子会社にある程度の権限を移譲する必要がある。グローバル本社がマーケティング戦略の一貫性を求めるがゆえに広告代理店や市場調査会社をグローバルに統一したり，海外子会社に商品開発やマーケティング戦略の立案などの権限を与えなかったりすると，利用能力は向上しない。その結果，本国での成功に貢献した知識を現地に適応させることに失敗するのである。

垂直アウトフロー：海外子会社→本国

垂直アウトフローは，本国の顧客ニーズや競合企業との競争のみでは獲得することが困難な知識を学習したり，海外子会社が独自に行ったイノベーションの成果を本国でも利用したりすることを目的とする知識移転である。

垂直アウトフローは，先進国間では比較的容易に行われてきた。たとえば，コカ・コーラ社は本国アメリカでは炭酸飲料の売上高が圧倒的に多く，その他のスポーツ・ドリンクなどの非炭酸飲料は売上高の約3割にすぎなかった。それとは逆に日本コカ・コーラ社では，缶コーヒーなどの非炭酸飲料が8割以上を占めていたのである。アメリカのコカ・コーラ社は長期的には炭酸飲料の需要が減少するという予測に基づき，垂直アウトフローによって日本の非炭酸系飲料の知識を移転したのである。

垂直アウトフローの中でも，近年とりわけ注目を集めているのがリバース・イノベーションである。ゴビンダラジャンとトリンブルによれば，**リバース・イノベーション**とは，経済発展が遅れている新興国で発生し，先進国に移転されるイノベーションのことである

(Govindarajan and Trimble 2012)。

リバース・イノベーションが注目を集めている背景には2つの理由がある。①垂直インフローが機能不全を起こしていること，②新興国の独自知識の本国を含む先進国での有効性，である。

1つめの理由は，先進国から新興国への垂直インフローがうまく機能しなくなってきたことによる相対的な垂直インフローの重要性の低下である。上述したように，これまで本国本社は自国の成功パターンを，海外子会社に移転することによって成功することをめざしてきた。その背後には，文化がいくら多様であっても，経済的にはどの国もほとんど同じ発展プロセスをたどるはずであるという暗黙の前提があった。

たとえば，1人当たりGDPが3000ドルを超え始めると家電が普及し始め，5000ドルを超えると自動車が普及し始めるということが新興国市場において経験則としていわれている。この経験則は，おそらく購買力の向上のみならず，電力供給や幹線道路などのインフラが整ってくるタイミングも含意しているだろうから，市場参入のタイミングを測る上では有益であろう。このようにこれまでの国々の発展プロセスからグローバル化の進展がある程度予測可能な部分もあるのに対し，新興国固有の経済発展メカニズムとそこから生じるニーズもありうる。たとえば，新興国のほとんどは光ファイバーのような固定回線のインフラは整備されていない。逆に整備されていないがゆえに無線通信のインフラは固定回線をすでに持っている日本などの先進国よりも急速に整備が進む。しかしながら，消費者の購買力は先進国ほど高くはないので，アップルの「iPhone」と類似しているもののはるかに廉価な小米（シャオミ）のスマートフォンが爆発的に普及するのである。この種の現象は先進国からの垂直インフローで対応することが難しく，各新興国独自の経済発展

プロセスを勘案したイノベーションを起こす必要があるのである。

　リバース・イノベーションが注目されている2つめの理由は、新興国の独自知識が先進国でも有効であることがわかってきたからである。本国以外の海外でのイノベーションは，垂直アウトフローとしてのリバース・イノベーションが起こる必要条件ではあるけれども，十分条件ではない。新興国からの垂直アウトフローが必要となり重視されるためには，新興国において創造された知識が本国市場においても役に立つ可能性がなければならない。

　新興国の知識が先進国で有効であった事例として，GEヘルスケアの心電計の開発がある。GEヘルスケアは医療画像処理や診断情報技術の主要メーカーの1つであり，2001年からインドのバンガロールにおいて心電計の開発と製造を行ってきた。GEヘルスケア製の心電計の価格は約3000～1万ドルで，インドのような新興国では主要都市の病院のみが利用でき，地方ではほとんど普及せず，たまに置いている病院も現地の競合他社であるBPLヘルスケアの製品を使用していた。GEヘルスケアの製品の普及を妨げていたのは，価格ばかりではなかった。その重量や大きさや必要な電力量など，他の多くの要素も普及を阻害していた。これらの問題は新興国固有のものであり，グローバルな標準製品では対応できないことはBPLヘルスケアが圧倒的なシェアを獲得している事実が証明していた。

　GEヘルスケアは社内外の困難を克服し，MAC400という製品を開発した。MAC400はインドの特有な市場にカスタマイズされた製品だったが，インド本国で成功を収めただけでなく，先進国市場においてもすぐに受け入れられた。これまでのシステムを購入する余裕のない欧州の個人開業医が顧客となり，欧州がMAC400の地域別売上高構成比のほぼ半分を占めるようになったのである。

GEヘルスケアの事例のように,リバース・イノベーションは企業にとって非常に魅力的であるが,実際に実行するのは難しい。その難しさの1つが上述した文脈知の問題である。リバース・イノベーションをめざして新興国に進出する企業は,基本的にすでにグローバルに展開し,成功を収め,さらなる市場を求めている企業である。したがって,それらの企業の社員たちは,既存の「成功パターン」をある程度当然のこととして共有してしまっている。新興国市場ではその成功体験を捨て去り,ゼロベースで考えなければならないのだが,多くの社員が無意識のうちにその文脈知を用いてしまうのである。

　たとえば,ユニクロのバングラデシュでの取り組みを見てみよう。ユニクロは2010年にグラミン銀行とのジョイント・ベンチャーとして「グラミン・ユニクロ」を設立し,バングラデシュに進出した。ユニクロはすでにヨーロッパや中国などでグローバル市場への進出を果たしており,さらなる成長を求めて新興国の中でもとくに貧困層の人口が多いバングラデシュに進出したのである。スタンダードで高機能なカジュアル衣料に強みを持つユニクロは,その強みをバングラデシュでも訴求しようとした。その戦略商品が女性用のカジュアル・ドレスであった。女性の方が衣料品への支出も多く,子ども服への波及効果も期待できたからである。見本製品を実際に見てもらう現地での市場調査も行った上で投入した製品であったが,売上高は期待をはるかに下回る結果となってしまった。その原因を探るためにバングラデシュの女性が実際に所有している衣服を詳細に調査したところ,ほとんどの女性はバングラデシュの伝統服しか持っておらず,ユニクロが投入したようなドレスは少なくとも外出着としては誰も着用するつもりがなかったことが判明したのである。その後,グラミン・ユニクロでは伝統服のデザインを取り入れた商

品を扱うようになっているが，5年以上経過した2016年時点においても他国ほど順調に事業展開ができているわけではない。リバース・イノベーションを成功させるためには，無意識のうちに共有された文脈知も切り離した独立チームを作り上げなければならないのである。

ゴビンダラジャンとトリンブルは，リバース・イノベーションのためには実績のあるグローバル組織とは切り離されたローカル・グロース・チーム（LGT）が必要であると主張している（Govindarajan and Trimble 2012）。LGT を運用するための注意点は，LGT には自社のグローバルな経営資源の基盤を活用できるように配慮しながらも，独立した企業のような独立性も維持できるようにバランスをとることである。

水平インフローとアウトフロー：海外子会社間

本国と海外子会社間の垂直的な知識移転だけでなく，海外子会社間の水平的な知識移転もグローバル知識移転の観点からは重要である。水平インフローとアウトフローは，実務では「ヨコテン（横展開の略）」と呼ばれており，進出国での成功から獲得した知識を他国へ応用することを意味している。成功経験を他国へ移転するという意味では，垂直も水平も基本的には違いはない。しかしながら，垂直関係が知識移転を強制できる権限関係を含意しているのに対し，水平方向への知識移転は基本的に対等な関係性において行われることが大きく異なっている。つまり，水平の知識移転は，知識の性質や吸収能力などよりも，海外子会社間の関係性に起因する困難が存在しているのである。言い換えると，垂直の知識移転は，知識が実際に移転できるかどうか（can or can not）の議論であったのに対し，水平関係の知識移転は知識を移転する側と移転される側が知識を提供したい，もしくは提供されたいと思うかどうか（willing

Case ⑦　関西ペイントの知識移転戦略

　関西ペイントは，グローバル知識移転を実践している企業の好例である。関西ペイントは，グローバル化を迅速に達成するために積極的なM&Aを行っている。南アフリカ市場へも，2011年に現地最大手のブランドを買収して「カンサイ・プラスコン」という子会社を設立して参入した。この子会社が開発したのが，アレス ムシヨケクリーンだった。この製品は塗料にマラリア対策のための防虫剤を混ぜ込んだものであったが，実際には現地にはそれほど蚊を媒介とする感染症が流行していなかった上に高価であったため，販売が伸び悩んでいた。

　この製品を世界36カ所にある関西ペイントの子会社の代表が集まってノウハウを共有する会議において紹介したところ，マレーシアの子会社が関心を示しその知識を共有することとなった。その後，マレーシアの子会社は現地の国立大学と共同研究を行い，2014年にマレーシアで発売した。マレーシアではデング熱やマラリア対策の需要が高まっていたのを受けて，一般的な製品の5倍以上の売上高を上げるヒット商品となった。マレーシアのマーケティング担当者は，「ニーズに合った商品をすばやく投入できた。開発費もかからない」とその成果を高く評価している。マレーシアでの売上が伸び続けているだけでなく，東南アジアやインドへ横展開する計画が進んでいる。

　アレス ムシヨケクリーンのような知識移転を背後で支えているのが，徹底した現地への権限移譲と各国間の知識共有の仕組みである。カンサイ・プラスコンは，関西ペイントが93%を出資する子会社であるが，社長は38歳のパキスタン出身者であり，日本人社員は1人もいない。日本人社員を1人も置かない理由は，「日本人が行くと，その国のことがわからず押し付けになるし，行ったとしても学ぶのに時間がかかり，その時間が無駄だから」と石野関西ペイント社長は答えている。このような徹底的な現地への権限移譲は，現地ニーズを的確に捉えたイノベーションの源泉になっている。たとえば，南アフリカでは自分で家を塗り替える習慣があるため，現地社員の発案で「塗料専門のショールーム」を開設したところ，顧客から非常に高く評価されたという。このような世界各地で起こったイノベーションを上述の子会社の代表が集まる会議で共有し，子会社同士の直接的なコミュニケーションによって水平的な知識移転が促進されるのである。

第7章　グローバル知識移転戦略

or not willing) の問題の方が重要なのである。

　海外子会社同士は現地市場での競合他社を除けば最も身近な競争相手であるため，各子会社は必ずしも自ら積極的に自社の強みである知識を他の子会社に移転したり，提供したりしたいとは考えない。むしろ，強みを生み出す知識を自ら創造した海外子会社は，それによって他の子会社に対して優位に立てるので，その知識を秘匿したいと考える方が合理的である。また知識を持っている子会社が，それをオープンにしたとしても，今度は受け入れる側が積極的に受け入れようとしないかもしれない。このように，水平的な知識移転は，移転する側（アウトフロー）にも移転される側（インフロー）にも知識移転を妨げる要因が存在している。

　以下では，それぞれについてどのような問題と解決策がありうるのかを説明していく。

[移転する側の問題：知識を提供するつもりがあるか（アウトフロー）]

　知識を保有していてそれを他の子会社に移転する側の問題は，知識を提供するつもりがあるかどうかである。ユニークな価値のあるノウハウを持つ組織ユニットは企業内の「情報独占」を享受する。これは組織のあらゆる場面で見られる権力闘争（Power Struggle）と結びつき，組織ユニットは自らのユニークなノウハウを企業内の他のユニットに対して相対的なパワーを持つための交渉材料とみなす。したがって，価値あるノウハウを持つ海外子会社は，企業内におけるパワーを確保するために積極的には知識移転をしようとはしない。この傾向は，海外子会社間の競争を奨励するような企業の場合，とくに強まる。もちろん，ノウハウを完全に秘匿しようとするほど極端な行動をとる海外子会社は少数であり，他の子会社が視察やアドバイスを求めれば喜んで応じるところが多いであろう。しかしながら，垂直的な知識移転で見てきたように知識移転にはさまざ

まな困難が伴っており，移転する側も移転される側も強くコミットする必要がある。その点では，知識が水平的に移転され活用されるためには，それを促進するための仕組みが必要なのである。その仕組みは権力闘争関係にあるような水平関係からは生じにくいので，仕組みづくりには本社がある程度トップダウンで関与する必要があるだろう。たとえば，関西ペイントの事例（本章 **Case** ⑦）にあるように，各子会社独自の取り組みやノウハウを共有するための会議を行い，互いに賞賛し合う仕組みなどが必要である。

[移転される側の問題：知識を獲得するつもりがあるか（インフロー）]

一方，知識を移転される側の問題は，垂直インフローと同じく吸収能力の問題もあるが，水平インフロー固有なのは知識を獲得するつもりがあるかどうかという意欲や意図の問題の方が重要である。水平関係は互いに競争相手でもあるため，能力よりも意図の方が知識移転に影響を及ぼしやすい。

たとえば，NIH 症候群は，海外子会社の意図によって引き起こされる知識移転の阻害要因である（Katz and Allen 1982）。**NIH 症候群**とは，他の企業や同一企業内の他部門で創造された新たな知識を「Not Invented Here（ここで発明されたものではない）」ことを理由に受け入れようとせず，同じ知識を自前で作り出そうとする現象を意味している。NIH 症候群は，①自我防衛メカニズムと，②組織内の権力闘争（Pfeffer 1981）の2つのメカニズムによって生み出される。自我防衛メカニズムとは，マネジャーが自分よりも他者の方が有能であるような情報をブロックしてしまうメカニズムである。これは水平関係で互いにライバル視している海外子会社間で生じやすい。権力闘争とは，マネジャーが社内の別部署（Peer Units）の知識ストックが独創的でもないし，価値もないというふりをすることで，その部署の潜在的な権力を低下させようとすることである。こ

のNIH症候群を回避し水平インフローを促進するためには，知識ストックの相対的な不足，同等のユニットから学ぼうとするマネジャーの熱心さを高めるためのインセンティブ，本国本社からの強制力，などが必要となる。とくに海外子会社のマネジャーが知識を獲得したいと思わせるためには，海外子会社間に過度な競争意識を持たせるような施策は慎んだ方がいいであろう。

演習問題

7-1 4種類のグローバルな知識移転によってもたらされた製品やサービスの具体例をそれぞれ考えてみよう。

7-2 ユニクロがリバース・イノベーションを成功させるためには何が必要か考えてみよう。

7-3 関西ペイントの事例においてグローバルな知識移転が実行されたのはなぜかについて議論してみよう。

文献ガイド

浅川和宏（2003）『グローバル経営入門』日本経済新聞社。

Govindarajan, V. and Trimble, C. (2012) *Reverse Innovation: Create Far from Home, Win Everywhere*, Harvard Business School Press.（渡辺典子訳『リバース・イノベーション――新興国の名もない企業が世界市場を支配するとき』ダイヤモンド社，2012年）。

第8章 グローバル・マーケティング組織の設計

複雑な環境に対応できる組織の設計

Introduction

　本章では,グローバル・マーケティング戦略を実行するために不可欠な組織について説明していく。

　グローバル・マーケティング戦略を実行するためには,グローバル化に伴って生じる環境の複雑性に対応できる組織を設計しなければならない。環境の複雑性が増すにつれて,企業組織がどのようにその組織構造を変化させていくのかを組織の発展レベルを順番に説明していく。近年では多次元ネットワークからトランス・ナショナル組織へ移行するグローバル企業が増加してきている。

　そこで,トランス・ナショナル組織の一種であるフロント・バック組織を例として,複雑性にどのように対応しているのかを説明する。

Keywords

複雑性　分業　調整　地域担当部門　多次元ネットワーク　トランス・ナショナル組織　フロント・バック・ハイブリッド組織

1 グローバル・マーケティングにおける複雑性の増大
●組織設計の難しさ

　グローバル・マーケティング戦略を実行する組織を設計することは，最も困難な経営課題の1つである。その最も本質的な問題は，経営者が組織の複雑性を許容しながら，それを管理する能力を容易に築けないことにある。多くの経営者は，国別や事業別という明快な次元を用いてなるべく「単純にしておく」ように組織を設計しようとしてきた。しかしながら，グローバル組織に関する研究は，単純にしておくことではグローバル・マーケティングにおける複雑性の増大に対応することは難しいことを示唆している。ここでの**複雑性**とは，顧客について考えるべきことの数量や種類を指す。

　たとえば，「日プラ」という水族館の水槽用アクリルパネルの設計と製造と施工を行う企業は，旭山動物園や美ら海水族館のような日本を代表する施設だけでなく，世界中の水族館を顧客として事業展開している。日プラは明らかにグローバル企業であるけれども，複雑性はさほど高くはない。なぜならば，ほぼ単一製品をほぼ単一セグメントの顧客にマーケティングを行っているので，複雑性は言語や気候などの国や地域別の要因だけだからである。その結果，グローバル企業であっても，せいぜい地域別事業部くらいの単純な組織でも十分に対応できる。

それに対し，日立のような総合電機メーカーは，その製品の種類も，顧客としているセグメントの種類も日プラと比べてはるかに多い。それに加えて当然，進出先の国の種類も複雑性を増大させる。これらの多次元にわたる複雑性を管理するためには，地域別・事業別・機能別の多次元ネットワーク組織が最低限必要となってくる。近年ではさらに顧客別を加えたより高次のネットワーク組織へと移行する企業も現れ始めている。

　本章ではまず，組織設計の基本的な考えを理解する。その上で，企業のグローバル化が進展するにつれて，組織構造がどのように変化していくかを順番に説明していく。

2 組織設計の基本

● 「分業」と「調整」

　グローバル化によって増大する複雑性に対処するために，組織設計で最初に考えなければならないのは，**分業**である。たとえば，メーカーは自社の事業遂行というタスクのために，大きく3つのサブ・タスクに分業している。すなわち，そのメーカーは新たな自社製品を創り出し（製品開発部門），その自社製品を実際に生産し（生産部門），その製品を顧客に販売している（販売部門）のである。これらの各部門はそれぞれのサブ・タスクに業務を集中することによって，専門性を高めて効率よく業務を遂行できるようになるのである。さらには，能力の異なる人材をその能力特性にあわせたサブ・タスクに配置することによって，人材を有効に活用することもできる。しかしながら，分業は1つひとつのサブ・タスクの効率を高める一方，それぞれのサブ・タスク間を切り離してしまったがゆえに生じる手間が発生する。たとえば，開発と製造と販売をまとめて扱

っていれば顧客からのどのような質問にも即座に答えられるが，それらのタスクをそれぞれ分業したことによって質問内容ごとに問合せ先を割り振るという新たな手間がかかるようになるのである。

そのような手間を，分業のメリットが生きるようになるべく小さくする**調整**が必要になる。分業されたサブ・タスク間の調整には，事前の調整としての標準化と事後の調整としての階層構造がある。

標準化とは，分業をしている相手同士のやりとりを事前に取り決めておくことで結果が一定になるようにすることである。標準化の種類は大きく分けて2つある。①作業そのものの標準化と，②分業間のインターフェイスの標準化である。

前者の最も身近な標準化の例は，飲食店などのマニュアルである。マニュアルがあることによって，作業に慣れていようといまいと，人が入れ替わろうと基本的に同じメニューを提供できるのである。

後者は，作業全体を1つひとつプログラム化することは難しいので，サブ・タスク間の接点，すなわちインターフェイスのみを事前に取り決めておこうというものである。これは，部品メーカーと完成品メーカーの間で決められているスペックや納期や納入量の取り決めなどをイメージするとよいだろう。決められたスペックの部品が決められた納期までに決められた量だけ完成品メーカーに届けば，基本的に部品メーカーが自社工場でどのようにそれらの部品を作ろうとも，完成品メーカーは関知しないのである。

しかしながら，事前に標準化していても，さまざまな不測の事態が起こり，標準化した内容から逸脱する例外事象が発生する。それを事後的に解決するのが階層構造である。階層構造の下位で生じた例外事象は，より強い権限を持つ1つ上の階層に報告され，その階層で処理される。その階層の権限で処理できないほどの例外事象はさらに上位の階層という具合に，各階層では事前の標準化された範

囲で調整を行い，事後的な例外事象は階層構造で調整するのである。

これら2種類の分業の調整が基本であるが，組織が対応しなければならない複雑性が増大し，処理しきれないほどの例外事象が事後的に生じるようになってきたら，階層構造がうまく機能しなくなってくる。それは，ある階層の情報処理能力がパンクしてしまったり，例外処理が上位の階層でしか行われないようになると調整に時間がかかりすぎてしまったりするからである。そのために階層構造を組み替えたり，後述する連絡調整役を下位階層に横断的に配置したりするのである。

3 組織のグローバル化の進展レベル
●グローバル化のレベルによる相違

本章では，組織のグローバル化を説明するために，グローバル化の「段階」ではなく「レベル」という言葉を使用している。段階という言葉には1つひとつの段階を順番に上がっていくというニュアンスが含まれるが，レベルという言葉は，段階とは逆に組織の発展がその順番通りに1つずつ移行していくわけではないことを表している。ほとんどの企業がレベル0からスタートするのは同じでも，レベルⅠへ順番に発展していくとは限らず，レベルⅡやⅢに移行するかもしれない。逆にレベルⅣの組織を採用していた企業がレベルⅢに変更するかもしれない。つまり，組織のグローバル化のレベルはその企業が戦略を遂行したり，競争優位を発揮したりするために適したものを採用すべきであって，必ずしもレベルを上げることがよいわけではないことを意味しているのである。

このプロセスによって，ドメスティックな企業は徐々にグローバル化し，本国以外の地域で付加価値を加える活動を行うようになっ

表 8-1 グローバル化進展レベルの概要

レベル	子会社の役割	参入モード	組織	付加価値比率
0 (国内事業のみ)	なし		国内企業	低
I	販売	輸出	国内企業＋輸出部門/販売会社	
II	現地拠点	ジョイント・ベンチャー	国内企業＋合弁企業	
III	現地拠点	海外直接投資	地域担当部門	
IV	戦略の遂行	海外直接投資	多次元ネットワーク	
V	リーダーシップの発揮	海外直接投資	トランス・ナショナル組織	高

(出所) Galbraith (2000), 訳書 44 ページを一部修正。

ていく。本国以外の資産の比率が高まるにつれて、またその従業員やマネジメント層の外国人比率が高まるにつれて、グローバル化のレベルは進展していく。表 8-1 はグローバル化の進展レベルが上がるにつれて、子会社の役割と、参入方式 (第 5 章参照)、組織、付加価値比率がどのように変化していくのかを示したものである。以下では、レベル I からレベル V の詳細について、順を追って説明していく。

レベル I：国内企業＋輸出部門／販売会社

グローバル化のレベル I は、第 5 章で紹介した輸出による参入方式を用いて社内の輸出部門もしくは子会社の販売会社が行う。このレベルでは、企業は本国の強みを体現している製品やサービスの優位性を他国に移転し、それによってグローバルなブランドを構

築することをめざしている。

　レベルⅠの役割を担う組織の代表が，輸出部門である。一般的に企業が海外進出をする最も初期の段階で設立される部門である。輸出部門の主な業務は，為替手形や信用状の取り扱いや，貿易統制，通関手続き，国際輸送，海上保険といった輸出関連手続きである。設立当初は企業内の販売部門内に設立されるが，輸出品の種類や量が増加するにつれて独立した部門になっていく。

　輸出部門は，「海外に自社製品を販売する」というタスクをひとまとめにして既存の国内組織から切り離して新たに分業したものである。したがって，既存の組織と輸出部門の分業の間を調整する必要があるが，レベルⅠでは標準化でかなりの部分が対応できる。たとえば，海外市場から製品のスペックと数量と納期に関する情報を輸出部門が受け取り，それを国内の既存組織に伝達するという手続きを事前に決めておくといったことが，この場合の標準化に当たる。

レベルⅡ：国内企業＋合弁企業

　グローバル化のレベルⅡは，企業は別の国に投資を行って自ら事業を始めるけれども，その際にその国のパートナーと合弁会社を設立して経営に参加してもらう段階である。レベルⅡの企業は一般的にその国やグローバル市場全般における経験が乏しい場合が多いため，パートナーを利用してその国の市場にアクセスしたり，その国の事業のやり方を学んだりするのである。そのプロセスを通じて，レベルⅡの企業は，本国におけるどの強みが移転可能であり，どの強みが修正すべきであり，どの強みがその国では通用しないため代替案を考えなければならないかについて学ぶことができるのである。

　企業が合弁会社をつくる場合，3種類の基本的な組織構造モデルから選択することになる。業務運営モデル，共有モデル，自主管理モデルである。

業務運営モデルでは、パートナーのどちらかが合弁事業の管理運営責任を引き受ける。この役割は所有権の分割とは無関係である。業務運営モデルが選ばれるのは、特定の国や地域における経験が乏しい場合である。したがって、通常、参入企業は自社の数人の幹部社員をその国の事業環境を学ばせるために残すだけで、残りは参入先のローカル企業に業務運営を委託するのである。業務運営モデルは最も事業成功の可能性が高いといわれている。それは実行するのが最も容易で、一社に責任を持たせるために参入企業とローカル企業の間のコンフリクトが少なく、迅速に意思決定が可能になるからである。しかしながら、両社の間で一方の貢献度が他方よりも少なくなる状況について合意がなければ、業務運営側が過剰な負担に不満を持ち合弁が解消されることもあるので、注意が必要である。

共有モデルは、合弁事業の最も一般的なイメージのモデルであろう。つまり、パートナー同士が対等に互いに優位を持っている役割を補完的に分業するというものである。たとえば、進出企業はR&Dと製造を担当し、ローカル企業は人的資源管理やマーケティングなどを担当し、財務部門は共有するといった役割分担である。共有モデルは、新興国に進出する場合には業務運営モデルよりも成功率が高いといわれている。

自主管理モデルでは、意思決定は合弁会社自体に移され、役員会をそなえた通常のローカル企業と同じになる。これは、上述の2つのモデルのいずれかが成功した後に発展的に到達するモデルである。

レベルⅡは、レベルⅠの輸出部門が基本的に海外市場に対して受動的であったのに対して、より能動的に海外市場に働きかけている。そのために現地企業とパートナーを組むわけだが、その結果レベルⅠと比較してレベルⅡの組織は、はるかに複雑な状況に対処しなければならない。したがって、輸出部門よりも標準化による調整は難

しくなり、階層組織を発達させる必要が高まるのである。

レベルⅢ：地域担当部門による海外子会社の立ち上げ

レベルⅢでは、企業は海外直接投資をより発展させて、自社のみで海外子会社を経営することを選択する。それらの子会社を統制するために本国本社には**地域担当部門**を設立する。地域担当部門には、①競争優位の源泉を移転し、②競争優位を生み出すプロセスを現地に適応させ、③海外子会社の事業を確立し、④その会社を擁護し、⑤本国と連携して本国のマネジャーを育成し、⑥最終的にグローバルな組織能力を構築する、という一連の6つの役割を果たす。

地域担当部門は、これらの6種類の業務を遂行していくために、海外子会社の自律性と本社の統制の適正なバランスをとっていかなければならない。海外子会社は、新たに参入するなじみのない地域において、自律性を持って独自の判断で事業を進めていきたいと主張する。それに対して、本国本社は自社の成功パターンや競争優位をもたらす知識を移転し、海外子会社を前者ネットワークに組み込むために統制をしたいと考えている。この統制と自律性のバランスをとるのは非常に難しい問題である。統制をしすぎて失敗した企業も、自律性を与えすぎて失敗した企業も、数えきれないほど存在している。この問題には唯一の正解があるわけではないが、バランスをとるためのヒントになる3つのポイントがある。①グローバル戦略を遂行するために必要な連絡調整の程度と、②本国と進出国の隔たりの程度、③本国から移転する優位性の質と量である。

海外子会社が、本社だけでなく他の海外子会社とともに緊密な連絡調整ネットワークに組み込まれている場合は、独立した海外子会社よりも自律性は低くしなければならない。本国と進出国の間の文化や経済などの隔たりが大きいようならば、本国の優位性をそのまま移転することは困難であるため、進出国で実験的な試みを行わな

ければならなくなる。そのような試みが必要になればなるほど，海外子会社は高い自律性が必要になる。本国から移転する優位性が標準化され成文化されたものであるならば，それほど密な調整は必要ないので，海外子会社の自律性は高くても問題ない。それに対して，優位性が暗黙知的な伝わりにくいものであるならば，本社と海外子会社の調整が頻繁に必要になるため，海外子会社の自律性は低くなる。これらの3つのポイントを考慮に入れて，地域担当部門は自社にとって最も適切な統制と自律性のバランスを探求しながら，業務を遂行していくのである。

しかしながら，地域担当部門は，いくら両者のバランスをとろうとしても，扱っている製品の種類や量と進出している国や地域が増加するにつれて，機能不全に陥ってしまう。なぜなら，製品に関しても，進出国に関しても，事後的に発生する例外事象が増加して，階層構造において海外子会社の上層にあたる地域担当部門に例外事象の処理が集中した結果，地域担当部門の情報処理能力がパンクしてしまうからである。それに対応するために，企業はこれまで「海外市場で製品を販売する」というタスクを国内事業から分業していたところを，より細かいサブ・タスクに分業することを考えるようになるのである。たとえば，「地域別に製品を販売する」ことと「事業別に製品を販売する」ことを分業するのである。このようなより細かな分業に組織を再編成したものが，次項で説明する多次元ネットワークなのである。

レベルⅣ：多次元ネットワーク

海外直接投資の度合いを深めて，事業の大部分を本国以外で行うときに，**多次元ネットワーク**は必要となってくる。企業が単一事業のみに従事している場合は，地域別と機能別の二次元をバランスさせることが重要であるのに対し，企業が多角化している場合は

主に地域別と事業別の二次元が重要になってくる。

これらの次元のバランスには唯一最善の答えがあるわけではない。経営史家のチャンドラーが20世紀初頭の機能別組織から事業部制組織への移行を観察した結果提示された「組織は戦略に従う」という命題は、グローバル組織においても適用可能である。つまり、企業を取り巻く環境が変化し戦略を変更する場合には、これらの組織次元のバランスを変更する必要が生じるのである。

[多次元ネットワークの分類：地域別，事業別，マトリクス]

まず多次元ネットワークのイメージを共有するために、3種類の模式的な組織構造を紹介しておこう。地域別組織（以下、地域別）、事業別組織（以下、事業別）、マトリクス組織（以下、マトリクス）である。これら3つの組織構造の特徴を、時代による大まかな変遷とともに見ていこう。

地域別は、図8-1のように事業別のマネジャーよりも地域における責任を持つマネジャーが上位にくる組織である。この組織構造の一般的な特徴は、現地のニーズを的確に捉えることができマーケットインの商品を提供できるというメリットがある。しかしながら、事業部の権限が弱いことによって、グローバル企業としての規模の経済性が阻害されるという問題や、技術開発が重複したりする無駄が生じやすいという問題が発生する。先進国の企業がグローバル化を始めた1950年代は、ほとんどすべての企業が地域別組織を採用していた。それはその当時は進出国の政府が規制者としても顧客としても最も重要な役割を果たしており、その要望に対応することが最重要課題であったからである。

その後、貿易の自由化や規制の撤廃や民営化が進み、各国政府との関係が弱まるにつれて、グローバル企業内の権限は当該国のマネジャーから事業単位のマネジャーに移り、組織も地域別から図8-2

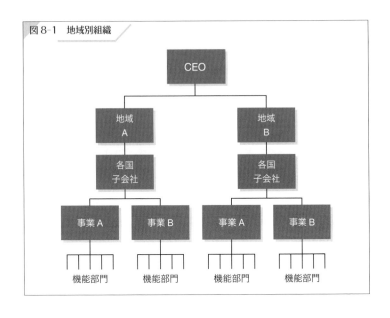

図8-1 地域別組織

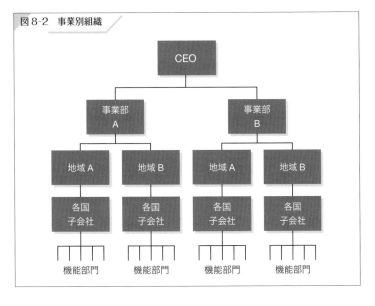

図8-2 事業別組織

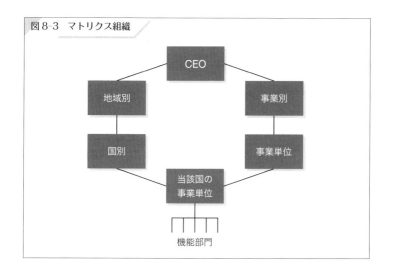

図8-3 マトリクス組織

のような事業別へと移行していった。事業別では、地域別とはメリットとデメリットが逆転する。グローバル企業としてのメリットである規模の経済性や技術開発の効率性は得られる一方、製品は標準化される傾向が強まり現地ニーズへのきめ細かな対応はおろそかになってしまう。

地域別と事業別はいずれかのマネジャーに最終的な権限を与え利益責任を負わせるために、それぞれの立場によるメリットとデメリットが発生してしまう。それに対して、両方のメリットのみを享受することをめざした図8-3のマトリクスという組織構造が存在している。しかし、残念ながらその目的をグローバル・レベルで達成できる企業はほとんど存在していない。なぜならマトリクスは別名ツー・ボス・システムと呼ばれているように、地域と事業の2人のトップの間で権限と責任が分散してしまい、その両者の調整が意思決定のスピードを遅らせるのみならず、意思決定そのものを困難に

してしまうからである。1990年代後半にスイスの電機メーカーABBがマトリクス組織の成功例として紹介され、グローバル企業の理想型としてもてはやされた時期があったが、2000年代以降はABBも事業別組織へと組織を変革し、かえってマトリクスの組織運営上の難しさを浮き彫りにしたのである。2000年代以降マトリクスを採用している企業はますます減少し、事業別もしくは後述するレベルVのトランス・ナショナル組織の一種であるフロント・バックへ移行していっている。

[複雑性の低減：ブランド別組織と地域統括会社]

事業別や国別という二次元のネットワークは、多角化が進展したり進出国数が増加したりすると、複雑性が増加し、組織全体の調整が煩雑になり、さまざまな困難が生じてくるようになる。それに対処するために、国や事業をある程度集約した組織階層を導入する場合がある。それが、ブランド別組織と地域統括会社である。

ブランド別組織は、ローカルな子会社で別々に管理されていた製品群をグローバル・ブランドに統合することによって複雑性を低減させる。ユニリーバやP&Gといったグローバルな消費財メーカーは、このブランド別組織を採用している企業が多い。

地域統括会社（Regional Headquarter）も同様に、国別の海外子会社をアジアや、ヨーロッパ、北米などの地域ごとに集約しその地域内での調整の効率化を図っている。たとえば、トヨタ自動車は東南アジア地域の統括会社として生産についてはTMAP-EMをバンコクに、販売についてはTMAP-MSをシンガポールに配置している。

これらの組織は、ブランド内や地域内の課題についての調整にはメリットがあるが、ブランド間や地域間にわたる課題の調整はかえって難しくなる場合もあることには注意が必要である。この種の多次元ネットワークを考える際には、例外事象が起こりやすい次元を

なるべく階層構造の下の方に配置し，例外事象があまり起こらない次元を高い階層になるように組織を設計することを意識するべきである。たとえば，ある企業では，地域ごとの差が大きく，例外事象が頻発するのに対し，事業そのものについては安定していて例外事象はほとんど起きないと想定すると，その企業は地域の次元でまず組織を階層に分けた上で，それを事業の軸でまとめた図8-2のような事業別組織構造をとるべきだと考えるのである。

レベルV：トランス・ナショナル組織

レベルVである**トランス・ナショナル組織**は，グローバル化によって生じる複雑性を事業別や国別のように少ない次元の分業によって対処しようとするのではなく，さらに次元を増やすことによってきめ細かにグローバル化の複雑性に対処しようとする組織である。つまり，レベルIVの国別と事業別の二次元にさらに顧客別を加えた三次元以上の複雑性を管理するための組織が，レベルVの組織なのである。しかしながら，前節で見たように，多くの企業は三次元以下ですらその扱いに難しさを感じている。にもかかわらず，さらに多くの次元を管理することなどできるのだろうか。それができるかは，サブ・タスク間の調整メカニズムを適切に設計できるかどうかにかかっている。なぜなら，レベルIVからレベルVの組織の変化は複雑性に合わせて分業をより細かくしようとしているわけなので，その分だけ調整が複雑化し困難になるからである。

　以下では，レベルVの組織の一種と考えられているフロント・バック・ハイブリッド組織を取り上げて，その調整メカニズムについて説明していこう。

フロント・バック・ハイブリッド組織

フロント・バック・ハイブリッド組織（以下，フロント・バック）は，顧客別という新たな次元を重視することとグローバルな規模の

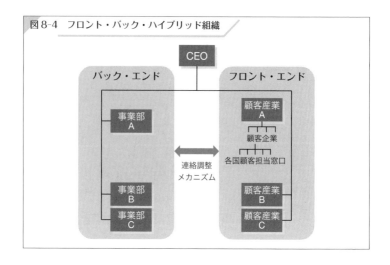

図8-4 フロント・バック・ハイブリッド組織

経済性を両立させることを目的としている。この組織は、シティバンクやIBMなどの多くのグローバル企業に採用されている。これらのグローバル企業は、グローバル企業が顧客であることが多々あり、これらの顧客は、供給業者としてのグローバル企業に対して強い影響力を持ち、より多くの価値ときめ細かいサービスを世界中で同じように受けることを要求する。また、これらのグローバル顧客は、単一製品や製品群ではなく、それらを用いたソリューションやシステムを求めている。それゆえに、グローバル顧客のニーズに応えるためには、レベルIVの組織のように国別、事業別、機能別に分業した組織では対応しきれず、それらの次元で分業された組織を顧客という軸で再統合し調整を行う新たな組織が必要になってくる。それこそがフロント・バックなのである。

フロント・バックは、一種の二重構造であり、その両半分が多機能部門で構成されている。図8-4は、フロント・バックを模式的に表したものである。右半分のフロント部分は顧客中心に組織され

ており，地域別あるいは国別の組織である。顧客中心という意味では市場セグメント別に構成する場合もある。左半分のバック部分は，通常は製品あるいは製品ラインを中心に組織され，あらゆる顧客部門に供給し，グローバルな規模の経済性を達成することをめざす。

> **フロント・バックにおけるマーケティングの配置**

フロント・バックは，顧客別，国別，製品別，機能別の4次元を扱う構造である。基本的にはフロントを顧客別で構成し，バックを製品別で構成するので，国別と機能別の次元をフロントかバックに配置しなければならない。

フロント・バックの最大の課題は，フロントとバックの連結にある。なぜなら顧客からの要望や製品で生じた問題など，その連結部分に例外事象が集まるために，ここが組織内で最も情報処理負荷が高くなるからである。フロントとバックの連結の方法は，大きく分けて2つある。連絡調整役の設定と市場メカニズムの導入である。

1つめの連結方法は，フロントとバックの間に連絡調整役を設定することである。連絡調整役は，フロントとバックの間に生じるコンフリクトを建設的にコントロールしなければならない。連絡調整役を設定する経営者は，連絡調整役を適切に機能させるために，フロントとバックの間に意見の相違があることは自然なだけでなく，望ましいことでさえある，という期待を組織内に醸成する必要がある。

連絡調整役がコンフリクトを建設的にコントロールするためには，3つの点を考慮する必要がある。①フロントとバックに属する機能部門の分別，②フロントとバックのパワー・バランス，③フロントとバックを連結しているマネジメントの構造とプロセス，である。

フロントとバックに機能部門を分けることは，フロントとバックのどの部分にコンフリクトが起こり，調整が必要になるかを見極め

Case ⑧ 無印良品のグローバル組織設計

　良品計画がグローバルに展開する「無印良品」は，各店舗を起点にグローバルな組織を設計している。

　無印良品のフロント・システムは，店舗や，ネットストア，ソーシャル・メディアなどいわゆるオムニチャネルとしてさまざまな顧客接点を構築している。それらの顧客接点の中でとくに重要な役割を担っているのが，MUJI passport と呼ばれるスマホ・アプリである。無印良品では，「顧客時間」という概念を重視している。顧客時間とは，「情報収集＆検討」と「購入」と「使用＆拡散」という 3 つのフェーズによって構成されている顧客と無印良品が接する時間の流れである。

　そのフロント・システムは，各国ニーズに合わせた新製品開発と生産を担うバック・システムとグローバル SCM によってつながっている。グローバル SCM は，IT によるグローバル・マーチャンダイジング（MD）・システムと物流によって構成されている。このグローバル SCM の中でとくに重要なのが，IT によってグローバルに標準化された MD である。無印良品において MD は，商品のライフサイクル全体の管理を意味している。その業務内容は，商品のシーズン計画から，販売計画の立案，生産発注，在庫の店舗間移動，商品の値下げ処分まで多岐にわたっている。これこそが無印良品の競争力の源泉であると社内で

るためにも重要な論点である。一見すると，その分別は簡単に見える。たとえば，研究開発や，製品設計，調達，製造はバックの機能であり，販売や，アフターサービス，顧客サービスはフロントの機能と考えるのが一般的である。しかしながら，マーケティングは製品別にも顧客別にも行う必要があり，どちらか一方というよりもフロントにもバックにも配置する必要がある。市場セグメントや，地域別や顧客別のマーケティングはフロントで担うべき機能であるのに対し，製品のポジショニングや，製品の価格設定，新製品の開発などはバックが扱う機能だと考えられる。しかしながら，この 2 つのマーケティングをどちらに配置するかは企業の戦略や扱う製品や

は考えられていたため、自社開発により4年の歳月をかけて中国からアジア、ヨーロッパ、アメリカと順次導入を進めていった。

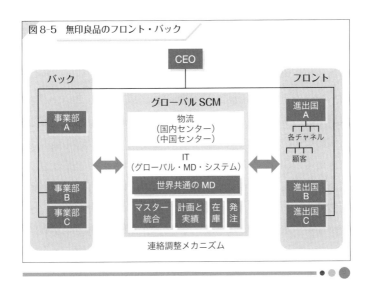

図8-5 無印良品のフロント・バック

サービスといったさまざまな条件で変化しうる。したがって、マーケティングのさまざまな機能をフロントかバックに何をどれだけ配置するかは、連絡調整役にとって重要な調整課題となる。

連絡調整役が考慮すべき2つめの点は、フロントとバックのパワー・バランスである。フロントとバックの間にも、マトリクス組織と同じように2人のボスがコンフリクトを起こし、意思決定が滞るということが起こりうる。このコンフリクトの解決法は大きく分けて2つある。1つは、フロントかバックの一方をプロフィット・センターに、もう一方をコスト・センターに設定し、プロフィット・センターにコスト・センターを従わせるのである。もう1つの方法

第8章 グローバル・マーケティング組織の設計　201

は，フロントとバックをいずれもプロフィット・センターとするものの，その一方に優先権を与えるというものである。この場合は，優先権を持たない方は優先権のある部門をどれだけ支援したかが，自部門がどれだけ利益をあげたかよりも優先されるのである。

　3つめの連絡調整役が考慮すべき点は，フロントとバックを連結しているマネジメントの構造とプロセスである。フロントとバックの数がそれぞれさほど多くなく，組合せも複雑でない場合は，フロントとバックの各部門間で直接連絡がとられる。しかしながら，フロントとバックの数が増加し，その組合せが非常に複雑になると，直接的な連絡が非効率になる。その場合は，有力な顧客別や，ヨーロッパやASEANのような顧客横断的な地域別に専任の連絡担当者を置く必要がある。専任の連絡担当者の重要な役割は，フロントとバックのコンフリクトを回避せずに誘発することにある。そのコンフリクトが解決できるかどうかが連絡担当者の力量であり，そのような力量のある連絡担当者を選抜し，育成することが経営者の重要な役割なのである。

　連絡調整役ではなく，市場メカニズムをフロントとバックの間に導入することによって調整するということもできる。当然のことながら，市場メカニズムを導入するためには，フロントとバックの間に組織内に置ける擬似的な市場が必要となる。たとえば，台湾のコンピュータ・メーカーであるエイサーは，バックに半導体やマザーボードや周辺機器などの製品事業部を配置し，フロントにアメリカや，シンガポール，ヨーロッパなどの地域事業部を配置していた。地域別事業部は，自部門にとって必須の中核製品を各事業部から標準の移転価格で仕入れなければならなかったものの，それ以外の部品は現地のニーズに合わせてどこからでも調達することができた。したがって製品事業部は，中核製品以外は地域事業部に購入しても

らうために他社と競争しなければならなかった。このように，連絡調整役を用いずに市場メカニズムにフロントとバックの調整を委ねる方法もあるが，この方法を用いる際には中核製品の移転価格が適性かどうかを常に本当の市場価格と対比してチェックする必要がある。なぜなら，確実に需要がある製品はコスト低減の圧力が本当の市場よりも弱く，コスト高になりがちだからである。

演習問題

8-1 具体的なグローバル企業を1つ取り上げて，その企業のホームページや有価証券報告書などから組織図を探し出し，グローバルのレベルがどれなのか確認してみよう。

8-2 8-1で扱った企業の製品やサービス，進出地域，顧客，グローバル・マーケティング戦略などを同じようにホームページや有価証券報告書で探し出し，その企業にとってのグローバルの次元の優先順位を考えてみよう。

8-3 8-1の組織のグローバル化のレベルと8-2で意図している企業のグローバルの次元の優先順位はフィットしているかどうか議論してみよう。フィットしていると考えるのであれば，そのように考えた理由も考えよう。フィットしていないと考えるのであれば，組織図もしくは優先順位をどのように変更すればフィットするのかを考えてみよう。

文献ガイド

Galbraith, J. R. (2000) *Designing the Global Corporation*, Jossey-Bass. （斎藤彰悟監訳『グローバル企業の組織設計』春秋社，2002年）

沼上幹 (2004)『組織デザイン』日経文庫。

第III部
実践的・今日的課題

　　第I部のグローバル配置,第II部のグローバル調整で,グローバル・マーケティング戦略の全体像(とくにメーカーの視点から)が明らかになった。

　　この第III部ではそれらをふまえ,サービス業,小売業,国家ブランドの場合の実践的グローバル・マーケティング戦略,および新興国市場という今日的課題へ向けてのグローバル・マーケティング戦略について分析する。

第9章 サービス業のグローバル・マーケティング戦略

サービス特性をふまえた戦略の構築

Introduction

　本章では，製造業ではなくサービス業におけるマーケティングをグローバルに展開するための考え方について説明していく。

　サービス業のグローバル・マーケティング戦略は，サービスの持つ不可分性と変動性という2つの固有の特徴によって強く影響を受ける。その2つの特徴がグローバル・マーケティング戦略に及ぼす影響は，サービス業の4つのタイプごとに異なっている。

　本章では，そのタイプごとの違いについて詳しく説明していく。

Keywords

不可分性　　変動性　　ヒトの身体を対象とするサービス　　ヒトの精神を対象とするサービス　　所有するモノを対象とするサービス　　所有する情報を対象とするサービス　　インターナル・マーケティング　　エクスターナル・マーケティング

1 グローバル化の鍵となるサービス特性
●不可分性と変動性

サービス業の重要性の高まり

前章までの議論は、基本的に有形財を扱う製造業におけるマーケティングのグローバル化を扱ってきた。しかしながら、世界経済、とくに先進国の経済は製造業よりもサービス業の重要性がさまざまな点で高まってきている。たとえば、2016年のCIA World Factbookによれば、日本のサービス業がGDP全体に占める割合は、1位のアメリカの79.4%には及ばないものの73.2%と、先進国の中でもかなり高い。

また、日本の就業者数の約3分の2がサービス業に従事している。第3次産業の中には、電気・ガス・水道や不動産業や情報通信業などインフラに関する事業も含まれているので、純粋なサービス業はGDP比率も就業者比率ももう少し低いと考えられる。最も狭義のサービス業〔教育・医療・飲食・理美容・旅館など〕はGDPの約22.5%、就業者の3分の1程度である。経済産業省が発表している第3次産業活動指数の2008年から16年の推移を見ると、サービス業全体としてはさほど成長していないものの、業種別に見ると卸売業や美容やクリーニングといった生活娯楽関連サービスは成長が鈍

化する傾向にある一方で，医療・福祉や金融業・保険業などは成長している。

本章では，製造業ではなくサービス業におけるマーケティングをグローバルに展開するための考え方について説明していく。なお本章では，サービスが無形であることと対比するために，一般的な製品を有形財と呼ぶこととする。

サービスの4特性

「サービス業」を一括りに議論するのは非常に難しい。なぜなら，有形財を製造する事業以外のすべてがサービス業に含まれるからである。また，ときにはサービスは有形財との組合せとして提供されることもある。

サービス業と定義するための固有の特性は存在している。ザイタムルらによれば，サービスは一般的な有形財としての製品と対比して，4つの特性を有していると考えられている（Zeithaml *et al.* 1985）。①無形性（Intangible），②消滅性（Perishable），③不可分性（Inseparability），④変動性（Heterogeneous）である。

サービスの第1の特性は，無形性である。通常の製品が物理的な有形物であるのに対して，サービスは形がないのである。そのため，目に見える有形物は購買以前にスペックなどから品質を予測することができるのに対し，サービスは実際に購入するまでその品質がわからないのである。たとえば，スポーツの試合の観戦に行ってどれくらい楽しめるかは購入前にはわからない。

第2の特性は，消滅性である。サービスは無形であるがゆえに，サービスの提供を受けた後は手元に物理的に何も残らない。これはサービスが有形財と異なり在庫できないことを意味している。たとえば，スポーツの試合は，少なくともライブという意味ではサービスは消滅してしまう。

第3の特性は，**不可分性**である。不可分性とは，サービス提供者

によるサービスの生産と顧客による消費が空間的にも時間的にも切り離すことができないという意味である。たとえば、スポーツの試合をライブで観戦するためには、消費者はそのゲームが行われている時間に開催されている場所にいなければならない。一方、有形財の場合は、生産されたのちに消費されるまでに在庫や流通というプロセスを経るため生産と消費は基本的に時間的にも空間的にも切り離すことができる。サービスはこの不可分性のために必ず多少なりとも提供者と顧客が相互作用しなければならない。この相互作用こそがサービス・マーケティング固有の「価値共創」という特徴である。つまり、提供者と顧客の両者がサービスの結果をともに生み出すのである。

この不可分性というサービス固有の特性が、サービス業のグローバル化における最大の焦点となる。なぜなら不可分性によってサービス業は事業をグローバルに展開することが困難になるからである。近年はICTのイノベーションに伴い、サービス業の中にも生産と消費を時間的にも空間的にも切り離すことができるようなものが増加してきた。その結果、それらのサービスは国境を越えやすくなったのである。この変化を理解する上でも、不可分性は重要な特性なのである。

不可分性と関連が強いのが、第4の特性であるサービスの**変動性**である。サービスはサービス提供者と顧客という人間の相互作用が不可欠なため、工業製品のような有形財ほど均質に提供することが難しい。当然、提供する側のスキルや習熟度によってもサービスの内容や質に違いが生じるし、同じ提供者であっても体調や気分などによって違いが生じる可能性もある。たとえば、スポーツの試合であれば、優勝争いをしているチーム同士の緊迫したゲームもあれば、消化試合のようなゲームもある。また、サービス提供者と顧客を

「価値共創」のパートナーであると考えるのであれば,両者の相性や場の雰囲気といったこともサービスの質にばらつきをもたらす。

変動性は,サービスがグローバルに提供されることによって大きくなる可能性が高い。なぜなら国内のサービス提供者と顧客の関係よりも,グローバルな両者の関係の方が文化的な違いが大きいと考えられるからである。グローバル・マーケティングを考える際には,この国境を越えた場合に増幅する可能性が高い変動性をいかに統制するかも重要な課題となる。

これら4つの特性を,すべてのサービス業が同じように備えているわけではない。サービス業のタイプによって,それぞれの特性の濃淡がある。たとえば,無形性は経営コンサルティングのようなサービスは程度が高い一方,外食産業のような有形財としての料理と組み合わさっている業界では程度が低い。不可分性も,ヘアカットのように顧客に直接接しなければならないサービスは程度が高いが,インターネット・バンキングのようなサービスは程度が低い。このようにサービス業は4つの特性の濃淡によって,さまざまなタイプに分類できるのである。

2 サービス業の分類に基づく配置戦略
●サービスの4つのタイプ

サービス業の分類

さまざまなサービス業の分類の中でも,グローバルなサービス提供戦略を理解するためにはラブロックとライトの分類によって整理するとわかりやすい (Lovelock and Wright 1999)。

図9-1は,彼らの分類を図示したものである。横軸は,サービスの対象としてヒトと所有物があることを示している。たとえば,

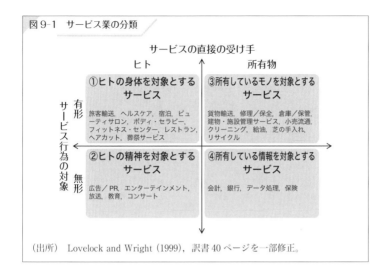

ヘアカットは顧客自身がサービスを受けるのに対し、クリーニングは顧客の所有物である衣服がサービスを受けるのである。縦軸は、サービスの受け手の有形な部分へのサービスか、無形な部分へのサービスかによって分けられている。ヒトを受け手とするサービスでも、物理的に有形な身体に対するマッサージのようなサービスは前者に分類され、ヒトの心・精神・頭脳といった無形の対象への教育のようなサービスは後者に分類される。

ラブロックとライトは、この2次元によってサービスを4つのタイプに分類する（Lovelock and Wright 1999）。①ヒトの身体を対象とするサービスと、②ヒトの精神を対象とするサービス、③所有しているモノを対象とするサービス、④所有している情報を対象とするサービス、である。これらのタイプごとにサービス業のグローバル市場の配置戦略について、順番に説明していこう。

> ①ヒトの身体を対象とするサービス

ヒトの身体を対象とするサービスは、たとえば、宿泊や、レストラン、ヘアカット、旅客輸送サービスなどがある。このタイプのサービスは、企業のサービス提供者と顧客の物理的な接触が必要なサービスであるため、不可分性が非常に高い。したがって、4つのタイプの中でこのタイプのサービスが最もグローバル化することが困難である。しかしながら、困難だからといってグローバル化の選択肢がまったくないわけではない。ヒトの身体を対象とするサービスをグローバル化するためには、次の2つの配置戦略がありうる。

[サービス・コンセプトの輸出]

1つめの選択肢として、単独もしくは現地サプライヤーとのパートナーシップによって、サービス企業は他国にサービス拠点を設立し、自らのサービス・コンセプトを輸出することができる。このアプローチを採用しているサービス企業としては、レストランやホテル、レンタカーなどがある。具体的には、世界的なホテルチェーンであるマリオット・インターナショナルは森トラストとフランチャイズ契約を結び、「マリオット」ブランドのホテル運営のノウハウを提供することによってサービス・コンセプトを輸出している。

サービス・コンセプトの輸出のためには、フランチャイジングが参入モードとして利用されることが多い。フランチャイジングは、サービスの提供企業がフランチャイザーとしてサービス・コンセプトを適切に表現するためにブランドの使用やオペレーションのノウハウなどを、現地企業のフランチャイジーに提供することによる参入モードである。

川端によれば、グローバルなフランチャイズには3つのタイプがある（川端 2010）。①ダイレクト・フランチャイジング、②マスター・フランチャイジング、③サブ・フランチャイジング、である。

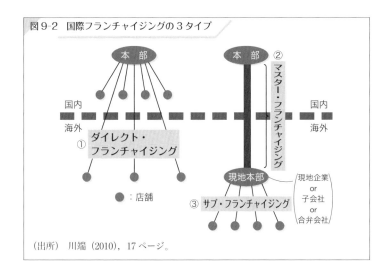

図9-2は,その3種類のフランチャイジングの関係を模式的に表したものである。この図にしたがって,それぞれがどのようなものかを順番に説明していこう。

ダイレクト・フランチャイジングは,国内のフランチャイザーとフランチャイジーの関係と同じ関係を,国境を越えて結ぶものである。これはアメリカの外食チェーンがカナダやメキシコなど自由貿易協定を結んだ近接国に進出する場合は可能な方法である。この場合は,アメリカのフランチャイザーがカナダやメキシコのフランチャイジーの加盟店を直接指導することになる。しかしながら,アメリカと日本のように地理的・文化的・制度的な隔たりが大きい国の間では,フランチャイザーが各フランチャイジーに直接指導するのが難しくなる。その場合,2つめのマスター・フランチャイジングが用いられる。

マスター・フランチャイジングは,エリア・フランチャイジング

とも呼ばれ、フランチャイザーが進出国の市場全体（もしくは一部）においてフランチャイズ事業の運営業務を行う権利を与える契約をその国の事業者と結ぶことを意味している。たとえば、アメリカのマクドナルドはフランチャイザーとして、日本マクドナルドとマスター・フランチャイジング契約を結んでいる。日本マクドナルドは「マクドナルド」ブランドのハンバーガー・ショップのフランチャイズ事業の運営業務を行う権利を持っているので、自社をフランチャイザーとして他の事業者をフランチャイジーとするフランチャイズ契約を結ぶことができる。これが3つめのサブ・フランチャイジングである。

このサブ・フランチャイジングは、日本マクドナルドをフランチャイザーとみなせば国内の一般のフランチャイズ契約と同じであり、サブ・フランチャイズ契約にアメリカのマクドナルドは基本的に干渉できない。したがって、本国のフランチャイザーからすれば、参入国の市場に関しては、かなりの自由度をマスター・フランチャイジーに与えることになる。そのため、本国のフランチャイザーにとっては、信頼できるマスター・フランチャイジーを見つけ出すことが参入する際に最も重要な課題となる。

たとえば、熊本を本拠地とする「味千ラーメン」は日本国内での知名度はさほど高くないが、中国では500店舗を超える店舗を展開している。これは味千ラーメンの味が中国市場に受け入れられたこともももちろん重要な要素であるが、「ぜひ香港で店を開きたい」と「味千ラーメン」を経営する重光産業を説得し、フランチャイズ契約を結んだマスター・フランチャイジーの藩慰（味千中国CEO）の影響力が大きかった。中国の味千ラーメンの店舗では、ラーメンのほかにとんかつやカレーライス、焼き鳥やあんみつまで提供しており、日本の味千ラーメンとは大きく異なっている。藩慰CEOは

「日本と同じでは香港の顧客には受け入れられない。メニューの工夫には相当頭を使った」と語っている。

　信頼できるマスター・フランチャイジーを見つけることはサービス・コンセプトを輸出するためには非常に重要な要素であるが，本国のフランチャイザーからすると，マスター・フランチャイジーの権限が大きすぎて統制が効かないリスクも生じる。そのリスクを緩和するためには，マスター・フランチャイジーと合弁で現地本部を設立するといった方策がありうる。

[顧客の輸入]

　もう1つの配置戦略は，サービスを海外に配置するのではなく，世界中の顧客を自国に呼び寄せるというものである。すなわち，他国の顧客にサービス提供企業の本国でしか提供できない特有のサービス提供施設に来てもらうというものである。たとえば，北海道のニセコのような有名なスキー・リゾートには海外からのスキー客がやってくる。

　医療ツーリズムも，この選択肢の1つである。アメリカ国民ではない患者でも，メイヨー・クリニックやマサチューセッツ総合病院といった有名病院で特別な医療を受けることができる。逆に，美容整形などの分野では欧米諸国の患者がアジア諸国の特注の病棟において，欧米で医学を修めた医師によって治療を受ける場合もある。この場合，治療費に旅費をすべて加えても，患者は自国で治療を受けるよりもはるかに少額の支払いで済むのである。

　顧客の輸入のためには，当然，世界中の顧客を魅了するサービスの質の高さが必要であるが，顧客にその質の高さを認知してもらうためのプロモーションを海外市場で行い，実際に顧客に来てもらうための交通手段も整える必要がある。

> ②ヒトの精神を対象とするサービス

ヒトの精神を対象とするサービスは，たとえば，エンターテイメントや，スポーツ観戦，教育などの人の心や，精神，頭脳のようなヒトの無形な部分に対するサービスである。このタイプのサービスでは，顧客は必ずしも空間的にも時間的にもサービス提供者と不可分というわけではない。以前から，このタイプのサービスでは空間的な意味での不可分性はある程度回避されていた。たとえば，音楽ライブの DVD などの輸出はサービスをパッケージ化して不可分性を回避した典型的な例である。

近年，顕著に見られる変化は，ICT 技術を用いることによって，これまで難しかった双方向的なコミュニケーションを伴うサービスも不可分性を回避しグローバル化できるようになったことである。たとえば，教育サービスという点では，スカイプのようなインターネット通信を用いた英会話教室が日本と海外の間で空間の不可分性を回避して提供されている。

高等教育の領域でも，アメリカではオンラインでの受講のみで学位が取得できるコースを多くの大学が提供している。『US News & World Report』誌の 2016 年の「Best Online Programs」のランキングで 1 位となったペンシルバニア州立大学では，World Campus という独立したオンラインのための学部と大学院を設置し，さまざまな領域の学士号や，修士号，MBA を修得できるようになっている。

このタイプのサービスの配置戦略は，ウェブ上でコンテンツを提供するだけならばほとんどコストをかけずに世界中に配置することができる。ただし，サービスに対する課金をどのように行うかによっては現地に事業所が必要になるかもしれない。音楽の定額配信サービスのようにコンテンツそのものの使用への課金や，スマートフ

ォン向けのゲームのほとんどが採用している，基本サービスを無料にして一部のプレミアム・サービスのみを課金する方法（フリーミアム）では，ある程度言語を現地対応すればそれほど現地に事業所は必要ではない。

　一般的な広告モデルを用いる場合は，サービス提供のための現地事業所ではなく，広告を販売するための事業所が現地に必要となってくる。

> ③所有するモノを対象とするサービス

所有するモノを対象とするサービスは，たとえば，修理とメンテナンス，貨物輸送，クリーニング，倉庫業などが具体例として挙げられる。このタイプのサービスでは，不可分性をある程度回避することができるため，バック・システムの比率を高めてグローバルに集約することによって規模の経済性を利用することが可能になる。たとえば，台湾の鴻海（ホンハイ）はアップルや小米（シャオミ）のスマートフォンを EMS で供給するために中国本土に巨大な工場を有している。ただし，バック・システムの規模の経済が重要な競争優位の源泉であるため，最終消費者向けよりも，事業者向けのサービス業に多く見られるタイプである。

　このタイプのサービスは，企業の顧客にとっては有形財のコモディティ化が進むほど，重要性が増してくると考えられている。コモディティ化とは，製品が品質や機能やデザインなどの点で同質化してしまい，価格以外の差別化が難しくなっていくことである。コモディティ化が進んだ状況では，製品そのものではなく，その製品に対するサービスが差別化要因となるのである。たとえば，アマゾンは，独自の配送サービスによって顧客の手元に商品を届ける時間を短くすることで他のインターネット・モールとの差別化を図っている。近年では，所有物を効率よく低コストで利用するためのソリュ

ーション・サービスも事業者向けの事業では活発化してきている。たとえば、ダイキンは施設全体の空調に関する総合的なソリューションを提供しているし、複写機メーカー各社はマネージド・プリント・サービスと呼ばれる顧客企業の社内すべての複合機の全体最適を提案するコンサルティング・サービスに注力してきている。

このタイプのサービスは、顧客がモノを持ち込む場合も、サービス提供者が顧客を訪問する場合も、継続的に現地に立地することが必要である。ときには、熟練したサービス提供者が他国に派遣される場合もある。しかし、小さくて輸送可能な品物は修理や、洗浄、メンテナンスのために他国のサービスセンターに輸送する場合もある。ある種のサービスは、電子診断や「遠隔修理」を通して物理的な製品に提供されることもある。

このタイプの配置戦略としては、第4章で説明したグローバル・サプライチェーンに目配りした配置を考えるべきであろう。このタイプのサービスでは、モノを顧客から預かりサービスを施して返却するまでの一連の流れがグローバルに最適化される必要があるからである。バック・システムをどこかに集約して規模の経済をめざすのか、各国市場に分散してリードタイムをなるべく短くすることをめざすのか、自社とパートナー企業の間で何をどこまで分担するのかといったことを配置戦略として決定する必要がある。たとえば、グローバルな宅配サービス企業は、現地のサービス提供者にはローカルの配達は任せて、自社は迅速な通関手続きのようなグローバルに事業を展開するノウハウを使用する部分のみに、事業を集中するのである。

④所有する情報を対象とするサービス

所有する情報を対象とするサービスは、たとえば会計や法務などのプロフェッショナルなサービスや、データ処理、保険サービ

スなどが具体例としてあげられる。情報を対象とするサービスは，一見ヒトの精神を対象とするサービスとの区別がつけにくい部分がある。たとえば，教育はヒトの精神を対象にしていると分類もできそうだし，情報を対象としたサービスとも分類できそうである。本書では，サービスの受け手の知識そのものを向上させるものを前者に分類し，サービスの受け手の情報を補完的に補助したり支援したりするものを後者に分類している。それでもサービスの価値共創の側面を考慮すると，依然としてその境界はあいまいであるが，実務上はグローバル化しようとする際の課題に応じて分類すればよいだろう。

このタイプのサービスは，近年発展が著しいICTとの相性がよく，それによって不可分性を回避しグローバル化を推進している。したがって，DVDのように物理メディアと一体化したサービスを原産国から輸送していたようなサービスも，海外の顧客自身がその企業のウェブサイトからデータをダウンロードすることが多くなってきている。さらには，これまで全世界に物理的な支店ネットワークを持つことで対応してきたようなサービスも，インターネット上でのサービスに代替されてきている。たとえば，PayPalのような決済サービスは，インターネット上で安全かつ迅速に国境を越えた決済を行うことができる。

このサービスの配置戦略は，ある程度参入予定の国にあわせて言語等を調整すれば，直接輸出が論理的には可能なはずである。なぜなら，これらの情報を対象とするサービスはすべてICTを駆使してビジネスライクに顧客と相互作用することなく提供することができるからである。たとえば，銀行の顧客は海外で現金が必要になれば，VISAのようなグローバル・ネットワークに接続した現地のATMを訪れるだけでよい。しかし，実務的にはまったく対面接触

をしないことは困難なので,現地拠点において顧客と個人的な関係を構築し,現地調査を行い,法的な手続きを行う必要がある。

3 サービス・マーケティングにおける調整戦略
●サービス品質のばらつきへの対応

> サービス現地化の課題:
> フロント・システムに
> おける変動性

サービス業のグローバル化における調整も,第1章で説明したように,フロント・システムを現地化する一方で,バック・システムをなるべく標準化するという考え方が基本である。しかしながら,サービス業にはグローバル化における固有の調整課題がある。それは,サービスの変動性に由来するサービス品質のばらつきである。ここでは,とくに顧客との直接接触が重要なヒトを対象とするサービス(①と②)におけるフロント・システムの現地化が大きな課題となる。

変動性は,サービスを人が提供している限り工業製品と同レベルまでばらつきをなくすことはできないので,なるべく小さくした方がいい部分と,ある程度変動性を残しても問題ない部分,むしろ残した方がいい部分が,一連のサービス提供プロセスの中で混在している。

なるべくなくした方がいい変動性は,単純なミスなどのマイナス方向の変動性である。たとえば,飲食店において提供するメニューを間違えたり,店員によってサービスの提供スピードが異なったりするといったことはマイナスの変動性であろう。それに対し,顧客の期待をいい意味で裏切るようなプラス方向への変動性もある。事前に登録しておいた顧客情報をもとにサプライズの演出をしてくれるというのは,プラス方向の変動性の典型例だろう。そのような変

動性は，顧客へのサービス提供の柔軟性という側面があり，新たなノウハウやイノベーションが生まれる源泉にもなりうるので，むやみに小さくしない方がいい。とくにグローバル化という点からすれば，現地のサービス提供者の方が現地の顧客のニーズを適切に把握して対応することができる可能性が高いので，ある程度の変動性は許容する方がいいのである。しかしながら，当然，サービス・コンセプトから逸脱するほどの変動性があってはならないので，許容しつつ統制するという微妙なさじ加減が必要となる。したがって，マイナス方向の変動性はなるべく抑制し，プラス方向の変動性は許容と統制を行うというのが，グローバル・マーケティングを実施する際の変動性への対処法の基本となる。この対処法によって，サービス企業はグローバル化する際にサービスの品質を一定に保ちながら，現地化を行うことができるようになるのである。

<変動性への対処法> 図9-3は，変動性に対処するためのステップを要約したものである。以下ではこの図に即して，変動性への対処法を説明していこう。

マイナスの変動性を抑制するための最も単純な方法は，優れた人

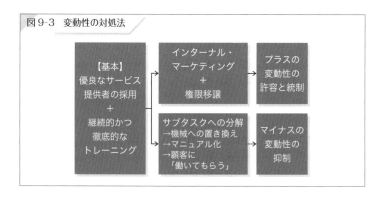

図9-3 変動性の対処法

Case ⑨　QBハウスのグローバル化 ●●●

　QBハウスは，キュービーネット株式会社が運営するヘアカット専門チェーンである。QBハウスは，低価格と，短時間，高利便性，ヘアカットのみ，予約なし，を「5つのお手軽さ」としてサービスの核に設定して躍進を続けてきた。具体的には駅の構内などの立地（高利便性）の店舗で1000円（税抜き）で，シャンプーもブローもせずにヘアカットのみのサービスを約10分間で提供するのである。これは既存の理容業にとっては破壊的なイノベーションであり，さまざまな逆風を受けながらQBハウスは成長を遂げてきた。

　そのQBハウスがサービスをグローバル展開したのは，2002年にシンガポールに進出したのがきっかけであった。その後も，多くの国々の有力企業と合弁で事業を展開する計画が進められ，グローバル化は順調に見えた。しかし，それらの計画がすべて白紙に戻るほどのグローバル化の厳しい洗礼が，QBハウスを待ち受けていた。当時，QBハウスはシンガポールで17店舗とマレーシアで5店舗を現地のマスター・フランチャイジーとともに経営していた。それらの店舗がある日一夜にして「EC HOUSE」に看板が架け替えられてしまったのである。当然，詐称通用訴訟（passing off action）を起こして争ったが，費やした時間と費用ほどの成果は得られなかった。その後，シンガポールでは「EC HOUSE」だけでなく，「QB CUT」や「GB home」といった模倣チェーンが乱立する事態となり，海外事業全体が危機に直面した。

　この時点でQBハウスは海外事業を撤退するかどうかという意思決定を迫られることになったが，捲土重来を期しビジネスモデルを一から考え直すことで海外事業を立て直すことになった。そもそもフランチャイズを用いて事業を他人任せにしたことを反省し，直営店で進出すること

材をサービス提供者として採用し，継続的かつ徹底的なトレーニングを課すことである。この方法が実施できる優良企業であれば，問題はプラス面の変動性を許容し統制することだけに集中すればよい。その最も一般的な方法は，インターナル・マーケティングと権限移譲の組合せである。**インターナル・マーケティング**とは，サービス

をめざすことにした。そのためには初期投資が高い店舗を最初から出店するのはリスクが高いと考え，小額の投資で進出可能な「QBシェル」を導入することにした（写真）。QBシェルは日本国内では法律上使用できなかった1人用のポータブル・ヘアカットボックスである。理美容師1人と1坪ほどの土地があれば営業でき，屋台の出店のようにイベント会場に設置したり，契約期間の隙間が発生したテナントに短期的に設置したりすることができた。QBシェルを利用することによって出店コストを大幅に抑えることができただけでなく，省スペースで設置できることによってスクラップ・アンド・ビルドが容易で，固定店舗を出店するための市場調査としての役割も果たしたのである。このQBシェルを足がかりに参入する戦略が功を奏し，シンガポールにおけるQBハウスは再び成長軌道に乗ったのである。

QBハウスのシェル型店舗（キュービーネット株式会社提供）

業固有の概念でサービス提供者に対するマーケティングを意味し，一般的な顧客に対するマーケティングを**エクスターナル・マーケティング**と呼んで対比して用いる。インターナル・マーケティングによって，サービス企業はサービス提供者に自社サービスの価値を理解してもらい，顧客に接する際によりよいサービスをコンセプト通

りに提供してもらうことができるようになるのである。

具体的なインターナル・マーケティングとしては，社内のサービス・コンテストなどがある。このようなコンテストによって，社内のサービス提供者のサービス向上のモチベーションを高めると同時に，自社がどのようなサービスを評価しているのかについての評価基準やサービス・コンセプトの見本例をサービス提供者に体験してもらうのである。

このインターナル・マーケティングを行いつつ，サービス提供者に権限を移譲することによって，変動性のプラスの側面を引き出すことができる。たとえば，世界中で高い評価を受けている高級ホテルのリッツ・カールトンでは，インターナル・マーケティングによって「リッツ・カールトン」のサービス・コンセプトを従業員1人ひとりに徹底的に理解させるとともに，顧客にホスピタリティを提供するためにすべての従業員に2000ドルの決済権限が与えられている。この組合せによって，従業員1人ひとりがリッツ・カールトンのコンセプトを体現したサービスを提供することができているのである。

しかしながら，現実のサービス業はリッツ・カールトンのような優良企業ばかりではない。サービス業の中には低賃金や長時間労働など労働環境がよくないために人材が集まらない業種もある。そのような業種では，サービス提供者の仕事に対するモチベーションが低いため，長期間にわたる厳格なトレーニングをサービス提供者に受けさせることが難しい。たとえ，企業がそのようなトレーニングを導入したいと思っても，離職率が高いため採算が合わないために実施できないということもある。このような状況では，有効なトレーニングが実施されない上に，採用できる人材の能力のばらつきが大きいため，マイナス面の変動性が強く出てしまう。とくにグロー

バル化に際しては、各国で標準的な国民が受けている教育水準にもばらつきがあったり、少しでも条件のいいところに転職することが当たり前だと考えていたり、日本国内よりも変動性が高くなる可能性が高い場合が多い。

　この場合の最も基本的な対処法は、サービス提供者のタスクをいくつかのサブ・タスクに分解した上で、なるべく機械などに置き換えられるものは置き換え、どうしてもサービス提供者が対応しなければならないところはなるべくマニュアルなどを作成し標準化するということである。たとえば、ファストフード・レストランでの支払いを食券販売機に置き換えたり、航空券の発券カウンターを機械で自動化したり、銀行の窓口業務をインターネット・バンキングのプログラムで代替したりすることは可能である。

　機械に置き換える以外にも、顧客に「働いてもらう」方法もありうる。たとえば、セルフサービスのファストフードは、サービス提供者が本来担うはずのサブ・タスクである配膳と片づけを顧客自身が代替していると考えるのである。これらのようにサービス提供者が行うサブ・タスクを減らすことによって変動性はある程度抑制できる。ただし、これらの方法は顧客にサービス提供の一部を負担してもらうという側面があるため、顧客が不満に感じていないかについては常に目配りする必要がある。

演習問題

9-1　身近にある具体的なサービス業の中で、グローバル化しているものとグローバル化していないものを3つずつ書き出してみよう。

9-2　9-1のサービス業がそれぞれなぜグローバル化しており、なぜグローバル化していないのかについて話し合ってみよう。

9-3 9-1と9-2で議論したグローバル化していないサービス業をグローバル化するための戦略を考えてみよう。

 文献ガイド

Lovelock, C. H. and Wirtz, J. (2007) *Services Marketing: People, Technology, Strategy,* 6th ed., Pearson Education.（武田玲子訳『ラブロック＆ウィルツのサービス・マーケティング』桐原書店，2008年）

川端基夫（2010）『日本企業の国際フランチャイジング――新興市場戦略としての可能性と課題』新評論。

第10章 小売業のグローバル・マーケティング戦略

消費者直接販売という特性をふまえた戦略

Introduction

　小売業のグローバル・マーケティング戦略は，小売が消費者に直接商品を販売するという特性をふまえて，配置課題（参入市場の選定と参入モードの選定）と調整課題（標準化／現地化と知識移転）を検討する必要がある。

　小売業にとっての製品は各自で開発する業態を意味する小売フォーマットである。そのため，参入市場の選定と参入モードの選定に際しても，小売フォーマットを移転する市場の選定と小売フォーマットを移転するモードの選定を行う必要がある。

　標準化／現地化に関しては，ポジショニング（製品コンセプト）を含めた4Pのうち，ポジショニングが小売フォーマットのコンセプトに，マーケティング・ミックスがフロント・システムとバック・システムのミックスに当たる。知識移転に関しては，フロント・システムに関する知識とバック・システムに関する知識に区分して各知識の特性に応じた移転を行う必要がある。

Keywords

小売フォーマット　　フロント・システム　　バック・システム
プッシュ要因　　プル要因　　グローバル・リテイラー　　カントリーリスク　　グローバル戦略グループ　　マルチナショナル戦略グループ

1 小売業のグローバル・マーケティング戦略とは
● メーカーとの特性の違いをふまえた配置と調整

小売業の事業活動グローバル化までの経緯

　小売業の事業活動のグローバル化は、メーカーに比べて遅れて開始された。日本企業を例にとれば、メーカーのグローバル化が本格化したのが1985年のプラザ合意以降であるのに対して、小売業のグローバル化が本格化したのは2000年代半ば以降である。

　小売業のグローバル化は、表10-1に示すように4段階を経て拡大してきた。第1段階は、第二次世界大戦以前の三越の植民地出店などから始まり、1970年代以降の第2段階では、72年伊勢丹シンガポール進出に見られるように、国内市場での地位向上に次ぐ戦略としての海外出店がなされた。本格的な海外進出は第3段階から始まり、1984年のイオンによるマレーシア進出以降の東南アジアでの展開に見られるように、人材やノウハウなども含む経営資源の国内からの支援を背景とした近接地域での店舗網構築が行われた。1990年代末以降の第4段階では、2000年代半ば以降のユニクロによるグローバル展開に見られるように、企業の中核戦略としてのグローバル展開も一部でなされてきている。

　進出する事業者数もメーカーと比べて少ない。進出先もメーカー

表 10-1 小売国際化の4段階

段 階	第1段階	第2段階	第3段階	第4段階
時 期	1960年代まで	1970年代以降	1980年代末以降	1990年代末以降
視 点	企業家的,個人的関わり	機会主義的	戦略的,一部機会主義的	戦略的,企業トップが強い関与
市場範囲	隣国植民地	機会がある国	大陸内	地球全体
企業内での位置づけ	限定的	国内市場での地位向上に次ぐ	国内からの支援を背景にした国際化	企業の中核戦略として
日本企業代表例	三越植民地出店	伊勢丹シンガポール出店	イオン東南アジア出店	ユニクログローバル旗艦店出店

(出所) Dawson and Mukoyama eds. (2013), p.18 の表に加筆修正。

が欧米先進国から新興市場まで広範囲にわたるのに対して、小売業では、日本企業が東アジアや東南アジア、ヨーロッパ企業が東欧や旧植民地、アメリカ企業が中南米といったように、地理的に近く、文化的に似ている地域への進出が大部分である。進出が遅れている主な理由は、メーカーが輸出から現地生産を経て現地販売というように、進出先の経済発展に伴う市場拡大に対応して、本社の関与の程度を段階的に高めていく進出が可能であることが多いのに対して、小売業は直接消費者に販売する事業であるために、進出当初から多様な文化や習慣を持つ現地の不特定多数の消費者と接触しなければならず、早期からきめ細かな現地適応を強いられることになるからである。

とくに、ハイパーマーケットなどの幅広いカテゴリーの商品を取り扱う**小売フォーマット**（企業独自の業態）を展開する場合には、バック・システムの効率化にはある程度の仕入規模の確保が不可欠となる。そのため、早期に標的市場を拡大し、多様な立地や階層へ現地適応することが必要になる。そして、進出国数が拡大すると、さらに多様な文化や習慣に直面することとなり、現地適応の必要度は

表 10-2 小売業のグローバル・マーケティングにおける配置と調整

配置課題	調整課題
①参入市場（国・小売フォーマット）の選定	①標準化／現地化（小売フォーマット・コンセプトを含むポジショニング，フロント・システムとバック・システムのミックス）
②小売フォーマット移転モードの選定	②知識移転（内容はメーカーと小売業では異なる）

（注）第1章で提示した枠組みに基づいて，メーカーとは異なる小売業の特性をふまえて，修正。

さらに高まっていく。

小売業のグローバル・マーケティング戦略とは

小売とは消費者に直接商品を販売することである。小売業のグローバル・マーケティング戦略はこうした特性をふまえて，表10-2が示すように，グローバル・マーケティングの課題である配置と調整を検討する必要がある（詳細は第1章参照）。

配置課題①「参入市場（国・製品）の選定」に関しては，国という意味では同じであるが，小売業にとっての製品（提供物）は小売業が各自で開発する業態を意味する小売フォーマットということになる。

配置課題②「参入モードの選定」に関しては，消費者に直接商品を販売するということを考えれば，メーカーが行う製品のみの輸出という方法は一般的ではなく，小売フォーマット移転モードの選定ということになる。

調整課題①「標準化／現地化」に関しては，ポジショニング（製品コンセプト）を含めた4Pのうち，ポジショニングが小売フォーマットのコンセプトに，マーケティング・ミックスが**フロント・システム**と**バック・システム**のミックスに当たる。

配置課題②「知識移転」に関しては，まず知識の内容が製造と小売では異なるので，小売フォーマットに関する知識の特性をふまえて，フロント・システムに関する知識とバック・システムに関する知識に区分しなければならない。その上で，各知識の特性に応じた移転を行う必要がある。

2 小売業のグローバル・マーケティングにおける配置戦略
●移転小売フォーマットと移転モードの選択

参入市場の選定

参入市場の選定においては，参入国と小売フォーマットが選定される。参入国の選定に関して詳細は第4章で述べた通りであるが，小売業の市場参入に際しては，政治的要因と文化的要因が相対的に強く影響を及ぼすので，留意すべきである。参入見込み国を選定する際の予備的スクリーニングにおいても，これらの要因を重視する必要がある。

政治的要因が重要であることは，小売業が消費者に直接商品を販売するサービス業としての特性（詳細は第9章を参照）を持つことや，古代から生業として活動を続けてきたという歴史的経緯をふまえれば，至極当然のことである。たとえば，インド市場のように政治的要因が強く関わる市場においては，小売規制が緩和されることを絶対的基準として，参入市場の選定のための予備的調査を継続的に行っている企業も多い。

メーカーの海外進出は，今後有望な新興市場の製造業発展を促進するためには不可欠であり，当初は現地企業との競合もほとんどないため，自国で生産した製品の販売も進出国の産業発展への貢献が明らかとなれば容認されやすい。

一方，小売業の海外進出は出身国における小売規制強化や市場飽

和といった**プッシュ要因**や，自国に比べて潜在的に高い魅力がある海外市場の開拓などの**プル要因**が主な動機である。そのため，多数存在する現地市場の競合他社から見れば，外国からの参入企業は邪魔者でしかなく，容認させることが難しい。かつての日本の大規模小売店舗法による商店街保護政策に見られたように，とくに流通近代化が相対的に遅れ，生業としての小売業が多く残っている諸国においては，この傾向が強くなる。

外資のみならず外資を模倣した近代的小売業態の展開自体が制限されたり，外資出資比率に上限が設定されたり，小売業態の存続に不可欠な売上規模確保ができないような出店数，売場面積，営業時間および取扱可能商品分野などの条件が課されたりする場合もある。市場選定に際しては，現在の法制度だけではなく，現場での運用実態をも左右する地方自治体の体制や，その変化を促す選挙結果などといった政治状況に関しても，詳細に検討する必要がある。

日本の場合は，高度成長期を経て流通近代化が進み，1990年代の日米構造協議を通じて規制緩和が実行された。このように，中間層が形成され，流通近代化が進み，生業の小売業が減少してくると，規制が緩和され，現地に競合業者が存在しない商品を主に取り扱う小売業態から参入が許されることが多くなる。

規制緩和のタイミングを予想することは困難である。その一方で，1990年代以降，積極的に海外進出を行ってきたウォルマートやカルフールといった**グローバル・リテイラー**は，出身国政府とともに雇用創出，小売近代化促進および社会貢献活動の提供といったメリットを強調する取り組みを行ってきた。マクロ環境自体は本来所与のものであるが，こうした環境自体の変化に働きかけるための取り組みも，場合によっては有効となる。

文化的要因の重要性の高さも，メーカーと比べて不特定多数の消

表 10-3 2014 年度世界小売売上高ランキング

順位	名称	出身国	グループ売上総額	海外売上比率	国数	地域欧州	北米	アジア	中南米	アフリカ	オーストラリア
1	ウォルマート	米	485,651	28.30%	28	1	2	3	10	12	0
2	コストコ	米	112,640	28.60%	9	2	2	3	1	0	1
3	クローガー	米	108,465	0.00%	1	0	1	0	0	0	0
4	シュバルツ	独	102,694	59.20%	26	26	0	0	0	0	0
5	テスコ	英	99,713	30.00%	13	8	0	5	0	0	0
6	カルフール	仏	98,497	52.70%	34	12	0	17	2	3	0
7	アルディ	独	86,470	57.10%	17	16	0	0	0	0	1
8	メトロ	独	85,570	59.30%	30	25	0	5	0	0	0
9	ホームデポ	米	83,176	10.80%	3	0	2	0	1	0	0
10	ウォルグリーン	米	76,392	1.50%	2	2	0	0	0	0	0

（注）グループ売上総額の単位は 100 万 US ドルである。
（出所）『Stores』誌（イギリス）の提供するデータと各社が提供する情報に基づいて作成。

費者への対応が必要なことを考えれば，当然のことである。文化は，地理的に近ければ影響を相互に及ぼし合う傾向にある。そのため，日本の小売業の進出先の多くが地理的に近く文化的に類似したアジア諸国であることからもわかるように，文化的要因と地理的要因は同時に検討されることも多い。

　表10-3が示すように，世界小売業売上高ランキングの上位企業を見ても，海外売比率が5割以上のシュバルツ，カルフール，アルディ，メトロは進出先の大部分が地理的に近いヨーロッパである。アメリカ出身の上位2社のうち，ウォルマートのヨーロッパにおける進出国は，文化的に類似した旧宗主国のイギリスのみである。もう1社のアメリカ出身企業であるコストコも，旧宗主国であるイギリスと，すでに出店経験がありノウハウを蓄積している中南米の旧宗主国スペインの2カ国のみに進出している。

なお，日本出身企業では，前出の表10-1でも海外進出の代表事例として取り上げた，海外展開に積極的なイオンが世界16位に入っている。しかし，進出した11カ国はすべてアジアである。

小売フォーマット移転モードの選定

[小売フォーマット移転モードの概要]

小売フォーマット移転モードは，第5章で示したメーカーの参入モードのうち輸出を除いた，ノウハウの提供（ライセンシング，フランチャイジングおよび契約生産）と直接投資（ジョイント・ベンチャーと完全所有子会社）の2つに分けられる。

[ノウハウの提供]

ノウハウの提供はその内容によって異なり，進出側の本部が何を管理するのかという観点で，図10-1のように分けられる。

図10-1は，アパレル産業において川下支配度と組織統合度の高低に応じて，参入モードが異なることを示している。本部がブランドのみを提供するライセンシング（詳細は第5章の**Case**⑤参照）が用いられるケースから，特約店（代理店）契約，フランチャイジングと徐々に提供の幅が広がり，運営委託契約では，本部がブランド，商品供給，ビジネスモデル構築，店舗コンセプト策定，販売ノウハウ提供および在庫調整の権限まで有している。

なお，メーカーでは一般的に用いられる契約生産は，小売フォーマット移転モードの選定に際して従来はそれほど採用されてこなかった。しかし，セブンプレミアムがセブン-イレブンにおいて競争力の源泉となっているように，プライベート・ブランド商品は小売業の海外店舗においても競争力の源泉として重要性を高めている。契約生産はプライベート・ブランドの調達に強く関連するモードであり，近年，小売業にとっても重要性を高めてきているといえる。

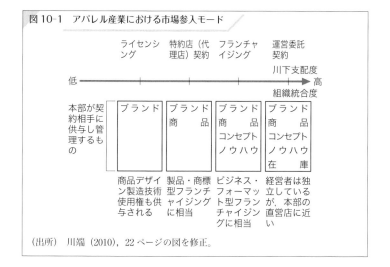

(出所) 川端 (2010), 22ページの図を修正。

[直接投資]

　直接投資はパートナーの有無によってジョイント・ベンチャーと完全所有子会社に区分できる。とくに, 参入規制緩和当初にはジョイント・ベンチャーの選択を強いられる場合が多い。

　ジョイント・ベンチャーにおいて, 現地パートナーの選択が参入の成否を左右することはメーカーの場合と同様であるが, 小売業のジョイント・ベンチャーの場合, 自社の移転する小売フォーマットを現地で運営するための経営資源を現地で確保できるかという観点が重要である。

　MUJI ブランド販売店の海外展開を積極的に行ってきた良品計画は, 2015年のインド進出にあたって, 12年の規制緩和により100％出資での進出が可能であったにもかかわらず, 小売フォーマットの移転に必要な経営資源を豊富に有すると考えられる現地の3大財閥であるリライアンスをパートナーとするジョイント・ベンチャ

ーという参入モードを選択した。

カントリー・リスクが相対的に高い新興市場が主要進出先となる状況においては，ジョイント・ベンチャーという参入モードは小売フォーマット移転の初期段階において，今後も重要な選択肢であり続けると考えられる。このことは，世界最大の売上高を誇るウォルマートが，100％出資可能な場合であっても，新興市場進出に際してはジョイント・ベンチャーをあえて選択し，各市場の世論から反発が起こりづらいタイミングを見て100％子会社に移行するという参入モード選択パターンを確立したことからも明らかである（丸谷2013）。

完全所有子会社による進出は，現地企業を買収する方式と，ゼロから会社を立ち上げるグリーン・フィールド型といわれる方式に分けられる。

消費者との接点である店舗立地は，直接消費者に販売する小売業にとっては決定的に重要な要因である。現地企業が好立地を確保している可能性が高く，外資が好立地を後から獲得するのは容易ではない。そのため，ラグジュアリー・ブランドなどブランド力が際立って高く，ショッピング・モールなどから必ず好立地を提供されるといった条件がない場合には，現地企業を買収する方式が有力な選択肢となる。

とくにウォルマート，カルフール，アホールドなどといった，現地化を重視するマルチナショナル戦略を展開するグループでは，展開するハイパーマーケットやスーパーマーケットといった小売フォーマット自体が好立地であることが不可欠な要因であることに加えて，多店舗展開による低価格大量販売が現地小売業との差別化を左右する重要な要因ともなるため，買収を選択する場合が多い。

3 小売業のグローバル・マーケティングにおける調整戦略

● 小売業の標準化／現地化と知識移転

標準化／現地化

[標準化／現地化の概要]

　標準化／現地化はポジショニング（小売フォーマットのコンセプト）と小売フォーマットを構成するフロント・システムとバック・システムにおいて行われる。

　図10-2のように、フロント・システムは小売ミックスと店舗ネットワークとして表現される。コンビニエンス・ストアを例にあげれば、小売ミックスは、幅広いカテゴリーの商品の品揃え、陳列の工夫による楽しい買い物環境、公共料金の支払いなどのサービス、近所という立地、おおむねメーカー希望小売価格での商品提供などになる。店舗ネットワークは、ドミナント出店による多店舗展開、フランチャイジー各店に定期的に派遣されるOFC（オペレーション・フィールド・カウンセラー）などのスーパーバイザーになる。

　バック・システムは小売サプライチェーン、店頭の小売業務、組織として表現される。コンビニエンス・ストアを例にあげれば、小売サプライチェーンは、POS（販売時点情報管理）システムで把握された店頭情報に基づいて行われる高精度な発注によって可能となった、多頻度小口配送システムということになる。店頭の小売業務は、商品陳列、商品発注などの小売技術、ゴンドラと呼ばれる陳列棚の配置方法、店頭売れ筋、天候および近所の情報に気を配った発注のノウハウなどである。これらの業務に関する詳細が示されたマニュアルは存在するが、マニュアルに沿った業務経験に基づく各店舗独自のノウハウが、各店舗の業績を左右するともいわれる。組織は、窓口問屋制に代表される卸売との関係や、メーカーとの共同開発を

図 10-2　小売フォーマット

フロント・システム
- 小売ミックス
- 店舗ネットワーク

バック・システム
- 小売サプライチェーン
- 店頭の小売業務
- 組織

(出所)　東 (2014), 57 ページを一部修正。

行うチーム・マーチャンダイジングの組織などである。

[ポジショニングの標準化／現地化の調整]

　本国で採用した方法を参入市場でも完全に複製する戦略である標準化や，参入市場に個別に適応する戦略である現地化のどちらかのみを採用する小売業は存在しない。しかし，各企業は標準化と現地化の程度を常に意識しており，どちらを重視するかという点でポジショニング戦略を決定する。

　標準化を重視するポジショニングを採用する企業のグループは，**グローバル戦略グループ**と呼ばれる。このグループに含まれる企業は品揃えのカテゴリーが限定される専門業態を中心に展開する小売業であり，グローバル・リテイラーとも呼ばれる。

　代表的な企業としては，スウェーデンの家具小売業イケア，スペインの ZARA（第 4 章の **Case** ④）などを展開するアパレル小売業インディテックス，フランスのラグジュアリー・ブランドを多数展開する LVMH などがあげられる。これらの企業は自国市場で採用したポジショニングをなるべく変更せず，小売フォーマットも現地化を最低限度に抑えることによって，迅速な店舗展開を重視する傾向がある。

　たとえば，イケアはセルフ組立方式の北欧家具の製造小売業というコンセプトに標準化したポジショニング戦略を採用し，国旗をモ

チーフにしたカラーリングの外観にスウェーデン料理を提供するカフェテリアを組み入れた店舗を中心に，2015年8月現在28カ国328店舗を展開している。

現地化戦略を重視するポジショニングを採用する企業のグループは，**マルチナショナル戦略グループ**と呼ばれる。このグループに含まれる企業は，品揃えのカテゴリーが相対的に広い総合業態を中心に展開する小売業であり，マルチナショナル・リテイラーとも呼ばれる。

代表的な企業としては，アメリカのウォルマート，フランスのカルフール，オランダのアホールドなどといった食品と非食品双方を取り扱うハイパーマーケットなどを展開する狭義のグローバル・リテイラーがあげられる。さらに，香港出身のデイリーファーム，タイ出身のCPグループ，チリ出身のセンコスッドおよびファラベラ，南アフリカ出身のショップライトおよびピックアンドペイのように，東南アジア，南米およびアフリカといった特定地域の域内先進諸国出身企業が特定地域において事業を展開するリージョナル・リテイラーもあげられる。

これらの企業は自国市場で採用したポジショニングを柔軟に変更し，小売フォーマットも柔軟に現地市場に合わせることで，各国市場において売上規模を確保することを重視する傾向にある。そのため，現地企業を買収するケースも多く，また現地企業が保有する小売フォーマットを尊重するケースも多い。

オランダのアホールド社はアメリカ市場に多く店舗を展開し，2015年にアメリカ市場に同様に多く店舗を展開するベルギーのデレーズ・グループと合併し，アホールド・デレーズとなった。両社とも以前から食品スーパーなどの買収や売却を繰り返してきており，今後も買収した企業の展開するチェーンの名称や各チェーンのフロ

ント・システムを維持し，相対的に自主性を尊重しながらバック・システムの統合・調整を行いつつ，緩やかな連携をめざすと見られる。

[小売フォーマットの現地化／標準化]

フロント・システムは消費者に近く見えやすいので現地化し，バック・システムは消費者から遠く違いが少ないので標準化することが基本となる。

(1) **フロント・システムの標準化／現地化**　フロント・システムの標準化／現地化の調整に関しては，現地向けにアレンジする現地化の程度が強くなる傾向にある。しかし，システム自体が店頭で目に見えやすいため，現地の競合他社が模倣することが多い。そのため，自社のグローバル・マーケティング戦略全体をふまえた上で，どの部分をどの程度現地化するのかを継続的に検討する必要がある。

ファミリーマートは現地化を積極的に推し進めるため，従来は現地企業に資本の過半数を持たせる方針をとりつつ，国際展開してきた。フロント・システムにおいても，現地化を進めている。台湾や中国上海などの都市部においては，品揃えする商品の価格に対して賃料が高いため，標準店舗自体を小型に設定した。そして台湾では市場の成熟化をふまえて，2010年以降，外食市場を取り込むために，中食を強化したイートイン併設型店舗への転換を進め，16年までに2985店舗の大部分を転換させる予定である（鍾 2015，148ページ）。2012年進出のインドネシア，13年進出のフィリピンにおいても，イートイン併設型店舗による店舗展開を加速している。

(2) **バック・システムの標準化／現地化**　バック・システムの標準化／現地化に関しては，システム自体が見えづらく，模倣されにくいため，ある程度，持続的な差別化要因となりうる。したがって，買い手には関係なく，配置可能ということもふまえて，配置段階か

ら中長期の視点で，ある程度標準化された戦略を構築していく必要がある。

　百円均一店を展開するダイソーは 2001 年から海外展開を開始し，2016 年 3 月現在国内 3000 店舗，海外 26 カ国 1500 店舗を展開している。同社は取扱商品の 5 万アイテムのうち 99％ が自社開発によるプライベート・ブランドであり，45 カ国 1400 社の開発パートナーとともに日々改良を続けている。品質に厳しいといわれる日本市場のスタッフを中心に開発された高品質の商品を中核としつつも，アメリカ市場などでは専用品のウェイトを高めるなどの工夫を行いながら，なるべく安価な均一価格で提供するための取り組みを続けている。近年では進出当初から倉庫に多額の投資を行うことなどにより，サプライチェーンの構築に向けた投資を積極的に行うようになっている。

　ちなみに，均一価格は 2016 年 3 月現在アメリカでは 1.5 US ドル（約 171 円），中国では 10 元（約 175 円），タイでは 60 バーツ（約 194 円），ブラジルでは 6.99 レアル（約 222 円），オーストラリアでは 2.8 オーストラリア・ドル（約 241 円）など，日本より割高に設定されており，サプライチェーンの改善をさらに進めることができれば，よりいっそうの収益の改善が期待できる。

知識移転　［小売業の国際知識移転進展の経緯］
　小売業の国際知識移転は，1980 年代までは革新的な業態・技術を持つ先進企業から後発国へそのまま移転されるという，一方的な移転が中心であった。1950 年代まではシアーズなどのように，本国の本社と海外の支社の間での百貨店の運営技法の移転などが行われていた。1960 年代以降にはセブン-イレブンを運営していたサウスランド社に見られるように，他社との間でのノウハウの提供や直接投資など多様なモードを用いた移転が行わ

れるようになり，移転されるフォーマットや技術も多様化した。

1990年代以降には，進出元企業が進出先市場から学んだ知識を本国市場にフィードバックするといった，双方向の知識移転も多く見られるようになった（川端 2012, 105ページ）。

2000年代以降には，ウォルマートなど一部の知識移転に積極的な企業が組織の多階層化を行い，知識移転をよりきめ細かく行うための体制整備がなされ，知識移転のためのメカニズムが構築されてきている（**Case ⑩**参照）。

[小売業の知識移転]

フロント・システムに関する知識は，小売ミックスと店舗ネットワークで構成される。これらの知識は，バック・システムの知識に比べてマニュアル等による形式知化が容易で，観察によって理解しやすく，単純であり，事業システムに対する依存性はないので，模倣が容易である（矢作 2011, 22ページ）。そのため，進出元企業からの情報提供，進出元での現地研修および進出先での経営指導などを通じて従来からバック・システムに関する知識移転に先んじて行われてきた。

こうした知識の移転は，近年のICTの世界的な普及やグローバルな人材の活発な移動などによって加速し，移転する知識内容も詳細かつわかりやすく，形式知化された内容となっている。知識の移転が進出元から公式のルートを通じてなされても，このように形式知化された知識は，競合他社へも拡散しやすい。そのため，その価値は短期的にしか持続しなくなってきている。

バック・システムに関する知識の移転は小売サプライチェーン，店頭の小売業務，組織に関するものである。これらの知識はフロント・システムの知識に比べて，組織外部からの観察では特定が困難な要素が数多くある。さらに，店舗運営，商品調達，商品供給とい

表 10-4 小売フォーマットにおける知識移転と知識創造

	目的	具体的内容	必要とされる方策
第1段階	知識の共有	小売フォーマットの各要素の理解	公式ルートを通じた質の高いコミュニケーション方式の採用と体制整備
		相互依存する各要素の関係の理解	公式ルートを通じた質の高いコミュニケーション方式の採用と体制整備
第2段階	各市場への知識移転	知識が有効に左右する前提となるコンテクストの理解	公式ルートを通じた質の高いコミュニケーション方式の採用と体制整備
		各市場のコンテクストの理解	各市場のコンテクストの相違を分析する手法の確立
		移転する知識の選別	移転する知識の選別手法の確立
		移転知識の現地化	移転知識の現地化手法の確立
第3段階	知識創造	知識移転における試行錯誤	現地市場仕様の知識体系の構築
		知識移転の知識創造	多様な市場での知識移転における試行錯誤経験の蓄積

(出所) 川端 (2005), 矢作 (2011), 川端 (2011) などを参考に作成。

った要素間の因果関係を特定しにくい複雑な相互関連性があり (矢作 2011, 24 ページ), その価値は中長期にわたって持続できる。

知識移転に際しては, 上記のような特性ゆえに要素間の因果関係を特定しながら複雑な相互関連性が理解される必要がある。そのため, 公式ルートを通じた質の高いコミュニケーション方式の採用が必要となる。また, 移転は体系的に行われる必要があり, 体制整備が不可欠となる。

各市場への知識移転に際しては, 移転する知識が有効に作用する前提となるコンテクスト (地域の共通文脈) の共通理解を前提として, 移転元市場のコンテクストと移転先の各市場のコンテクストの相違

Case ⑩ ウォルマートによる知識移転メカニズムの構築

ウォルマートは，1991年の合弁によるメキシコ進出2年後の93年に国際部門を構築した後，2006年までの試行錯誤の期間を経て新興市場重視の方針を明確にし，組織の多階層化を進めてきた。図10-3は，多階層化を進めるウォルマートの組織の概要である。

国際化が先行的に進むメキシコおよび中米地峡市場における知識移転の経路はアメリカ本社，国際部門，ラテンアメリカを統括するウォルマート・ラテンアメリカ，メキシコと中米地峡諸国を統括するメキシコ・中米，中米地峡諸国をまとめる存在としてのコスタリカ，コスタリカ以外の中米地峡諸国の5階層によって構成されている。

ウォルマートは，2005年に中米地峡諸国（グアテマラ，エルサルバドル，ホンジュラス，ニカラグア，コスタリカ）5カ国に幅広く店舗展開する現地企業であるCARHCO社の株式の3分の1を買い取り，合弁という形態で参入した。しかし，翌年には株式を51％まで買い増し経営主導権を握り，2009年には全株式を買収し完全子会社化した。同社はCARHCO社の完全所有子会社化にあたり，メキシコと中米地峡諸国との地理的・文化的近似性を重視して，ウォルマート本社ではなく，同社のメキシコ子会社であったウォルマート・デ・メヒコ社がCARHCO社を買収するという参入モードを選択し，買収後2社を統合した（図10-3の「メキシコ・中米」のこと）。統合したウォルマート・メキシコ中米子会社を管理するにあたり，メキシコと中米地峡諸国は別部門とした。

ウォルマート・メキシコ中米子会社は，発足当初前メキシコ子会社出身の役員の下，中米地峡諸国5カ国の担当部門は対等の立場とし，メキシコから中米地峡諸国への知識移転や各国の有する知識の共有を行った。知識移転は，定期的に開催される会議によってなされた。

知識の移転や共有が進む中で，コスタリカ市場が行ってきた生鮮食品を含む幅広いプライベート・ブランドの展開，高い教育水準に基づいて輩出される優秀な人材の蓄積など，その他の中米地峡諸国市場に対する先進性が高く評価されるようになった。そのため，同社はコスタリカ担当部門に，その他の4カ国に対して1段階上位の中米本部機能を与え，

メキシコも含む月1回の会議に加えて、コスタリカ主導の中米地峡諸国担当者の定期会議を金曜1回から火曜金曜2回に増やし、参加者も柔軟に増加させるなど、2013年にはその他の4カ国への知識移転をより迅速に展開できる体制を構築した。

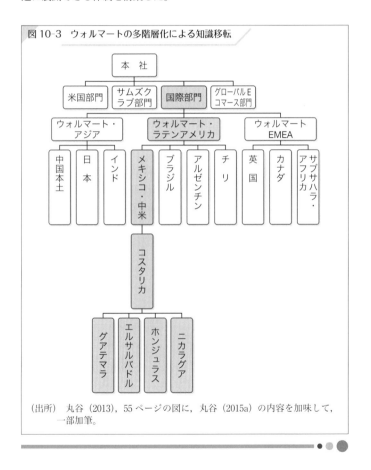

図10-3 ウォルマートの多階層化による知識移転

（出所）丸谷（2013），55ページの図に，丸谷（2015a）の内容を加味して，一部加筆。

第10章 小売業のグローバル・マーケティング戦略 245

をしっかりと分析する必要がある。そして、移転する知識を選別し、移転する際に試行錯誤を繰り返しながら、コンテクストに応じた現地適応を行っていかなければならない。

試行錯誤の結果、各市場においてアレンジされた現地市場仕様の知識体系が構築されることになり、そのことが各市場における小売業の競争力の源泉となる。

多様なコンテクストにおける経験は、海外市場への知識移転、各市場間コンテクストの相違の分析、コンテクストの相違に応じた知識の選別および選別された知識の移転に関するノウハウなどの知識を蓄積することにつながる。

上記の議論をまとめると、表10-4のようになる。表10-4によれば、小売知識の移転は知識の共有、各市場への知識移転および知識創造の3つの段階に分けられる。各段階においては、目的に応じた知識移転の具体的内容と必要とされる方策がある。

たとえば、コンビニエンス・ストアのケースを考えてみよう。第1段階では、知識の共有を目的として、具体的内容であるフランチャイザーが提供する小売フォーマットの理解を促進するために、研修やOFCによるコンサルティングといった公式ルートを通じたコミュニケーションが重要となる。第2段階では、各市場への知識移転を目的として、具体的内容である、マニュアルや研修を現地市場へ向けて修正するための移転知識の現地化手法の確立が重要となる。第3段階では、知識創造を目的として、アジア、中南米といった多様な市場へ知識を移転した経験から知識移転の知識を創造するために、アジアや中南米といった従来の進出市場とは異なるコンテクストを有する多様な市場への知識移転における試行錯誤経験の蓄積が重要となる。

演習問題

10-1 グローバルな事業展開に積極的な小売業とメーカーを各1社取り上げて比較しながら、小売業とメーカーのグローバル・マーケティングの特徴の相違を考えてみよう。

10-2 グローバル戦略グループとマルチナショナル戦略グループの企業を各1社取り上げて、各グループのポジショニング戦略の具体的な相違を考えてみよう。

10-3 小売業が海外に移転する知識を1つ取り上げ、移転される知識の内容をふまえて、移転する際に留意すべき工夫を具体的に考えてみよう。

文献ガイド

青木均(2008)『小売業態の国際移転の研究――国際移転に伴う小売業態の変容』成文堂。

川端庸子(2012)『小売業の国際電子商品調達――ウォルマート、アジェントリクス、シジシーの事例を中心に』同文舘出版。

丸谷雄一郎(2013)『ウォルマートのグローバル・マーケティング戦略』創成社。

矢作敏行(2007)『小売国際化プロセス――理論とケースで考える』有斐閣。

Dawson, J. and Mukoyama, M. eds., (2013) *Global Strategies in Retailing Asian and European Experiences,* Routledge.(向山雅夫＝J. Dawson 編著『グローバル・ポートフォリオ戦略――先端小売企業の軌跡』千倉書房、2015年)

第11章 国家ブランドとしてのクールジャパン

日本を世界に発信する

Introduction

　主に企業を対象とするマーケティングであるが，国家自体をマーケティングしていくことも可能である。トヨタやソニーの価値が高まると，カローラやウォークマンが世界で売れたように，「日本」という国自体の価値が高まると，日本の多くの製品・サービスが世界から受容される可能性が高くなる。とくに，近年は，日本製のアニメやマンガなどの世界における流行の影響を受けて，クールジャパンという用語のもと，日本ブランドが注目されているといわれる。

　本章では，クールジャパンといわれる日本ブランドの価値を高めていくために，どのようなグローバル・マーケティング戦略を展開していけばよいかを議論する。まず地域ブランド研究，COO（原産国）効果研究，産業クラスター研究などの理論研究を取り上げ，さらに実際の多くの企業事例を分析することによって，1つの方向性を示したい。

Keywords

国家ブランド　　産業クラスター　　地域ブランド　　アクター　　COO（原産国）効果　　ダイヤモンド・モデル　　クールジャパン　　GNC　　和魂漢才・和魂洋才　　甘え志向　　集散地

　グローバル・マーケティングの中心的主体は企業なので，これまでメーカーやサービス業，小売業を念頭にグローバル・マーケティングを分析してきた。そのような中，近年の世界におけるクールジャパンの流行や，2020年東京五輪を見据えてのインバウンド消費の拡大など，日本という「国」自体をグローバルにマーケティングする要請も高まっている。そこで本章では，**国家ブランド**としてクールジャパンを取り上げ，国家をグローバルにマーケティングすることを分析する。

　以下では，まず，国をマーケティングすることの意義を問い，次に，関連研究としての地域ブランド論，地域クラスター論から理論的枠組み，および戦略的方向性を提示する。そして最後に，クールジャパンという1つの国家ブランド戦略を検討する。

1　「国」をマーケティングするとは
●国の価値を高めることが基本

　「国」をマーケティングするということは，海外のターゲット顧客に対して，「国」を売って行くということである。これまでの研究では，海外の観光客をターゲットとした観光マーケティングと，海外の企業をターゲットとした投資マーケティングが代表的である。

**観光マーケティングと
インバウンド消費**

観光（Tourism）マーケティングの始まりは，欧米では1960年代後半からといわれている。自らの地域を観光客の目的地（Destination）にすることが重要な課題であったため，目的地ブランディング（Destination Branding）という用語のもと，市区町村から国までの地域の魅力をいかに効果的に伝えるかの研究がなされてきた。

日本の観光マーケティングに関しては，近年，インバウンド消費（訪日外国人による日本国内での消費）がキーワードである。2013年7月に東南アジアの複数国に対して訪日ビザが緩和され（タイとマレーシアは免除，インドネシアは数次ビザの滞在期間を延長，ベトナムとフィリピンは数次化），イスラム教徒をはじめとして多くの東南アジアの観光客が増大した。また，近年，中国人旅行者にとって，日本は「爆買い」の格好の目的地となっており，そのようなものも含め，2016年の訪日外国人数は，14年の1341万3000人，15年の1973万7000人から2000万人を超えるまでへと大幅に拡大している（日本政府観光局〔JNTO〕ホームページ）。

近年，観光マーケティングでは，主に都会にある出発地の旅行会社が企画して参加者を目的地へ連れて行く従来の「発地型観光」に対して，観光客の受け入れ先が地元ならではのプログラムを企画し，参加者が現地集合，現地解散する新しい観光の形態である「着地型観光」が注目されている。その意味では，外国人旅行者の受け入れに関しても，地元としての日本ならではの企画の提供が，これからの観光マーケティングには重要になってくると考えられる。

**投資マーケティングと
産業クラスター**

アジア諸国などでは，外資企業受け入れのための工業団地を造成し，そこでは法人税・関税や土地使用権料の減免などの優遇

措置をとって外資企業を誘致している（第2章48ページの「保税加工制度」も参照）。それらは外資の投資先として，国を販売・プロモーションしているといえるため，投資マーケティングということができる。

　発展途上国ではよく見られる国家戦略であるが，中国・北京の中関村科技園区は，単なる工業団地を超えて，米シリコンバレーのような**産業クラスター**（産業集積）をめざしているように，一段上の競争力をつくることも可能である。実際，中関村科技園区は，外資にとっては，北京大学や清華大学をはじめとする多くの優秀な人材に加え，政府によるベンチャー・キャピタル誘導資金などの資本，情報環境や居住環境のすぐれた施設，上で見た各種減免措置があり，非常に魅力的な進出先になっている。その結果，グーグルやマイクロソフト，シーメンスやノキア，パナソニックやNTTデータなどが進出し，また北大方正や清華同方，百度（バイドゥ）やレノボなどの中国ICT企業も軒を連ね，それがまた多くの企業を呼び寄せる誘因となり，今後も好循環が期待できる。

　日本がこのような投資進出先として外資に売り込むことは少ないが，アニメのクラスターとしての東京・JR中央線沿線（中野，阿佐ヶ谷，高円寺など）を，そのような投資マーケティングの進出先にすることなどは，今後検討すべき課題である。

2　国家ブランド戦略の枠組み
　　　　　　●**地域ブランド，COO，産業クラスター**

　多くの観光客を誘致し，また多くの外資企業に投資してもらうためには，国としての競争力や魅力度をあげていくことが必要であり，その1つの重要な方策が国家ブランド戦略である。以下では，まず，

①地域ブランド戦略の考え方を援用して国家ブランド戦略の枠組みを提示し，続いて，②地域に関する2つの重要研究（COO効果研究とポーターのダイヤモンド・モデル）の分析から，1つの戦略的方向性を提案する。

地域ブランドをいかにつくるか

国家ブランドに関する研究はまだまだ少ないが，地域（市区町村から国まで）に関するブランド論である地域ブランド戦略の枠組みは，大変参考になる。

地域ブランド戦略（Place Branding）とは，コカ・コーラからBMWまで，製品では普通の製品ブランド戦略を地域（Place）のブランド化に応用するものであるが（日本では「地域ブランド」というが，欧米では「Place Branding」が一般的である），製品ブランド戦略よりはるかに難しい。たとえば，2010年に遷都1300年祭で賑わった奈良の地域ブランド戦略を考えた場合，奈良県でブランドをつくるのか，奈良市でつくるのか，また奈良町でつくるのかなど，まずゾーニング（ブランドをつくる対象地域）の問題に直面する。仮に奈良市でブランドをつくると決めたとしても，次には誰がやるのかという**アクター**（ブランドをつくる主体）が問題になる。市役所か，市の商工会か，東大寺など寺社か，市民のNPOか，等々である。それに対し，製品ブランドを考えた場合，花王「アジエンス」なら，対象は「アジエンス」，主体も「アジエンス」のブランド・マネジャーと，ともに最初から決まっているのである。この違いを表すと，図11-1のようになる。

図にあるように，製品（企業）ブランドであれば，上記「アジエンス」のようにゾーニングもアクターも決まっているので，やるべきことは，③コンセプトをしっかり創り（たとえば，Asian Beauty），④コミュニケーションで伝えていく（たとえば，チャン・ツィイーの

図 11-1 製品（企業）ブランドと地域ブランドの違い

	製品（企業）ブランド	地域ブランド
①アクター	−	○
②ゾーニング	−	○
③コンセプト	○	○
④コミュニケーション	○	○

①→組織論
②③→ブランドを創って（戦略論）
④→伝える

（出所）原田・三浦（2011），13ページを一部修正。

黒髪や，東南アジアの寺院の色に見られるゴールドのパッケージ・カラー）ことになる（企業ブランドの場合もほぼ同様）。

一方，地域ブランドでは，さらに加えて，②ゾーニング（対象地域のゾーニング）と，①アクター（実行する主体）も考えなければならない。図 11-1 に示したように，地域ブランドでは，戦略論が拡大され（②ゾーニング，の追加），組織論も導入（①アクター，の追加）されているため，その点を頭に入れて戦略策定することが重要である。

国家ブランドの登場

上記のように地域ブランドはまずゾーニングから始まるが，ゾーニングの仕方によって，国のブランディング（Nation Branding），地域のブランディング（Region Branding），市のブランディング（City Branding）の3つに分けられる。

もともとは地域（Region）のブランディング研究が多かったが，近年の国のブランディングへの注目は，イギリスに始まる。1970,80年代の停滞や混乱の時代の後，90年代のイギリスにおいて，音楽，美術，ファッションなどの先端的文化が次々と生まれたことを背景に，1997年に44歳のトニー・ブレア首相の労働党新政権が生

まれる中,「クール・ブリタニア (Cool Britannia)」という用語が一世を風靡した(愛国歌「ルール・ブリタニア〔Rule, Britannia〕」とかけた言葉といわれる)。

このように,近年注目を集めている国家ブランドであるが,その研究はまだ緒についたばかりで,①研究史が浅い,②国家ブランドは高度に政治的行為である,③国家イメージは製品ブランド・イメージのように一言で表すのが難しく複雑である,などの理由から理論化が遅れている。

ただ,基本は地域ブランド戦略と同様の枠組み(図11-1参照)に依拠すると考えられ,そのうち,②ゾーニングは「国全体」で議論の余地がないので,残る①アクター,③コンセプト,④コミュニケーションの戦略を考えることになる。

国家ブランドを方向づける2つの重要研究

国家ブランドの戦略を方向づける重要研究としては,国ごとの原産国イメージを分析したCOO効果研究と,国の競争力の要因を分析したポーターのダイヤモンド・モデルがある。

[COO効果研究と日本のCOOイメージ]

COO効果とは,COO (Country of Origin;原産国) が消費者の製品評価に与える影響のことである。これを分析することによって,世界の消費者の各国への態度・評価が明らかになる(第6章参照)。

COO効果研究は,1960年代に始まった。1980年代初頭のレビュー研究によれば,当時は,①国の発展度合いによる違い(先進国の方が発展途上国より評価が高い,など),②人口統計学的要因(年齢など)やパーソナリティ要因(保守主義など)による違い,などが研究されていた。1990年代には,国際的な分業の進展のもと,COA (Conutry of Assembly;最終組立国), COP (Country of Parts;部品生産国), COD (Conuntry of Design;デザイン国), COB (Country of Brand;

ブランドの原産国), COM (Conuntry of Manufacturing；製造国) など, COO 以外の関係国も製品評価に影響を与えるようになった (朴 2012)。2000年代のテーマとしては, ①COO とブランド (ブランド構築における COO の価値, など), ②COO と PLC (COO は一般に PLC の導入期で利用, など), ③COO と人口統計学 (性別・年齢・学歴別の COO 効果の違い, など), などが研究されている。

第6章でも述べたように, 日本の COO イメージは, いまでこそ高品質イメージが強いが, 1950, 60年代は, 敗戦国の日本製品は cheap (安物) と捉えられていた。日本製品とイタリア製品を比較した研究 (1966年) によると, 情緒的なイメージが重視されるファッションだけでなく, 機能的な機械製品においても, 日本の COO イメージはイタリアよりも劣っていた。ただ, その後の高度成長期の中で, 日本の車や家電のメーカーの努力によって, 日本の COO イメージは大きく改善していく。

第6章の表6-4 (154ページ) で見たのは, ヨーロッパ6カ国 (英・独・仏・伊・西・蘭) の消費者に対し, これら6カ国に日米とスウェーデンを加えた9カ国の COO イメージについて調査したものであった。そこでの結果は, 調査時点 (1992年) では, 日本の COO イメージは, 高品質な機械モノ (TV, 写真フィルム, 車など思考型製品) に強く, 一方, ファッショナブルさはないために感情型製品 (紳士服, 化粧品) では弱いことを示していた。ただ, その後, ポケモンやジブリ作品, ワンピースやナルトなど日本のアニメ・マンガが世界で受容される中, 新たな COO イメージの醸成も考えられる。それを物語っているのが, 表11-1 である。

表11-1は, 博報堂が, 2011年にアジア14都市 (北京, 上海, 広州, 香港, 台北, ソウル, シンガポール, バンコク, ジャカルタ, クアラルンプール, メトロマニラ, ホーチミンシティ, デリー, ムンバイ) の消費者

表 11-1 各国から連想するモノ・サービス・エンタテインメント（14 都市平均；%）

順位	日本		アメリカ		ドイツ	
1	家電/AV 製品	69.2	自家用車	43.8	自家用車	46.7
2	デジタル製品	66.2	映 画	43.7	高級ブランド	32.5
3	自家用車	59.0	家電/AV 製品	41.7	家電/AV 製品	30.8
4	アニメ/漫画	51.3	高級ブランド	41.3	デジタル製品	27.8
5	食	38.0	デジタル製品	40.7	観 光	27.4
6	観 光	35.8	観 光	36.0	スポーツ	23.5
7	ファッション製品	35.5	スポーツ	35.8	ファッション製品	21.6
8	高級ブランド	29.3	音 楽	34.9	家具/インテリア	20.9
9	映 画	25.7	ファッション製品	32.7	食	15.2
10	音 楽	22.2	食	25.8	医 療	15.1

順位	フランス		韓 国		中 国	
1	高級ブランド	48.3	デジタル製品	40.0	食	46.1
2	ファッション製品	43.6	家電/AV 製品	37.1	観 光	38.0
3	観 光	35.0	ファッション製品	35.8	デジタル製品	34.9
4	自家用車	25.2	自家用車	30.3	家電/AV 製品	31.6
5	食	21.8	観 光	30.2	スポーツ	28.0
6	家具/インテリア	20.9	食	29.3	映 画	27.8
7	デジタル製品	20.2	映 画	28.7	家具/インテリア	25.3
8	家電/AV 製品	19.0	音 楽	25.3	ファッション製品	24.3
9	映 画	18.6	高級ブランド	17.5	自家用車	21.5
10	スポーツ	18.1	スポーツ	17.4	音 楽	21.0

（注） デジタル製品は，PC，携帯，デジカメ。
（出所） 『Global HABIT』，Vol. 1, 2012 年 2 月 10 日，博報堂。

に対し行った調査（サンプル数は各都市 540〜900 人）において，「各国から連想するモノ・サービス・エンタテインメント」について聞いた結果である。

表から明らかなように，日本は家電やデジタル製品，自動車など機械モノに強い COO イメージは相変わらずであるが，4 位にアニメ／漫画，7 位にファッション製品が入っているように，少なくと

もアジア14都市の消費者に対しては，COOイメージが情緒的な方向（ポップ・カルチャーの方向）にまで拡大していることがわかる。欧米諸国では，アメリカは自動車や映画，ドイツは日本と同様に自動車や家電製品の機械モノ，フランスは高級ブランド・ファッション製品や観光などであり，従来から大きな変化はない。アジアでは，中国は食や観光ということで従来とあまり変わらないが，韓国がサムスンなどデジタル製品や家電に強いイメージを持ち，韓流やK-POPなどファッション製品や映画・音楽でも存在感を示しているのは，近年の傾向と考えられる。

2つの調査研究（1992年と2011年）から明らかなように，日本は従来からの機械モノに強いという高品質イメージは維持したまま，アニメやゲーム，ファッションなどでポップ・カルチャー的イメージも新たに獲得しており，これからの日本の国家ブランドのコンセプトを考える上で大変参考になる。

[ポーターのクラスター論とダイヤモンド・モデル]

国の競争力を分析したものに，クラスター（Cluster；産業集積）概念に基づき，**ダイヤモンド・モデル**を提示したポーターの『国の競争優位』（Porter 1990）がある。

ポーターが同書を著すに至った契機は，レーガン大統領時代の「産業競争力に関する大統領諮問委員会」での議論を通じて，国の環境が企業の競争力に大きく影響することを確信したからだといわれている。ポーターは，同書において，ある特定の国が特定の産業において国際的成功を収める理由について，クラスター概念を用いて詳細に分析し，この考え方が，国より小さい単位である地域や都市にも応用できるものと主張した。

ポーターのクラスター論の現代的意義は，次の4つにまとめられる（金井 2003）。

第1に,土地・天然資源などの伝統的な生産要素の比較優位を強調する旧来の産業集積論に対し,科学技術インフラや先進的な顧客ニーズなどの新しい生産要素の重要性を指摘した。第2に,旧来の産業集積論が,企業(とくに工場)の集積を問題としているのに対し,大学・研究機関・金融機関・地方自治体などの多様な組織の集積を考えた。第3に,集積の効果として費用の最小化を強調する旧来の産業集積論に対し,イノベーションの意義を強調した。第4に,従来の産業集積論とは違い,集積内における競争の意義を明確に示した。

　このような革新的考え方にしたがって,ポーターは,図11-2のように,クラスター(国や地域)の競争優位の決定要因に関するダイヤモンド・モデルを提示した。

　まず,要素(投入資源)条件とは,天然資源や人的資源,資本や各種インフラである。次に,企業戦略および競争環境は,投資に関する環境(税制,企業統治のシステム,労働市場政策,知的財産権政策など)と,競合状態に影響を与える諸政策(貿易・外資に対する開放度,政府による所有・許認可のルール,反トラスト政策,汚職の影響など),という2つの次元からなる。続いて,需要条件は,高度で要求水準の高い地元顧客の存在である。要求水準の高い需要があってはじめて,企業は,模倣性の高い競争から,差別化に基づくイノベーティブな競争に移行しうる。最後に,関連産業・支援産業は,関係会社や下請会社,アウトソーシング会社などの企業である。

　このような4つの条件を備えたクラスターが成功するクラスターであり,国の競争優位を確立する上でも同様である。日本全体で考えた場合,要素条件については,天然資源は少ないが,人的資源,資本や各種インフラはある程度,備わっている。企業戦略および競争戦略は,投資や競合に関する環境はある程度は整備されているが,

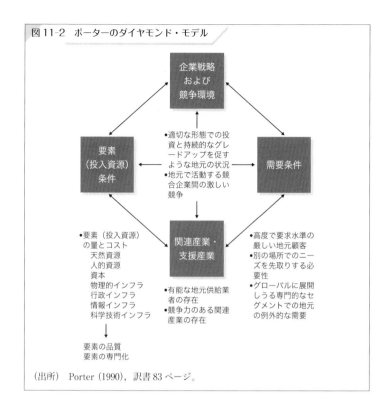

図11-2 ポーターのダイヤモンド・モデル

(出所) Porter (1990), 訳書83ページ。

企業統治のシステムや貿易・外資に対する開放度は、欧米の先進国に比べると若干遅れている（序章10ページの第2節「日本企業の現状」参照）。需要条件については、世界で最も要求水準が高いともいわれる日本の消費者がいることは強みである（三浦 2013）。関連産業・支援産業は、ある程度整備されている。したがって、日本という「国」は、要素条件、企業戦略および競争戦略、関連産業・支援産業の3つは必要条件を満たしており、需要条件は世界一タフともいわれる日本の消費者のおかげで差別的競争力を生み出しており、全体として競争力が高いと評価できる。

以上の2つの研究をまとめると，日本のCOOイメージの「高品質」には，日本のダイヤモンド・モデルの需要条件（世界一タフな日本の消費者）が大きな影響を与えていることがわかる。また，近年，機械モノ（車や家電）などの高品質イメージだけでなく，アニメやゲーム，ファッションなどのポップ・カルチャー的COOイメージも獲得しているが，その背後にも，アニメやゲームにうるさいいわゆるオタク層や，ファッションや流行好きな若者層などの需要条件が予想される。日本の国家ブランド戦略を考える上で，高品質およびポップ・カルチャー的イメージと，背後で支える日本の消費者を重視すべきことを2つの研究は教えてくれる。

3 クールジャパン戦略
●新たな日本の価値の形成

　これまでの分析で，日本という「国」を世界にマーケティングしていくためには，①地域ブランド戦略の枠組みに則り，②高品質およびポップ・カルチャー的イメージをコンセプトに，③世界一タフな日本の消費者も重視しながら展開していくべきことが理解された。そこで本節では，近年，国のブランディングとして注目を集めているクールジャパンを取り上げ，これら諸研究の成果を取り込みながら，1つの戦略提案を行う。

　以下では，まずクールジャパンの歴史的経緯を押さえ，次にクールジャパンの成功事例を整理し，最後に，クールジャパンのこれからの戦略を提示する。

クールジャパンの歴史的経緯

　マクグレイの論文（McGray 2002）以降，世界で「**クールジャパン**」として高く評価されるようになったが，まずこのクールジ

ャパンに至る歴史的経緯を概観する（三浦 2013）。

[攻殻機動隊からポケモンへ]

もともと日本は，先にも見たように，自動車や家電など機械モノには強い COO イメージを持つ一方，衣服や化粧品などファッショナブルな製品群には弱い COO イメージであった。

そのような中，1995年，「攻殻機動隊」（英名：Ghost in the Shell）が，英米で公開され，翌96年には，米ビルボード誌でビデオ販売チャートの1位になった。また，1999年には，「劇場版ポケットモンスター　ミュウツーの逆襲」が，「Pokémon: The First Movie」として，全米3000以上の劇場で公開され，週間興行成績1位に輝くなど，8500万 US ドル以上の興行収入をあげ，『ニューヨーカー』誌では，その年に最も影響力のあった人物（キャラクター）にポケモンが選ばれた。そして，2003年には，宮崎駿監督の『千と千尋の神隠し』が，アカデミー賞（長編アニメーション映画賞）を受賞するに至った。

日本，アメリカと並んで，世界3大マンガ市場といわれるフランスでも，日本のアニメは1987年以来，人気が高く，また，東アジアの台湾では，日本のポップ・カルチャーなど日本の現代大衆文化を好む「哈日族（ハーリーズ）」と呼ばれる若者層が多く存在する。タイをはじめとする東南アジアでも，『ドラえもん』や『一休さん』などが1980年代から放映されており，近年では『ナルト』や『ワンピース』など新しいものも次々と放映され人気を得ている。

[GNC（グロス・ナショナル・クール）]

このように今日，日本のポップ・カルチャーに対して国際的支持が得られているが，その状況を端的に言い当てたのが，アメリカの外交専門誌『フォーリン・ポリシー（*Foreign Policy*）』に載ったマクグレイの論文「日本のグロス・ナショナル・クール（Japan's

Gross National Cool)」である（McGray 2002）。彼は，国の力を見る際に，GNP（Gross National Product；国民総生産）などの経済的指標でなく，**GNC**（Gross National Cool；国民文化力）といった文化的尺度をつくれば，日本は，そのアニメやマンガ，ファッションやアートなどのポップ・カルチャーのかっこよさ（クールさ）によって，まだまだ世界に圧倒的な影響力を持っているという。この論文以降，「クールジャパン（Cool Japan）」というキーワードは世界に広がり，たとえば，フランスの *Le Monde* 紙は，2003年12月18日に「クールジャパン―日本はポップのスーパーパワー」と題する記事を載せ，アニメなど日本のポップ・カルチャーは，「生産性と同質性という固定観念を修正」し，「日本のイメージ・チェンジに貢献している」と述べており，日本のアニメやマンガ，コミックが世界を席巻する中，日本のCOOイメージにも，新たな側面が追加されてきた。

> クールジャパンの成功事例

クールジャパンは，アニメなどのポップ・カルチャーが主導したが，その内容は実は多様である。表11-2は，NHK衛星放送「COOL JAPAN発掘！かっこいい日本」の初代プロデューサーが，番組放送内容を中心にまとめた著書で取り上げた分野別の代表的事例である。

表にあるように，ポップ・カルチャーからハイテク技術，食や伝統文化まで多様なジャンルでさまざまな事例が見られるが，それらに共通するいくつかの成功の原理がありそうである。それを考える際に参考になるのが，日本の消費者の歴史的・現代的特性を分析した三浦（2013）である。そこでは，世界で（満足させるのが）最もタフといわれる日本の消費者の歴史文化的特徴を分析し，①和魂漢才・和魂洋才（規範なく外国文化を取り入れる雑種文化的特徴），②甘え

表 11-2　クールジャパンの代表的事例

分　　野	事　　例
ポップ・カルチャー	マンガ・アニメ，J-POP，ゲーム，ギャル文化，浮世絵
ハイテク技術	電気炊飯器，多機能家電，ロボット，内視鏡，ハイテクトイレ
サービス業	宅配便，100円ショップ，美容室，CVS，商店街
食	日本料理，居酒屋，おにぎり，ご当地グルメ，和風バーガー，鍋料理，芋煮鍋
ファッション	ニッカボッカ，地下足袋，ストーン・ウォッシュ，女子高生制服
伝統文化	俳句，漢字，日本庭園，生け花，江戸文化

（出所）　堤（2011）より作成。

志向（成人しても他者に甘える；集団主義の一側面），③日本の美意識（清きもの，小さきものの重視），という3つの特徴を見出した。これらは日本の消費者の特徴であったが，日本の作り手（企業）によるモノづくりにも通底した特徴であるようで，表11-2の成功事例を，この3つの特徴で整理することができる。

　以下では，この3つの特徴ごとに，企業の戦略事例を分析する。

[和魂漢才・和魂洋才的特徴]

　和魂漢才・和魂洋才とは，和の心を忘れずに，外来の優れた技術（平安時代の中国・漢，幕末の西洋）を取り入れることであるが，単に移入するだけでなく，本家を凌駕するまでに肉薄したり（本家のスコッチ・ウイスキーに負けないモノを作り上げたウイスキー産業），日本なりにアレンジすること（洋風建築に畳の間を1つ作る）が特徴である。表では，「サービス業」の100円ショップとコンビニエンス・ストア（CVS），「食」の和風バーガー，「ファッション」のストーン・ウォッシュ，が代表格である。

100円ショップの源流は，1879年，アメリカの実業家であるフランク・ウールワースが，ニューヨーク州などで開店した「five-and-dime store」に始まり，5セントや10セント（dime）という均一低価格で日用雑貨品を中心に大成功した。単一低価格の小売業は世界に多く，現在でも，マレーシア（5リンギット均一店），イギリス（1ポンド均一店），ドイツ（1ユーロ均一店）などにもあるが，その利用者（現在，日本在住の外国人）は「質が悪くて人気がない」と口を揃えている。一方，日本の100円ショップは，質が高く，多様なものがあるというのが，外国人の評価であった。もともとはアメリカで生まれた単一低価格店という考え方を，日本では品質を徹底して作り込み，品揃えもなんでも対応するのであり，まさに和魂漢才・和魂洋才的特徴が見て取れる。

　アメリカにおけるコンビニエンス・ストアの成立は1920年代といわれるが，アメリカのセブン-イレブンは，第2次世界大戦後にはすべての店舗に「7-ELEVEN」というロゴを使用し，長時間開いている便利な店として発展を遂げる。日本では，1973年にイトーヨーカ堂が運営会社であるサウスランド社と業務提携してセブン-イレブン・ジャパン（当時はヨークセブン）を設立し，1974年に1号店をフランチャイズ方式で開店した。当初は，①年中無休・長時間営業，②日用品・最寄品の定価販売，などを柱とするアメリカ型のコンビニエンス・ストアであった。その後，セブン-イレブンなどの主導のもと，①粗利率のよいファストフードの強化，②POSによる受発注・商品管理など情報システムの強化，③小口発注・日配品毎日配送など物流システム合理化，④公共料金収納代行・小口キャッシングなどのサービス強化，といった日本型の特徴が付加されていった。まさに和魂漢才・和魂洋才的な事例と考えられる。

1971年にマクドナルドが日本に上陸して以来，ハンバーガーは日本の食生活になじんでいった。そのような中，モスバーガーは，ブリの照り焼きからヒントを得た「テリヤキバーガー」を1973年に発売し，87年にはバンズの代わりにご飯でおかずを挟んだ「ライスバーガー」を発売した。たとえば，テリヤキバーガーは，香港やマカオでは「将軍バーガー」，シンガポールやタイでは「サムライバーガー」というネーミングで成功している。ハンバーガーという基本は抑えつつ，そこに和風の味付けを加えていくのは，まさに和魂漢才・和魂洋才の1つの形といえる。

　ジーンズのストーン・ウォッシュ加工は，今ではファッションの定番となっているが，これを開発したのは日本のエドウィンであり，まさに洋才（アメリカ発のジーンズ）を和魂でアレンジしたものである。ジーンズがアメリカで生まれたのはゴールドラッシュに沸いた19世紀後半であり，日本に入ってきたのは1950年代後半である。その後ロカビリー歌手やグループ・サウンズがジーンズを着用する中，若者文化に浸透していった。そのような1970年代，エドウィンは中古風ジーンズ（着古し感のあるジーンズ）の開発に目をつけ，研究を繰り返す中で，鹿児島産の軽石と一緒に洗濯することによってストーンウォッシュを完成した。1980年，ケルン（ドイツ）で開かれたジーンズの国際見本市で発表して大きな脚光を浴び，その後，世界に広まった。

　このように外国のものをアレンジして，時に本家を凌駕していくのが，クールジャパンの1つの特徴と考えられる。

[甘え志向的特徴]

　集団主義の社会といわれる日本であるが，この集団主義には，①同調志向（相手にあわせる），②甘え志向（相手にあわせてもらう）という2つの特徴があり，後者に関わるのがクールジャパンといわれ

る日本製品・サービスの特徴である。すなわち,甘えたい消費者の先回りをして,かゆい所に手が届くさまざまな取り組みをするのであり,それらは**甘え志向**的特徴と呼べる。表では,「ハイテク技術」のハイテクトイレや多機能家電,「サービス業」の宅配便が代表的である。

　日本のハイテクトイレ(洗浄機付き便座)は外国人にとくに注目されるようで,先に見たNHKのクールジャパンの番組が2009年に外国人100人に行った調査でも,最もクールなものとして,堂々の1位に輝いている。TOTOは,1960年代,アメリカ企業が痔の患者用に開発した医療用便座をヒントに開発をスタートさせ,多くの協力者と徹底的に検討し,ノズルを尻の近くまで伸ばすこと,水は43度の角度,水温は38度が適温であること,などを突き止め,1980年に第1号の洗浄機付き便座を発売した。その後もハイテクトイレは進化を続け,便座温度の調節,吹き出る水の強弱の切り替え,ムーブやマッサージ機能の追加,温風乾燥,便座蓋(ふた)の自動開閉,さらには血圧測定や尿検査まで行えるようになっている。まさに,甘えたい消費者に対して,かゆい所まで手の届く徹底したフルサービスの日本的対応を行っているといえる。

　過剰品質やガラパゴス化とも揶揄されることのある日本の多機能家電だが,外国人からは高評価のものも多い。炊飯器では,中国の炊飯器がご飯とお粥しか作れないのに対し,日本の炊飯器は,雑穀,もち米,お粥,玄米,発芽玄米が切り替えレバーになっている点は高く評価されている。日本製のタイ向け炊飯器では,日本米とタイ主流のジャスミン・ライスの切り替えボタンがあり,スペイン向けでは,リゾットにも切り替えられる。電子レンジでは,日本のものは「オーブン」「トースター」への切り替えボタンがあって評価されているし,冷蔵庫では,保温庫で暖かい飲み物も飲めたり,ビタ

ミン増量機能付き(LEDで野菜の光合成を促す)などの機能が評価されている。何でもできる日本の家電製品は、消費者の細かいニーズに対応しているわけで、日本の甘え志向的特徴を具現化した製品と考えられる。

日本で宅配便が始まったのは1976年、大和運輸(現・ヤマト運輸)が「宅急便」のサービス名で行ったのが始まりであるが、1980年代に急成長し、いまや、佐川急便、日本郵便、西濃運輸など多くの企業が展開している。当初は普通の荷物だけだったのが、クール宅急便やゴルフ・スキー便なども生まれ、さらに指定日配達や時間帯配達、着払制度や代引制度など、サービスはどんどん多様化している。荷物を自宅に取りに来てくれるサービスもあるが、海外ではそのようなサービスは少なく、また、イギリスでは受取人が不在の場合には指定の時間に取りに行かなければならない。簡単に再配達を頼める日本は、まさに至れり尽くせりである。どんな荷物でも対応し、時間も対応し、再配達も対応する日本の宅配便は、甘え志向的特徴の1つの究極の形を表している。

このように甘えたい消費者の先回りをして、かゆい所に手が届くさまざまな取り組みを、それも徹底的に作り込んでいくところが、クールジャパンのもう1つの特徴と考えられる。

[日本の美意識的特徴]

清きもの、小さきものへの美意識が日本の特徴といわれるが(現在の「カワイイ」文化にも通じる;三浦 2013)、表では、「ポップ・カルチャー」の浮世絵やマンガ・アニメに、日本独自の美意識的特徴が見られる。

浮世絵を代表とする日本美術は、19世紀後半のヨーロッパで熱狂的に受け入れられ、ジャポニスム(Japonisme)という言葉も生み出し、その意味では、今日のクールジャパンの源流の1つと考えら

れる。19世紀後半の西欧絵画は，ルネサンス期に成立した遠近法，肉付け法，明暗法に基づく表現が中心であった。それに対し，浮世絵をはじめとする日本絵画は，①左右のバランスを崩したり，対象の一部分だけクローズアップする「構図」，②流麗な「輪郭線」による形態の把握，③陰影のない鮮明多彩な「色彩」，④よけいなものを思い切って捨てる「単純化」など，独自の日本的特徴を有していた（高階 2000）。つまり，二次元のキャンバスに三次元の現実世界を作り出すことが基本であった西欧絵画に対し，浮世絵など日本絵画は，現実の模写を超えて，新たな世界の創造だったのである。

　これら浮世絵などは当時のヨーロッパ世界に大きな衝撃を与え，マネの平面化への志向，モネの影と断片の美学，ゴッホの強烈な色彩，ゴーガンの色面構成，ロートレックの奔放流麗なデッサンなど，とくに印象派の画家たちに多くのインスピレーションを与えた（高階 2000）。今日でも多くの外国人がその美しさから浮世絵を評価するが，西欧をはじめとする外国にない日本的な美意識を表している。

　今日に続くクールジャパンの中心としての日本産マンガ・アニメだが，これらは，フラットな絵であることに加え，限られた種類の色で均質に塗られた絵であることから，浮世絵との関連性を指揮する声は多い。日本の古い絵画には，浮世絵師の葛飾北斎による「北斎漫画」（1814年）などのいわゆる風刺画があるが，そこに漫画の源流を見る意見もある。また，日本のマンガを代表する「ストーリー漫画」については，鳥羽僧正の筆ともいわれる「鳥獣人物戯画」（12，13世紀）までさかのぼる説から，上記の北斎漫画を起源とする説，また戦前期の子ども向けストーリー漫画に求める説などがある。アニメについては，「信貴山縁起絵巻」（12世紀）などの絵巻物に求める説もある。マンガやアニメが世界的に支持された理由として，メキシコやイギリスからの在日外国人は，「大人向け」のマンガと

いう点をあげている。すなわち，諸外国のマンガは子ども向けの単純なものが多い中，日本のマンガ・アニメは，絵が繊細で生き生きとしており，タッチや画角なども素晴らしく，ストーリーも長く，おもしろく，主人公が成長するという。またジャンルや種類が豊富なのもよい点であると多くの外国人が口を揃えている。

このように日本産マンガ・アニメは「21世紀のジャポニスム」とも呼べるものであり，このような欧米とは違う日本固有の美意識も，クールジャパンを生み出した1つの大きな特徴と考えられる。

以上のように，諸外国から評価される「クールジャパン」の意味するものには，和魂漢才・和魂洋才的特徴，甘え志向的特徴，日本の美意識的特徴が見て取れ，それらが日本の差別的優位性になっているのだと考えられる。

クールジャパンのこれからの戦略

上で見たように，個別的には多くの成功事例があるクールジャパンであるが，全体としてのまとまり，すなわち国家ブランド戦略（クールジャパン戦略）としては，まだまだ不十分である。今後の国としての戦略を考える上で参考になるのが，韓国の戦略である（小山 2016，日本貿易振興機構 2011）。

韓流ドラマをはじめ韓国のコンテンツ産業が諸外国で成功している背景には韓国政府の積極的な産業振興策があるが（韓国コンテンツ振興院，など多数の振興機関；日本貿易振興機構 2011），単にコンテンツに終わらずに，韓国全体を売っていくために，業界横断的な波及効果を考えた戦略展開をしている。この「クール・コリア」ともいうべき戦略モデルは，以下の4段階からなる。すなわち，①韓流コンテンツの流行（K-POP，韓流ドラマ，など）→②コンテンツ関連商品の販売（DVD，ロケ地ツアー，ファッション・化粧品，など）→③韓国消費財の販売（携帯電話／スマホ，自動車，家電，など）→④韓国

のイメージおよびブランド力の向上（韓国料理，韓国観光などの普及），である（小山 2016，日本貿易振興機構 2011）。たとえば，スポンサード・コンテンツという手法がある。もともとはアメリカの3大ネットワークの制作した番組に，P&G などの大手スポンサーをつけて，地方のテレビ局に番組を提供する仕組みとして始まったのだが，韓国の場合，アジアの多くの国で放映料が高くて番組を買ってもらえないときに，韓流番組の放送枠に LG など韓国の家電メーカーの広告をつけて安価（場合によっては無料）で番組を提供したのである（小山 2016）。こうして，アジアの多くの国で，韓国ドラマが放映され，韓流ブームが起こり，また LG をはじめとする家電製品の売上も拡大したのである。

以下では，上記韓国の戦略も参考にしながら，地域ブランド論の枠組みに従って，これからのクールジャパン戦略を検討する。ゾーニングについては，先に見たように，「国＝日本」ということが前提としてすでに決まっているので，残りの3つの戦略（アクター，コンセプト，コミュニケーション）が，国のブランディングとしてのクールジャパン戦略の鍵となる。

以下，これら3つの戦略の基本的方向性を提示する。

[アクター：日本政府と日本企業の役割分担]

クールジャパン戦略の主体としてのアクターは，日本政府が基本であるが，分野ごとに日本企業が実際の主役となる。

クールジャパンが世界的に受容される流れに乗る形で，日本政府も，経済産業省主導のもと，日本文化の対外ビジネス展開や市場開拓を検討する「クールジャパン官民有識者会議」を開催した。2013年には，「クールジャパン機構（株式会社海外需要開拓支援機構）」を設立し，①プラットフォーム整備，②サプライチェーン整備，③地域企業支援という3つの戦略を展開している。①については，三越

伊勢丹ホールディングスや H_2O リテイリングと組んでのマレーシア・中国でのジャパンモールの展開，バンダイナムコ・ホールディングスと組んでの正規版アニメのネット販売やKADOKAWAグループと組んでの海外クリエーター育成事業などがある。②については，日本ロジテムと組んでのベトナムでのコールドチェーン（低温流通体系）構築事業などがあり，③では長崎県の企業と組んで行われている日本茶カフェを通じた長崎県産品の販売支援などがある。

　これらの例に見られるように，日本政府のアクターとしての役割は，プラットフォームやサプライチェーンなど，戦略展開のインフラの提供が基本となる。それらの基礎の上に，クールジャパン戦略の実際の主役としての日本企業があるのであり（三越伊勢丹やバンダイナムコなど），日本企業が活躍できるような環境整備をすることが，日本政府のまずは第1の役割である。このような日本政府と日本企業の役割分担が，クールジャパン戦略の成功へ向けての第一歩である（もちろん，民間NPOなどの草の根のサポートも必要である）。

　この戦略によって，成功事例は今後増えていく可能性がある。しかし，これだけでは成功事例の多様な羅列という現代の問題点を克服できていない。韓国の成功例から考えるなら，企業間の連携，業界間のつながりなどを考えて，それら成功事例をまとめあげる全体戦略を検討していくことが必要である。その際には，政府，企業，NPOというアクターたちの協働が不可欠である。

［コンセプト：高品質，ポップ・カルチャー的イメージ］

　クールジャパン戦略のコンセプト（日本という国ブランドのコンセプト）は，「高品質」および「ポップ・カルチャー的イメージ」が基礎となるが，「和魂漢才・和魂洋才」「甘え志向」「日本の美意識」という成功事例が教えてくれた日本の特徴も，大変参考になる。

　「高品質」は単に機械モノ（車，家電，PC，事務機器など）だけで

Case ⑪ パリのジャパン・エキスポ：日本のイメージを拡大する大いなる可能性　●●●

パリで 2000 年以来ほぼ毎年開かれているジャパン・エキスポ（Japan Expo）は，マンガ・アニメやゲームのポップ・カルチャーから，武道・芸道や和食などの伝統文化まで網羅した日本文化の総合博覧会である。2015 年の第 16 回は，パリ郊外のノールヴィルパント展示会会場に，4 日間で来場者 24 万 7473 人を集めて行われた。

日本文化の情熱的ファンであった，トマ・シルデ，ジャン・フランソワ・デュフールなどが中心となり，2000 年の第 1 回では，2000 人の来場者を集めた。その後，着実に拡大し，2007 年には，企画・運営会社の SEFA EVENT を創立し，ジャパン・エキスポはヨーロッパ最大の「日本文化とエンターテインメント」のフェスティバルに成長した（2007 年の第 8 回で，来場者数 8 万 727 人）。ヨーロッパで日本文化を普及した功績が認められ，2009 年に外務大臣賞，11 年に第 16 回 AMD（Association of Media in Digital）アワード功労賞，13 年に文化庁長官賞を受賞した。

会場の第一印象は，「巨大な夜店」。『ワンピース』や『ナルト』などのマンガ，『ファイナル・ファンタジー』などのゲームのキャラクターたちの T シャツやグッズの店，刀剣の店，フィギュアやコスプレの店などが，何十店と並んでいる。ほとんど白人の来場者の中にコスプレ姿の者も多く見られる。西洋人だけあって，絵の中から抜け出てきたようなかっこよさの者もいる。彼ら彼女らが，将棋や花札をしたり，おにぎりやたこ焼きを食べるのを見るのは微笑ましい。

なく，第 6 章「日本企業のグローバルなブランド戦略」（158 ページ）で見たように菓子などの食品，また化粧品（とくに基礎化粧品）やファッション（とくにベーシック衣料）でも評価されており，クールジャパン戦略の基軸をなすコンセプトと考えられる。

「ポップ・カルチャー的イメージ」は，近年世界を席巻しているアニメやマンガ，ゲームやファッションなどの成功によるものであり，「高品質」イメージの持つ生産性・効率性（機能的価値）を超え

会場内の複数の大ホールではイベントも行われ，各国代表のコスプレチームによる大会（アニメやゲームの1シーンを，音楽・照明入りで複数で演じる）や，赤松健氏などマンガ家へのインタビュー，また多くのコンサートも行われた（AKB48やゴールデンボンバーなどもかつて出演）。

　東映アニメやバンダイ，スクウェア・エニックスなどにとってはプロモーションの場であるが，食や地域に関する組織にも重要となっている。主催者によると，2015年は「和食」に力を入れた。つまり，アニメやゲームの基礎のうえに，和食など日本のさらなる魅力を付け加えていく。日清食品のカップ麺をサムライが躍り伝えるブース，タイガー魔法瓶の炊飯器による炊き込みご飯の試食，ぐるなびによる和食実演コーナーなども設置された。また，くまモンの熊本県や，名探偵コナンなど「まんが王国」を標榜する鳥取県，マンガ学部（京都精華大学）を発信する京都市など，地域ブランドの展開の場としても期待される。

　チョッパー（ワンピースに登場するトナカイのかわいいキャラクター）の大きな人形と，喜々としてスマホ自撮りをしているフランス人女性を見ると，ディズニーランドでミッキーと写りたがる日本人女性とまったく変わりがない。ワンピースやナルトは，まさに現代のミッキーマウスやハリー・ポッターを得たのと同じで，そこをきっかけに，和食でも地域文化でも，大きな広がりの可能性がある。車や家電など機械モノに代わる，日本の新たなグローバル戦略の方向性を見ることができる。

て，楽しさ・おもしろさやセンスのよさなどの情緒的価値を新たに付加しており，今後のクールジャパン戦略の重要要素である。

　「高品質」を実現する製品や生活場面を教えてくれるのが，「和魂漢才・和魂洋才」および「甘え志向」である。「和魂漢才・和魂洋才」では，外国生まれの製品を日本流にアレンジし，それを日本の匠（たくみ）の伝統で徹底的に作り込み，新たな日本的魅力を生み出している（100円ショップやストーン・ウォッシュ・ジーンズなど）。一方，「甘え

志向」では，甘えたい消費者の痒いところを先読みして，そこも徹底的に作り込むのである。ガラパゴス化（過剰品質）は常に避けなければならないが，ハイテクトイレや宅配便は，消費者のニーズになんでも答えてくれる。ダイヤモンド・モデルの分析の中で見たように，「世界一タフな日本の消費者」という日本的需要条件が，この強みの背景になっている。

「ポップ・カルチャー的イメージ」の方向性を教えてくれるのが，「日本の美意識」である。世界でさまざまなポップ・カルチャーがある中，日本的なポップ・カルチャーは，清らかさ（清潔さ・シンプルさ）や小ささ（かわいらしさ），欧米とは違う独自の美的・デザイン的特徴（構図やストーリーなど）があることが，強みとなっている。

以上から，クールジャパン戦略のコンセプトとしては，機能的価値としての「高品質」と情緒的価値としての「ポップ・カルチャー的イメージ」が車の両輪となり，「高品質」を方向づける「和魂漢才・和魂洋才」「甘え志向」と，「ポップ・カルチャー的イメージ」を方向づける「日本の美意識」が，この両価値を支えていることが理解される。

最後に，コンセプト間および製品・企業間の関係性については，韓国と異なる新たな方向性を考える必要がある。韓国モデルがK-POPや韓流ドラマなどのコンテンツ流行から始まるのに対し，日本の場合は，高度成長期以来の「高品質」という圧倒的な機能的価値がその基礎にある。したがって，この基礎の上にアニメなどポップ・カルチャーの情緒的価値をいかに付加・拡大していくか，それらコンセプトをどのような製品ジャンルで実現していくかという「日本モデル」を今後早急に検討していく必要がある。

[コミュニケーション:集積地から集散地へ]

クールジャパン戦略のコミュニケーションでは,上記コンセプトを世界に伝えていくわけであるが,その際には,日本企業・日本政府からの一方的発信ではなく,消費者としての外国人を巻き込んでいく必要がある。その際に参考になるのが,「**集散地**」という考え方である(山村 2008)。

文化資源による地域活性化を分析した山村(2008)によると,地域活性化の戦略には集積地と集散地がある。文化資源の「集積地」とは,地域がどれだけ文化資源を所有できるかというアプローチで,歴史的な街並み・景観,文化財や芸術作品,また文化情報のアーカイブ化によって,特定の場所に高い質のこれら資源をストックする戦略である。京都やローマなど,従来からよく見られるこの戦略であるが,①文化歴史的な資源を持っている地域(京都など)は簡単にできるが,そのような歴史的景観・文化財のない地域では難しい,②博物館や美術館など新たな文化資源集積の施設を作る場合,莫大な費用(建設費も収集費も)がかかる,などの課題を持っていた。

それに対し,新たに提案される「集散地」とは,ソフトとしての文化資源(情報・技術・知識・知的財産・メディアコンテンツなど)が集まり,人的交流を通して,別の土地へ文化資源が向かうというソフトの「集散地=(集まって散る)ハブ」となる戦略である。この場合,集まってくる人自身(アニメオタクなど)が情報を持っており,彼ら自身が来訪地で情報を発信するので,地域の側としては,歴史遺産や文化財を集める必要はなく,来訪者たちが交流できる場所(プラットフォーム)と機会さえ提供できればよいのである。代表的な例として,1975年に始まるコミケ(コミック・マーケット)や,海外事例では,パリで2000年以来行われているジャパン・エキスポが代表的である(本章 **Case** ⑪参照)。

もともと文化資源の研究から生まれた集散地概念であるが，近年，一般消費者の役割を重視する戦略（カスタマー・コンピタンス；Prahalad and Ramaswamy 2000，集合知マーケティング；三浦 2013）が提案されているように，国の資源全般に関しても有効な概念と考えられる。したがって，単に日本（ジャパン）を一方的に発信するだけでなく，コミケやジャパン・エキスポの例に見られるように，日本のクールジャパンの価値を来訪者の外国人と共創していくことが，これからのコミュニケーション戦略では不可欠になってくる。すなわち，韓国のようにある種，上から（韓国政府から）の戦略だけでなく，現地消費者の下からの力も糾合していくことが，これからのコミュニケーション戦略には必要である。もちろん，消費者は自由であり，上（日本政府，日本企業）の思い通りにならないことも多々あろうが，もし彼らがクールジャパンを受け入れてくれたならば，他の消費者に与える影響度・信頼度は絶大である。

　以上をまとめると，クールジャパンのこれからの戦略と課題は，**表11-3**のようになる。

　表に見られるように，まずはアクター，コンセプト，コミュニケーションごとのクールジャパン戦略の基本的方向性を確立することが重要である。それができたなら，次には，そのグローバルな配置（欧米亜のどこから，どの製品・サービスで参入していくか）と調整（各国間で何を標準化し，何を現地化するか，など）の戦略策定に入ることになる。

　配置に関しては，韓国モデルでは，①韓流コンテンツ→②コンテンツ関連商品→③その他の韓国消費財→④韓国ブランドの向上，というわかりやすい製品参入戦略を示していた。おそらく日本の場合は異なるモデルになると考えられるが（たとえば，インバウンド消費の重要性が相対的に高い，など），自国の強みと対象国の魅力度によ

表 11-3 クールジャパン（国家ブランド戦略）のこれからの戦略と課題

地域ブランド要素	内　容
①アクター	日本政府（プラットフォーム・インフラ提供） 日本企業（実際の主役） 民間 NPO など（草の根のサポート） 課題：企業間連携，業界のつながりの検討
②ゾーニング	日本全体
③コンセプト	機能的価値（高品質，和魂漢才・和魂洋才，甘え志向） 情緒的価値（ポップ・カルチャー的イメージ，日本の美意識） 課題：両価値を統合する日本モデルの検討
④コミュニケーション	集散地（外国人消費者と共創） 課題：外国人消費者をいかに巻き込むかの検討

る国別ポートフォリオを基本にしつつ，各国の市場連結度と製品・業界のつながりなどを考慮しながら，日本独自のモデルを構築していくことが重要である。調整に関しては，標準化／現地化などが基本となり，たとえば，日本のマンガのアメリカでの展開では，性表現などを含めた文化差を考慮して（もちろんレーティングなども考慮して），図柄の修正などを行っているが（松井 2013），アニメや小説，映画や音楽は芸術作品でもあり，標準化が基本である（世界で同じ『異邦人』が読まれ，同じ『ハリー・ポッター』が観られる）。その意味で，クールジャパン戦略を構成するアニメ・マンガ，ハイテク技術，和食などで標準化／現地化の基本的考え方が大きく異なる可能性があるので（たとえば，寿司の場合は，アメリカでのカリフォルニア・ロールなど，ある程度の現地化が行われる），製品ジャンルごとの調整戦略を考えていく必要がある。

　国家ブランディングとしてのクールジャパン戦略が，理論化・体系化・戦略化の第 2 段階にいま入ろうとしている。

演習問題

11-1 製品・サービスの売上に，COO（原産国）が影響する事例を集めてみよう。

11-2 クールジャパンとしての日本への評価が高い国を，事例として探してみよう。

11-3 今後のクールジャパン戦略の成功へ向けて，どのような製品・サービス分野が有望か考えてみよう。

 文献ガイド

原田保・三浦俊彦編著（2011），『地域ブランドのコンテクストデザイン』同文舘出版。

三浦俊彦（2013）『日本の消費者はなぜタフなのか――日本的・現代的特性とマーケティング対応』有斐閣。

Porter, M. E. (1990) *The Competitive Advantage of Nations,* Free Press.（土岐坤・中辻萬治・小野寺武夫・戸成富美子訳『国の競争優位（上・下）』ダイヤモンド社，1992 年）

第12章 新興市場に対するマーケティング戦略

戦略適用領域の全世界への拡大

Introduction

　先進諸国市場が飽和する状況において新興市場への関心が高まり，2000年代後半以降マーケティングにおいても本格的に研究が開始された。新興市場をターゲットとした参入にあたっては，自社の有する経営資源と，各市場の特徴をふまえて，どのタイプの新興市場に，どのタイミングで，どのような参入モードを用いて参入するのかが重要となる。

　新興市場への参入に際しては，参入解禁当初においてはノウハウの提供やジョイント・ベンチャーなど進出側のコントロールが容易ではないモードに限定されるなど，制約が厳しいことが多い。そのため，参入後においても規制緩和の動向に注視する必要がある。

　新興市場は環境が整備途上であるがゆえの特有の課題もあるが，この課題を乗り越えるために生じたイノベーションが先進国市場において受け入れられることも多い。

　本章では，こうした新興市場におけるマーケティング戦略を考えていこう。

Keywords

新興市場　BRICS　BOP　MOP　新興諸国出身多国籍企業（EMNC）　グローバル・ニッチ　ミレニアム開発目標　グッドイナフ・セグメント

1 新興市場とは

● BRICS，ポストBRICSおよびBOP市場

新興市場の概要　**新興市場**という用語はもともとナスダックやマザーズに代表される新興企業向けの株式市場という意味で一般的に用いられてきたが，1990年代以降BRICs諸国（ブラジル，ロシア，インド，中国）が注目されるにつれて，「新興国市場」を略する用語としても一般化した。なお，BRICsはアメリカ大手投資銀行のゴールドマン・サックスが提示した当時は4カ国であったが，2011年4月に**BRICS**首脳会議に南アフリカが招待された後，南アフリカを含めた5カ国を指すようになった（BRICsから南アフリカの頭文字Sを組み入れてBRICSとなった）。

新興市場の範囲は，論者によってかなり柔軟に用いられている。代表的な新興市場の分類はBRICS諸国市場，BRICSに次ぐ存在として規定されるポストBRICS諸国市場および**BOP**（ベース・オブ・ザ・ピラミッド）市場という3分類である。

BOP市場は，2004年に出版されたプラハラードによる著書『ネクスト・マーケット』によって世界的に認知された。**図12-1**が示すように，世界全体の市場は先進諸国市場と発展途上国市場に分けられ，さらに発展途上国市場はBRICSやポストBRICS諸国の都市部を中心に形成される**MOP**（ミドル・オブ・ザ・ピラミッド）市場と

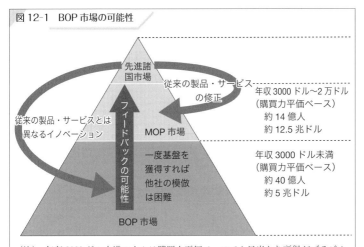

(注) 年収3000ドル未満の人々は購買力平価ベースで1日当たり所得がブラジルでは3.35ドル，中国では2.11ドル，ガーナでは1.89ドル，インドでは1.56ドルに満たない人々である。
(出所) Prahalad (2004) の第2章および第3章の内容に基づいて，実際のデータを加味して作成。

その他の市場である BOP 市場に分けられる。

BOP 市場の一部が経済発展に伴って MOP 市場へと移行していく傾向が強まる中で，MOP 市場は新中間層として世界中の企業からの注目を集めている。そして，MOP 予備軍として BOP 市場も最後のフロンティアとして無視できない存在となってきている。日本企業が主に展開しているアジア市場や，最後のフロンティアと呼ばれるアフリカ市場に関しても，2010年には新中間層の人口は16.6億人であったが，20年には21.5億人，30年には23.6億人と，今後も増加すると捉えられている（経済産業省貿易経済協力局通商金融・経済協力課 2012, 8ページ）。

新興市場は，先進諸国出身の多国籍企業が進出する市場としてだ

けではなく，グローバル競争の主体となる多国籍企業を新たに輩出する市場としても，注目を集めている。これら**新興諸国出身多国籍企業**（Emerging Market Multinational Corporatition；**EMNC**）は『フォーチュン』誌が毎年発表している世界500大企業のうち，1995年には2%であったが，2015年には25%となり，25年までに50%に近づくともいわれている（Cuervo-Cazurra et al. 2016, p. 1）。

BCG（ボストン・コンサルティング・グループ）もEMNCに注目し，2006年より継続的に有力新興国出身企業100社をグローバル・チャレンジャーとして選定し公表している。2006年には中国出身企業の割合が多かったが，近年ではインド企業の割合が増加している。また，輩出国自体も多様化し，タイ，マレーシア，インドネシア，フィリピンといった東南アジアや，エジプト，トルコ，カタール，サウジアラビア，モロッコ，UAEといった中東北アフリカ（MENAとも呼ばれる），さらにはメキシコ，チリ，コロンビア，アルゼンチン，ペルーといった中南米のポストBRICS諸国にまで拡大した。資本の保有も国有から民間保有の割合が増加している。

BCGのこのリストには持続的業界リーダーとなったグローバル・チャレンジャー卒業企業という別カテゴリーがあり，このカテゴリーに分類された企業は新興諸国出身企業のリーダーといえる。2016年リストには，14年リストの12社（ブラジル出身のヴァーレ，インドネシア出身のウィルマー・インターナショナル，メキシコ出身のセメックスおよびグルポ・ビンボ，サウジアラビア出身のサウジ・アラムコ，南アフリカ出身のアングロ・アメリカンおよびSABミラー，アラブ首長国連邦出身のエミレーツ航空，中国出身のファーウェイ・テクノロジーズ，レノボ・グループ，リー・アンド・フォー，インド出身のタタ・スチール）に，7社（ブラジル出身のJBS，メキシコ出身のアメリカ・モビル，中国出身のジョンソン・エレクトリック，インド出身のヒンダルゴ，タタ・コ

ンサルタンシー・サービシズおよびタタ・モーターズ，ロシア出身のガスプロム）が追加され，資源エネルギー関連企業中心のリストから，消費財メーカーや航空輸送会社など多様な業界の企業を含むリストに変化している。

2014年2月にはロシアがウクライナに侵攻し，欧米からの経済制裁が強化され，6月には持ち直していた原油価格が再び下落局面に入り，さらに10月にはアメリカ連邦準備制度理事会が金融緩和策を終了し，新興市場ブームといわれる状況は一時終了した。

ただ，新興市場の規模とその潜在性はブームが終了してもなくなったわけではない。経済規模を示す名目GDP総額では，1980年にはG7（米・日・独・仏・英・伊・加）が7強を独占していたが，2010年に中国が日本を逆転し2位となり，IMFによる2015年国別名目GDPランキングでは中国2位，インド7位，ブラジル9位とBRICSのうち3カ国が10位以内に入り，ロシアも12位である。

市場としての潜在性を示すGDP成長率も，ブーム終了後1桁台に落ち着いているとはいえ，日本がアベノミクスでデフレから転換し2%成長をめざしているのとは対照的である。中国は中高速成長をめざす「新常態」に転換しても7%前後の成長率を維持しようとしており，2015年8月のチャイナ・ショックと呼ばれる金融危機後も依然として市場としての潜在性は高いといえる。

一時的にブームが終了した今，新興市場の規模と市場としての潜在性を冷静に見極めた上で，腰を据えた取り組みが期待される。以下では新興市場の代表的な分類であるBRICS諸国市場，ポストBRICS諸国市場およびBOP市場について見ていく。

BRICS諸国市場

BRICSは，従来の発展途上国とは異なる性格がある。従来の発展途上国は，日欧米の先進国の生産拠点として発展した。日本に続いたのが韓国，台湾，

シンガポール，香港などのアジアNIES（新興工業経済地域）であり，タイ，マレーシアなど東南アジア諸国がそれに続いた。西欧に続いたのがスペイン，ポルトガル，ギリシャなどの南欧諸国であり，チェコやポーランドなど中欧諸国がそれに続いた。北米に続いたのがメキシコ，チリなどである。これらの諸国は2016年8月現在先進諸国35カ国が加盟するOECD（経済協力開発機構）の加盟国となっている。

BRICS以前の発展途上国は自国市場が小規模であったため，出身企業が経済成長に伴って対外進出を果たすようになると，経済開放などの政策変更に対する強い圧力を受けてきた。

BRICSは経済力だけではなく，軍事力，外交力などでも先進諸国と対等の力を有している。そして，その潜在的市場規模は大きく，資源の保有量も多く，先進諸国との交渉においても互いに妥協し合うなど，対等に近い関係を構築しつつある。

ポストBRICS諸国市場

ポストBRICSは，2000年代後半にBRICSが非常に注目されたため，BRICSに次ぐ存在を世界中の投資銀行やアナリストがこぞって探索し始め，一般化した。その代表的な枠組みとしてはBRICsを提唱した投資銀行のゴールドマン・サックスが提唱したネクスト11（ベトナム，フィリピン，インドネシア，韓国，パキスタン，バングラデシュ，イラン，ナイジェリア，エジプト，トルコ，メキシコ）や，HSBC（香港上海銀行）が提唱したCIVETS（コロンビア，インドネシア，ベトナム，エジプト，トルコ，南アフリカ）などがあげられる。

G20の開催，新開発銀行やアジアインフラ投資銀行（AIIB）の設立に見られるように，従来の先進諸国を中心とする国際秩序は崩壊してきており，BRICSにポストBRICS諸国を含めたより幅広い主体による新秩序の構築が現在模索されている。

BOP 市場

BOP 市場はベース・オブ・ザ・ピラミッド市場のことであり,経済ピラミッドの底辺において1人当たり年間所得が2002年購買力平価で3000ドル未満の人々のことを指す。BOP 諸国といった特定の国を指す言葉ではなく,国家横断的な分離概念であり,たとえば BRICS 諸国やポスト BRICS 諸国にも,BOP 市場は存在する。マイクロ・クレジットを世界的に普及させる原動力となり,ノーベル平和賞を受賞したムハマド・ユヌス総裁が設立したバングラデシュのグラミン銀行の事例など,BOP 市場を対象とする事業は BOP 市場が注目を集める以前にも,一部例外的には見られた。しかし,従来 BOP 市場は国際機関や NGO の援助の対象として捉えられ,グローバル事業展開を行う企業の一部が社会貢献活動の対象として小規模な事業を行ってきたにすぎなかった。

BOP 市場を構成する人々の所得は,1人当たりにすると非常に少ない。しかし,人類の80%を占める約40億人がここに位置しており(前掲の図12-1参照),所得を合計すればすでに相当の規模に達していて,市場としての潜在性は計り知れない。

BOP 市場のうち最貧困層である約10億人は,1日1ドル未満の非常に苦しい生活を強いられており,すぐに市場として捉えるのは難しい。しかし,それ以外の BOP 市場を構成する人々でも,BOP 市場以外の相対的に豊かな階層に比べて,銀行口座,通信手段,電気,水などの基本的インフラが整っていない。そのため,正規でないインフォーマルな市場へのアクセスしかないがゆえに,高いコストを強いられている。一部の多国籍企業はこうした課題を克服し,社会貢献活動の対象としてではなく,BOP 市場を世界に残された新たな広大な市場として捉え,成功を収めている。

こうした課題を克服するために,多国籍企業は,従来,標的とし

てきた市場とはまったく異なった技術,製品・サービス,ビジネスモデルが必要とされる。しかし,BOP市場で課題を克服し,一度,基盤を確立してしまえば,外部からは理解しづらい各市場の有する複雑なコンテクストが存在しているがゆえに,他社が模倣することは困難である。

そのため,成長可能性が高い市場において継続的に優位な地位を確保できるのである。そして,BOP市場で課題を克服した経験の蓄積は,他のBOP市場においてもある程度利用可能である。

BOP市場は現時点では地域ではアジア,分野では食品が大きな市場であるが,今後は地域ではアフリカ,分野では情報通信技術,保険医療など,地域や分野の拡大も期待される。

2 新興市場に対するマーケティング戦略
●先進諸国市場との違いをふまえた戦略

> マーケティングにおける新興市場への関心の高まり

マーケティングにおいて現在の新興市場が本格的に研究されるようになったのは,2000年代後半以降である。バージェスとスティンカンプが「マーケティング・ルネッサンス」と題して新興市場を取り上げて以降,注目度が高まった (Burgess and Steenkamp 2006)。

2010年には欧米で最もポピュラーなグローバル・マーケティングのテキストであるコタベ=ヘルセン著 *Global Marketing Management* の第5版に,「新興市場」を取り扱う章が追加された (Kotabe and Helsen 2010)。さらに,シェスが『ジャーナル・オブ・マーケティング』誌に「マーケティングに関する新興市場の影響」と題した論文を発表した (Sheth 2011)。彼は成熟市場との明確な相違として,

市場異質性，宗教団体・政府・経済団体・NGO および地方自治体など競争原理が作用しづらい組織による社会政治的な支配，ブランド化されていない製品やサービスの競争，資源の慢性的な不足，不十分なインフラという5つの特徴を示した。

新興市場における参入市場の決定

新興市場は，多国籍企業にとって，成長が鈍化し競争が激しい先進国市場とは対照的な特徴を有する市場であり，従来の市場とは異なるアプローチが必要となる。従来の多国籍企業の多くは日米欧の先進国出身であり，1980年代まで出身国と類似した先進国市場を標的としてきた。

しかし，1990年代に新興市場が台頭してくると，先進国市場と類似したニーズを有する**グローバル・ニッチ**や地域セグメントといった市場に標的を拡大した。

図12-2は「長期的市場潜在性」と「短期的利益転換可能性」という2軸で新興市場を分け，資源配分を検討したものである。第1象限は長期的市場潜在性と短期的利益転換可能性の両方が高い中国やインドなどであり，先行的に積極投資がなされるべき先導市場として位置づけられる。第2象限は長期的市場潜在性が高いが短期的利益転換可能性は低いため，ロシアならばモスクワやサンクトペテルブルクなど一部の都市から慎重に投資を拡大するというプラットフォーム型投資を行うべき市場として位置づけられる。第4象限は長期的市場潜在性が低いが短期的利益転換可能性は高く，ミャンマーなどが攻撃的投資を迅速に行うべき市場として位置づけられる。

BOP市場は長期的市場潜在性も短期的収益転換可能性の両方が低い第3象限に位置づけられる。従来とは異なる製品・サービスのイノベーションが成功には不可欠である。現在 BOP 市場と呼ばれている市場は従来，経済支援やソーシャル・ビジネスの対象として

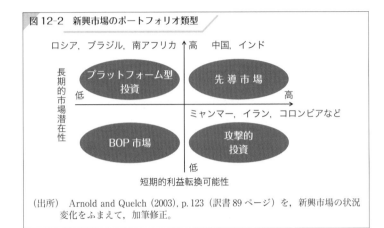

図12-2 新興市場のポートフォリオ類型

(出所) Arnold and Quelch (2003), p. 123 (訳書89ページ) を, 新興市場の状況変化をふまえて, 加筆修正。

捉えられ, 利益を獲得する必要があるソーシャル・ビジネスでも獲得できる利益は事業継続が可能な程度とされてきた (今井 2016, 167-168ページ)。

しかし現在では, BOP市場は, 従来とは異なる製品やサービスのイノベーションを生み出せさえすれば, 長期的市場潜在性は高く, 市場魅力度も高いと考えられている。

ランガンらはBOP市場40億人を, MOPに近い年収1800〜3000ドル未満の低所得層14億人, 年収600〜1800ドルの最低生活層16億人, 600ドル未満の最貧困層10億人に分類した (Rangan et al. 2011)。そして, 低所得層には適切で手頃な価格サービスが必要であり, 最低生活層には個人や小企業との協力や地域社会の関与が必要であり, 600ドル未満の最貧困層には, 政府NGOとの協力関係の構築が必要であると述べている。

とくに最貧困層は, 世界銀行が2015年10月に1日1.25ドル (2005年購買力平価ベース) から1.90ドル (2011年購買力平価ベース) に改定した国際貧困ライン以下の人々である。この人々は国際連合

表 12-1 グローバル・マーケティング戦略の構成要素

	先進国市場	グローバルおよびリージョナル・セグメント	国家要素中心の国	国家クラスター	地方市場および都市貧困層
代表例	北米, 西欧, 日本	世界中に存在するアニメファン	中国, インド, ブラジル	ポスト BRICS	BOP
重要課題	・低成長および飽和市場 ・新興市場出身企業との激化する市場	・セグメントを識別する ・効果的なメディアおよび流通チャネルの識別 ・グローバル・イメージを失わず特定の市場コンテキストに合わせた実施	・ローカル競争 ・経済的および文化的ナショナリズムの拡大 ・消費者の嗜好および市場成長パターンの急激な変化への対応	・市場ごとの消費者の異質性 ・国内および国のクラスター間の市場インフラの開発 ・市場間のメディア利用可能性における差異 ・流通構造の差異	・消費者の異質性 ・低水準の消費者所得 ・基本市場インフラの不足 ・制度的な欠如 ・分権化された市場
戦略的責務	・製品およびプロモーション戦略におけるイノベーション ・よりいっそうの戦略の統合および集約と国境横断的戦略実施 ・国家間の製品, アイデアスキルおよびベスト・プラクティスの移転	・国家および地域間の類似した嗜好および選好を有する消費者の識別と接触 ・グローバルおよびリージョナルな魅力のある製品およびプロモーションの開発	・国独特の需要パターンおよび嗜好に合わせた製品およびプロモーション戦略 ・ローカル市場インフラに対応した調整実施 ・ローカルな経営資源の活用	・ローカル市場知識開発 ・ローカルな経営資源の活用 ・ローカル市場条件への戦略および戦術の適合 ・国のクラスター内で類似したニーズ／条件を有する市場識別 ・市場間の製品およびベスト・プラクティスの移転機会の識別	・ローカル市場知識開発と消費者ニーズと行動の社会的意味合いの理解 ・低コスト実用的製品開発 ・流通アクセス構築の必要性 ・ローカル化されたプロモーション・ツールの利用 ・消費者に権限移譲

(出所) Douglas and Craig (2011), p.88 の表を, 一部修正。

が**ミレニアム開発目標**を継承して 2015 年 9 月に採択した持続可能な開発目標 (Sustainable Development Goals:SDGs) において貧困撲滅の対象となっている階層であり, すぐに市場として捉えることは難しいといえる。しかし, グローバルな事業展開を行う企業は潜在市場である彼らの貧困撲滅に積極的に協力する必要がある。

こうした状況を捉えて, ダグラスとクレイグは, 表 12-1 に示されているように, 先進国市場, グローバルおよびリージョナル・セ

グメントに加えて，新興市場を国家要素中心の国，国家クラスター，地方市場および都市貧困層の3つに分け，各市場の重要課題と戦略的責務を明らかにしている（Douglas and Craig 2011）。

国家要素中心の国は中国，インド，ブラジルのようなBRICS諸国である。1カ国で収益をあげられる市場規模があるが，国家の論理が市場に強く影響を及ぼすため，個別対応するべき巨大市場として位置づけられている。

国家クラスターは，ポストBRICS諸国のことである。BRICSほどの規模はないので，ただちに各国で収益をあげるのが難しいが，多様な差異に一定程度適応化しつつ知識移転を行うなどの工夫によって，収益をあげられる市場として捉えられる。

地方市場および都市貧困層は，BOP市場のことである。ビジネスを行う基盤自体が整っていないため，従来の対応とはまったく異なるイノベーションが必要な市場として位置づけている（馬場 2015，73ページ）。

各企業は自社の有する経営資源と各市場の特徴の相違をふまえた上で，どのタイプの新興市場に，どのようなタイミングで，どのような参入モードを用いて参入するのかを検討することが重要となる（Kotabe and Helsen 2010, pp. 558-559）。

新興市場に対する参入モードの選択

新興市場においても多くの産業において，規制緩和が進み，参入モードの選択肢は増加してきている。図12-3は横軸に所有権の自由度（外資に対する政府による出資比率制限の程度による），縦軸に製品市場の自由度（外資に対する政府による製品製造と販売の規制の程度による）の2軸をとり，中国市場における事業活動の自由度を付置したものである。図12-3に見られるように，現在も左下の厳しい規制がなされている部分に残っている業種は通信事業のみであり，

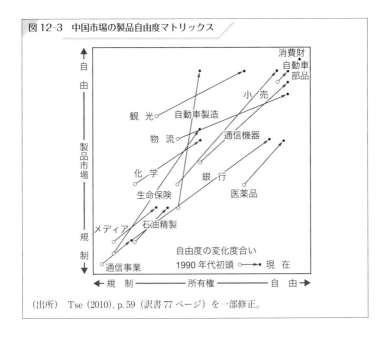

図12-3 中国市場の製品自由度マトリックス

(出所) Tse (2010), p.59 (訳書77ページ) を一部修正。

多くの業種において100%出資による完全子会社による参入モードを含む,進出側のコントロールが容易な参入モードを選択できる場合も増えている。

しかし,新興市場において参入モードへの規制は,外資を受け入れるホストとしての政策では最も一般的な政策の1つである。現在でも参入解禁当初においては,参入モードが限定される場合が一般的である。参入する側は,規制がどのようなスピードで緩和され,どの参入モードがどのくらいの期間で選択可能になるのかをある程度予測した上で,将来のモード変更を考慮して,参入モードを選択する必要がある。

外資の参入が可能となるタイミングは,政治的要因が強く左右する。2014年に誕生したインドのモディ政権による「メイク・イ

ン・インディア」政策が，外資参入による工業化を進めるために特定産業における参入モード規制を緩和した事例に見られるように，政権交代に伴う大幅な政策変更が，参入モードへの規制を緩和する方向に進展する場合もある。

また，2011年から始まったミャンマーの民主化におけるアメリカによる経済制裁解除の事例に見られるように，政治的要因は新興市場国側だけの要因ではなく，先進諸国側の事情が強く反映される場合もある。

参入解禁当初に認められる参入モードとしては，現地パートナーが関与することで現地の経済発展に結びつきやすい，ノウハウの提供やジョイント・ベンチャーである場合が多い。

世界中のプレイヤーが，自社の参入候補国における規制緩和の状況を常に注視する状況が常態化している。その中で，現地で強い存在感を維持し続ける公社や政府系企業（Government-Linked Company），インドにおけるタタ，ビルラ，リライアンスといった巨大財閥および華僑，印僑，アラブ資本に代表されるコングロマリット（複合企業）を形成するファミリー・ビジネスのように，有力パートナー候補は争奪戦になる場合も多い。

パートナー選択の成否が参入の成否を左右する場合も多いので，多数の候補と早期に関係を構築し，参入解禁のタイミングで選定できる体制を整えておくことが重要である。

| 新興市場に対するマーケティング特有の課題 |

[新興市場に対する現地化]

新興市場は先進国市場では当然整っている環境が整備途上な状態にあるため，市場情報の欠如や信頼性の低さ，明確でない規制環境，非効率的な司法制度によって生じる物流，決済，インフラ，政治などの「制度のすきま」が多く存在するという特徴がある（Khanna and Palepu 2010, 訳

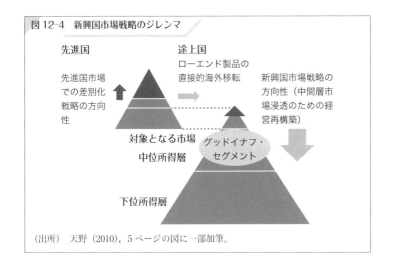

図12-4 新興国市場戦略のジレンマ

(出所) 天野 (2010), 5ページの図に一部加筆。

書44ページ)。この制度のすきまへの対応は、新興市場への参入後特有の現地適応化ということになる。

図12-4に示されているように、これまで日本企業の多くは「新興国市場戦略のジレンマ」といわれる失敗を繰り返してきた。彼らは先進諸国市場の中でも競合が激しい「ガラパゴス」といわれる日本市場への対応を重視したこともあり、進出先のボリューム・ゾーンであるグッドイナフ・セグメントからは外れてしまった。**グッドイナフ・セグメント**とは、ハイエンド向けの製品と遜色のない品質でありながら、価格はローエンドより若干高めという価格の商品を求めるセグメントである。日本企業は、海外進出にあたって国内でのローエンド製品をそのまま移転することで海外移転を行って、進出先のハイエンド市場に参入した。その結果、「過剰品質」の製品を現地適応が十分でないまま現地市場に投入することになり、このセグメントへの現地適応に失敗した。

その典型例が携帯電話である。店舗や自動販売機などに読み取り

機が普及していることを前提として組み入れられたおサイフケータイなど，日本でしか求められていない機能に対応したため高コストとなったガラパゴス携帯（ガラケー）は，途上国のグッドイナフ・セグメントでは普及しなかったのである。

その結果として，多くの新興市場において，先進諸国においてイノベーターとして成功を収めてきた日本企業の多くが，サムスンやLGなどのように早期に適切な現地適応を行った韓国企業の後塵を拝しただけではなく，ハイアールやハイセンスなど中国企業（自国市場内にグッドイナフ・セグメントを有していてすでに対応した企業）との厳しい競争をも強いられている。新興国市場戦略のジレンマを実感している日本企業は多いが，ジレンマ克服のためには，先進諸国市場のイノベーターをめざすことから，新興国市場でのメイン・プレイヤーをめざすという方向性へ，戦略の転換が必要である。日本企業によるグッドイナフ・セグメントへの対応はいまだ十分とはいえない状況にある。

BOP市場は，グッドイナフ・セグメントよりもさらに高い現地適応度を求められる市場である。ユニリーバ社のインド進出事例は，徹底した現地適応を行っている事例として最も有名である。

ユニリーバのインド子会社はインドの農村向けに低価格の1回使い切りの小分け製品を開発した。農村も都市に近いか遠いかで，売上に差がある。そのため，その製品は都市に近い農村のみでしか売れず，都市から遠い農村においては，石鹸の殺菌効果を家族にクチコミで伝達するために情報伝達の仲介者として子どもたちを対象に学校で紙芝居を用いたキャンペーンを行った。さらに，未発達な流通チャネルを補うために，「プロジェクト・シャクティ」と呼ばれる現地の優秀な女性を販売員として育成することによって，インドの農村部においても自社の石鹸を行きわたらせることに成功した。

現在では，構築したブランドと販路を利用して，アイスクリームなどの食料品，お茶やコーヒー等の飲料など多くの製品を送り届けている。

こうした成功によって得た革新的な製品や，流通チャネル構築で獲得されたビジネスモデルは，先進諸国出身のみならず，多くの課題を抱える諸国出身の現地企業を通じて，アフリカなど他のBOP市場に広がりつつある。

BOP市場におけるマーケティング・ミックス要素の中では，未発達なインフラが障害となってきた流通チャネル戦略とプロモーション戦略の現地化が不可欠である。流通チャネル戦略に関しては，パパママ・ストアなど（第2章67ページのTT参照）インフォーマル・セクター利用の有用性が指摘されている。プロモーション戦略に関しては，インターネットの急激な普及で利用可能になったソーシャル・ネットワークの活用の有用性が指摘されている。

近年では，BOP層の新たな捉え方が推奨されてきている。シマニスは，ユニリーバのインドBOP市場における既述の成功事例を批判的に検討した（Simanis 2012）。彼によれば，同社は現地の優秀な女性をビジネス・パートナーとして捉えて育成し，一定の成功を収めたが，パートナーシップと埋め込みが足りず，製品を販売する女性の離職率が高かったことを指摘している。

上記の批判などから，BOP層とより広範なパートナーが協力し，持続可能な産業育成を通じて事業の収益性と社会インパクトを高めていくBOP 3.0という新たな視点の導入が提唱されている。

代表的な事例として，ブラジルにおけるコカ・コーラの取り組みがある。コカ・コーラはブラジルにおいて，情報システム民主化委員会（CDI）とワールド・ビジョンという2つのNGOと提携し，BOP層の若者に小売やリサイクル業のスキルを教えることによっ

て就業を支援することを目的とする「コレクティボ（集合）」というプロジェクトを立ち上げた。これらのNGOは，プロジェクトの受け入れに関心を持つ社会機関を探し，プロジェクトの事業化実現とコカ・コーラとコミュニティとの交流において活躍した。同プロジェクトは単なるCSR事業の領域にとどまらず，ブランドの資産価値や現場での自社製品取扱い店舗数など，測定可能な経済指標を目標として掲げた。そして，それらの目標を達成するために流通の課題解決が不可欠であったため，現地大手小売業者ともパートナーシップを結ぶことになった。

[新興市場に対する知識移転]

知識移転は，標準化／現地化の過程においてなされる。まったく同一環境の市場は存在しないので，知識移転に際しては，現地の環境に応じた修正がなされる。この修正において，獲得された知識や知識修正の結果獲得された市場における知識は，次の市場に移転する知識となりうる。

新興市場への知識移転は，先進諸国における環境との相違によって修正の程度が大きくなる。そのため，新興市場を先進諸国とは分けて捉え，ゲマワットが提唱するAAA戦略のうち，類似性が高い市場を集約する戦略を行う事例も検討する必要がある（Ghemawat 2007）。この取り組みを行った代表的な企業としてはトヨタがあげられる。

トヨタは2002年にIMV（新興国市場を標的とした世界戦略車）プロジェクトなどを通じて，新興市場向けの自動車開発を行い，一定の成果をあげてきた。しかし，ライバルであるフォルクスワーゲンなどに比べると，新興市場における市場シェアが低迷していた。2013年4月には先進国市場を統括する第1トヨタと，新興市場を統括する第2トヨタとして組織自体を変更し，副社長などへの権限移譲を

Case ⑫　有望市場への早期参入戦略で成功したインドスズキ

　スズキは 1975 年の経営危機を契機に限られた経営資源でも自社がトップになれる新興市場を重視し，今ではパキスタン，ハンガリーおよびインドでトップ・メーカーとなっている。とくに，インド市場での成功は BRICS の一角である潜在的な巨大市場だけに，世界から注目を集めている。

　スズキは 1981 年に国営企業「マルチ・ウドヨグ」との合弁によってインド市場に早期に進出した。マルチ・ウドヨグはインディラ・ガンディー元首相の次男サンジャイ氏が国民車構想の担い手として 1977 年に創業した。彼は志半ばの 1980 年に飛行機事故で不慮の死を遂げ，その後破綻した同社は国有化された。

　1983 年には「アルト」をベースにした「マルチ 800」の生産を開始するとたちまち大ヒットとなった。1990 年代末には政権交代のあおりを受けた人事抗争もあり赤字を記録し，低迷を続けた。

　しかし，市場シェアを獲得できたインド市場において，粘り強く合弁相手のインド政府と交渉を行い，経営資源を投入し続けた。2006 年にはインド政府が全株式を売却し完全民営企業となり，2007 年にマルチ・スズキと名称変更し，インド市場は日本市場とともに，同社の全社的業績を支える重要市場にまで育成された。

　2014 年 1 月にはマルチ・スズキの工場への資金負担を軽減するために，スズキのみの出資での新工場建設を発表し，資金負担を軽減された現地合弁企業マルチ・スズキは 2015 年に 6〜8 カ月以内で新ディーラー・ネットワーク「NEXA」100 カ所の設立をめざし，より高所得な階層にも標的を拡大するための取り組みを加速している。

　タタ・モーターズやマヒンドラ・マヒンドラなど地元企業は，これまでのところ有力な対抗手段を講じられておらず，マルチ・スズキの市場シェア 1 位は安泰のようである。

行った。トヨタはこの組織改革を通じて，車体に塗装する際の塗り幅や光沢といった，新興市場ではコストよりも重視されるとはいえない細部にまで強いてきた厳格な「トヨタ・スタンダード」の適用を是正し，先述した過剰品質問題を回避し，小型車に強い子会社の

ダイハツの協力を全面的に受ける姿勢を見せ，今後，知識移転も行っていくと予想される。

新興市場は先進国市場に比べて相対的にインフラが整っておらず，知識移転の妨げとなるケースも多い。既述のように，4Pといわれるマーケティング・ミックス要素のうち，とくに流通チャネルの構築とプロモーションに関しては，先進諸国での活動と大きく異なるために，こうした活動の前提における相違をしっかりと認識した上で知識移転を行うことが重要となる。

先進諸国においては，全国に整備された卸売や配送を行うディストリビューターと近代的小売業態の店舗の適切な連携を通じて，またネットを含む多様なメディアによってすでに消費者に情報を伝えている商品を行きわたらせるようなインフラが整備されていることが前提となっている。他方，新興市場においては，全国規模のディストリビューターや近代的小売業者の整備やメディアの浸透は実現できていない場合も多い。取引先の数の獲得やメディア利用の工夫が成否を左右する。

味の素，ヤクルト，フマキラー，マンダムなど新興市場において成功を収める一部の日本企業は，インフラ未整備の状況を独自の取り組みを行うことによって成功に結びつけている。

たとえば，味の素はタイ市場において，インフラ未整備の状況への対応を意味するAvailable（どこでも購入可能にするための対応）にApplicable（現地食文化への対応），Affordable（市場の購買力への対応）を加えた3A原則によって，うまみ調味料の現地適応に成功した。同社はうまみ調味料で浸透した企業ブランドAJINOMOTOブランドを基盤として，タイ市場の所得向上にあわせて，タイのMOP市場を標的に，1973年には即席麺「ヤムヤム」，79年風味調味料「ロッディー」を投入した。1990年代に入ると頂点のTOP

(トップ・オブ・ザ・ピラミッド) 市場を標的に，91 年には冷凍食品を，93 年には缶コーヒー「バーディー」，98 年には「カルピス」を投入し定着させた。そして，タイで培った低所得層から高所得層への上方移行モデルを ASEAN 全域の現地法人に移転させていった (林 2012, 45-46 ページ)。

かつて先進国市場で利用していた知識を利用できる場合もある。たとえば，ソニーは先進諸国市場では iPod の普及によって縮小した大型オーディオ機器市場において，それまで蓄積してきた音質を制御する技術を用い，南アフリカで拡大する黒人中間層の低音域の高音質を求めるニーズにきめ細かく対応し，2010 年「ムゴンゴ」ブランドのオーディオ機器を投入した。そして地元家具チェーンを主要流通チャネルとして分割払いによる販売を促進することによって大成功を収めた (丸谷 2013, 202-203 ページ)。

演習問題

12-1 先進国出身企業がリスクは大きくても新興市場への取り組みを拡大している理由を考えてみよう。

12-2 新興市場進出に際してジョイント・ベンチャーを採用した事例を調査し，パートナーとして選択した企業が選択された理由を考えてみよう。

12-3 特定の新興国において成功しているメーカーを 1 社取り上げ，成功要因を考えてみよう。

文献ガイド

天野倫文・新宅純二郎・中川功一・大木清弘編 (2015)『新興国市場戦略論——拡大する中間層市場へ・日本企業の新戦略』有斐閣。

今井雅和 (2016)『新興市場ビジネス入門――国際経営のフロンティア』中央経済社。

大石芳裕・桑名義晴・田端昌平・安室憲一監修, 多国籍企業学会著 (2012)『多国籍企業と新興国市場』文眞堂。

Caneque, F. C. and Hart, S. L. (2015) *Base of the Pyramid 3.0: Sustainable Development Through Innovation & Entrepreneurship,* Greenleaf Publishing. (平本督太郎訳『BoP ビジネス 3.0――持続的成長のエコシステムをつくる』英治出版, 2016 年)

Prahalad, C. K. (2004) *The Fortune at the Bottom of the Pyramid,* Wharton School Publishing. (スカイライトコンサルティング訳『ネクスト・マーケット――「貧困層」を「顧客」に変える次世代ビジネス戦略』英治出版, 2005 年)

参考文献一覧

相原修・嶋正・三浦俊彦（2009）『グローバル・マーケティング入門──「70億人世界市場」をとらえる新視点』日本経済新聞出版社。

青木均（2012）『小売マーケティング・ハンドブック』同文舘出版。

浅川和宏（2011）『グローバルR&Dマネジメント』慶應義塾大学出版会。

浅川和宏（2003）『グローバル経営入門』日本経済新聞社。

東伸一（2014）「商品を買う場の形──小売フォーマットと小売店舗形態」崔容熏・原頼利・東伸一『はじめての流通』有斐閣。

天野倫文（2010）「新興国市場戦略の諸論点と国際経営論──非連続な市場への適応と創造」『国際ビジネス研究』2(2)：1-21。

伊丹敬之編著（2013）『日本型ビジネスモデルの中国展開』有斐閣。

井上真里（2013）「製品ブランド管理の進展がグローバル・マーケティング枠組みに与える示唆」『流通研究』15(2)：63-76。

猪口孝＝ミゲル・バサネズ＝田中明彦＝ティムール・ダダバエフ編著（2005）『アジア・バロメーター都市部の価値観と生活スタイル──アジア世論調査（2003）の分析と資料』明石書店。

今井雅和（2016）『新興市場ビジネス入門──国際経営のフロンティア』中央経済社。

圓川隆夫（2009）『我が国文化と品質──精緻さにこだわる不確実性回避文化の功罪』日本規格協会。

大石恒・瀬川直樹（2013）「ASEANの二輪車開発におけるニーズ把握に関して」『マーケティング・リサーチャー』121：24-27。

小山諭（2016）「『クールジャパン』をCOO（Country of Origin）の視点から考察する」日本消費者行動研究学会，第52回消費者行動研究コンファレンス発表資料，2016年6月19日（於：関西学院大学）。

金井一頼（2003）「クラスター理論の検討と再構成──経営学の視点から」石倉洋子・藤田昌久・前田昇・金井一頼・山崎朗『日本の産業クラスター戦略』有斐閣。

川端基夫（2005）『アジア市場のコンテキスト 東南アジア編──グローバリゼーションの現場から』新評論。

川端基夫（2010）『日本企業の国際フランチャイジング──新興市場戦略としての可能性と課題』新評論。

川端基夫（2011）『アジア市場を拓く──小売国際化の100年と市場グローバル化』新評論。

川端基夫（2013a）「外食グローバル化のダイナミズム──日系外食チェーンの

アジア進出を例に」『流通研究』15(2)：3-23。

川端基夫（2013b）『立地ウォーズ――企業・地域の成長戦略と「場所のチカラ」』新評論。

川端庸子（2012）『小売業の国際電子商品調達――ウォルマート，アジェントリクス，シジシーの事例を中心に』同文舘出版。

北川浩伸（2013）「サービス業の新展開」大石芳裕・山口夕妃子編著『グローバル・マーケティングの新展開』白桃書房。

経済産業省貿易経済協力局通商金融・経済協力課編（2012）『新中間層獲得戦略――アジアを中心とする新興国とともに成長する日本（新中間層獲得戦略研究会中間報告書）』経済産業調査会。

古賀友里絵（2012）「中国進出を果たしたディズニー――香港ディズニーランドの現状と上海ディズニーランドへの期待」『蒼翠筑紫女学園大学アジア文化学科紀要』13：38-53。

高階秀爾（2000）「序・ジャポニスムとは何か」ジャポニスム学会編『ジャポニスム入門』思文閣出版。

高橋泰隆・芦澤成光（2009）『EU自動車メーカーの戦略』学文社。

田村正紀（2008）『業態の盛衰――現代流通の激流』千倉書房。

張磊（2011）「SPAにおける俊敏かつ適応的な垂直統合型SCM――ザラの事例を通して」『経営学研究論集』36：1-20。

鍾淑玲（2015）「日本型コンビニの現地化プロセス――ファミリーマートの台湾進出を例に」『イノベーション・マネジメント』12：133-155。

堤和彦（2011）『ニッポンのここがスゴイ！――外国人が見たクールジャパン』武田ランダムハウスジャパン。

徳重昌志・日高克平編著（2012）『岐路にたつ日本経済・日本企業』中央大学出版部。

中川功一・林正・多田和美・大木清弘（2015）『はじめての国際経営』有斐閣。

日本貿易振興機構（2011）『韓国のコンテンツ振興策と海外市場における直接効果・間接効果の分析』日本貿易振興機構。

日本ロジスティクスシステム協会『2015年度 物流コスト調査報告書』。

沼上幹（2004）『組織デザイン』日本経済新聞社。

朴正洙（2012）『消費者行動の多国間分析――原産国イメージとブランド戦略』千倉書房。

鳩山玲人「ハローキティに見るグローバルなブランド拡張戦略」『DIAMONDハーバード・ビジネス・レビュー』39(10)：80-89。

馬場一（2015）「国際マーケティング戦略」諸上茂登・嶋正・藤澤武史編著『国際ビジネスの新機軸――セミ・グローバリゼーションの現実の下で』同文舘出版。

林廣茂（2012）『AJINOMOTOグローバル競争戦略』同文舘出版。

原田保・三浦俊彦編著 (2011)『地域ブランドのコンテクストデザイン』同文舘出版。

原田保・三浦俊彦編著 (2016)『小売＆サービス業のフォーマットデザイン』同文舘出版。

日野三十四 (2012)「はるか先を行く VW 社——日本は戦略の転換を急げ」『日経ものづくり』9月号：36-41。

古川裕康 (2012)「各文化における GBI 戦略——Hofstede の文化次元を用いた理論的考察」『経営学研究論集』(明治大学大学院) 36：57-72。

ポーター，M. E＝竹内弘高 (2000)『日本の競争戦略』ダイヤモンド社。

松井剛 (2013)「文化製品のスティグマ管理としてのグローバル・マーケティング——北米における日本産マンガ出版を事例として」『流通研究』15(2)：25-41。

丸谷雄一郎 (2012)『グローバル・マーケティング (第4版)』創成社。

丸谷雄一郎 (2013)『ウォルマートのグローバル・マーケティング戦略』創成社。

丸谷雄一郎 (2015a)「ウォルマートの中米地峡市場における現地適応化戦略」『東京経大学会誌』286：39-65。

丸谷雄一郎 (2015b)「地域デザインのアクターとしての企業の可能性に関する一考察——グローバル性とローカル性を使い分けることで成長するイケアの事例を中心として」『地域デザイン』6：81-98。

丸谷雄一郎 (2015c)『グローバル・マーケティング (第5版)』創成社。

三浦俊彦 (2000)「マーケティング・マネジメントの上位概念としてのグローバル・マーケティング——グローバル・マーケティングの概念規定に関する一考察」『中央大学企業研究所年報』21：315-332。

三浦俊彦 (2002)「日本の消費者はタフな消費者か？——在日外資系企業の消費者認識とグローバル・マーケティング戦略」『マーケティングジャーナル』22(1)：4-18。

三浦俊彦 (2013)『日本の消費者はなぜタフなのか——日本的・現代的特性とマーケティング対応』有斐閣。

三浦俊彦 (2014)「グローバル市場研究の諸問題」堀越比呂志編著『戦略的マーケティングの構図——マーケティング研究における現代的諸問題』同文舘出版：205-229。

三田村蕗子 (2015)『「ポッキー」はなぜフランス人に愛されるのか？——海外で成功するローカライズ・マーケティングの秘訣』日本実業出版社。

南知恵子・西岡健一 (2014)『サービス・イノベーション』有斐閣。

宮内清美 (2013)「ASEAN 諸国におけるマーケティング・リサーチ——基本課題を考える」『マーケティング・リサーチャー』121：36-39。

向山雅夫＝Dawson, J. 編著 (2015)『グローバル・ポートフォリオ戦略——先

端小売企業の軌跡』千倉書房。
諸上茂登（2012）『国際マーケティング論の系譜と新展開』同文舘出版。
矢作敏行（2011）『日本の優秀小売企業の底力』日本経済新聞出版社。
山村高淑（2008）「観光情報革命時代のツーリズム（その3）——文化の集散地の可能性」『北海道大学文化資源マネジメント論集』3：1-5。

「現地との共生に勝機」『日経ビジネス』2009年11月30日号，90-93。
「無印良品最強のオムニチャネル経営」『日経情報ストラテジー』2014年8月号，32-35。
「誌上講義 理美容業界のグローバル戦略」『中央大学ビジネススクールレビュー』6：22-32, 2016年。
「ホテル『ラフォーレ』の半数5施設，『マリオット』に転換，森トラスト，訪日客取り込む」『日本経済新聞』2016年2月23日付朝刊, 13面。
「関西ペイント，抗ウイルス塗料で挑むアフリカ市場」『日本経済新聞』2016年5月20日付。

Aaker, D. A. (1991) *Managing Brand Equity*, The Free Press.（陶山計介・中田善啓・尾崎久仁博・小林哲訳『ブランド・エクイティ戦略——競争優位をつくりだす名前，シンボル，スローガン』ダイヤモンド社，1994年。）

Aaker, D. A. (1996) *Building Strong Brands*, The Free Press.（陶山計介・小林哲・梅本春夫・石垣智徳訳『ブランド優位の戦略——顧客を創造するBIの開発と実践』ダイヤモンド社，1997年。）

Aaker, D. A. and Joachimsthaler, E. (2000) *Brand Leadership*, The Free Press.（阿久津聡訳『ブランド・リーダーシップ——「見えない企業資産」の構築』ダイヤモンド社，2000年。）

Agarwal, S. and Ramaswami, S. N. (1992) "Choice of Foreign Market Entry Mode: Impact of Ownership, Location and Internalization Factors," *Journal of International Business Studies*, 23(1): 1-27。

Alexander, N. and Doherty, A. M. (2009) *International Retailing*, Oxford University Press.

Arnold, D. G. and Valentin, A. (2013) "Corporate Social Responsibility at the Base of the Pyramid," *Journal of Business Research*, 66(10): 1904-1914.

Arnold, D. J. and Quelch, J. A. (2003) *Smart Globalization*, Jossey-Bass.（諸上茂登監訳『スマート・グローバリゼーション』同文舘出版，2005年。）

Bain & Company (2014) "What does it really take for grocers to win in emerging Asia?" (http://www.bain.com/Images/BAIN_BRIEF_What_does_it_really_take_for_grocers_to_win_in_emerging_Asia.pdf)

Bartlett, C. A. and Ghoshal, S. (1989) *Managing Across Borders: The Trans-*

national Solution, Harvard Business School Press.（吉原英樹監訳『地球市場時代の企業戦略――トランスナショナル・マネジメントの構築』日本経済新聞社，1990 年。）

Boze, B. V. and Patton, C. R. (1995) "The Future of Consumer Branding as seen from the Picture Today," *The Journal of Consumer Marketing*, 12(4): 20–41.

Burgess, S. M. and Steenkamp, J.-B. E. M. (2006) "Marketing Renaissance: How Research in Emerging Markets Advances Marketing Science and Practice," *International Journal of Research in Marketing*, 23(4): 337–356.

Cohen, S. and Roussel, J. (2013) *Strategic Supply Chain Management: The Five Core Disciplines for Top Performance*, 2nd ed., McGraw-Hill.（尾崎正弘・鈴木慎介監修『戦略的サプライチェーンマネジメント――競争優位を生み出す5つの原則』英治出版，2015 年。）

Cohen, W. M. and Levinthal, D. A. (1990) "Absorptive Capacity: A New Perspective on Learning and Innovation," *Administrative Science Quarterly*, 35(1): 128–152.

Craig, C. S. and Douglas, S. P. (1983) *International Marketing Research*, Prentice-Hall.

Cuervo-Cazurra, A., Newburry, W., and Park, S. H. (2016) *Emerging Market Multinationals: Managing Operational Challenges for Sustained International Growth*, Cambridge University Press.

Dawson, J. and Mukoyama, M. eds. (2013) *Global Strategies in Retailing: Asian and European Experiences*, Routledge.

de Mooji, M. (1998) *Global Marketing and Advertising: Understanding Cultural Paradoxes*, SAGE Publications.

Douglas, S. P. and Craig, C. S. (1996) "Executive Insights: Global Portfolio Planning and Market Interconnectedness," *Journal of International Marketing*, 4(1): 93–110.

Douglas, S. P. and Craig, C. S. (2011) "Convergence and Divergence: Developing a Semiglobal Marketing Strategy," *Journal of International Marketing*, 19(1): 82–101.

Doz, Y. L. and Hamel, G. (1998) *Alliance Advantage: The Art of Creating Value Through Partnering*, Harvard Business School Press.（志太勤一・柳孝一監訳『競争優位のアライアンス戦略――スピードと価値創造のパートナーシップ』ダイヤモンド社，2001 年。）

Dunning, J. H. (1977) "Trade, Location of Economic Activity and the MNE: A Search for an Eclectic Approach," Ohlin, B. Hesselborn, P.-O., and Wijkman, P. M. eds., *The International Allocation of Economic Activity*, Palgrave Macmillan.

ESOMAR (2015) *Global Market Research 2015*, ESOMAR.

Ferraro, G. P. (1990) *The Cultural Dimension of International Business*, Prentice Hall.（江夏健一・太田正孝監訳『異文化マネジメント——国際ビジネスと文化人類学』同文舘出版，1992年。）

Florida, R. (2008) *Who's Your City: How the Creative Economy is Making Where to Live the Most Important Decision of Your Life*, Basic Books.（井口典夫訳『クリエイティブ都市論——創造性は居心地のよい場所を求める』ダイヤモンド社，2009年。）

Friedman, T. L. (2005) *The World is Flat: The Brief Story of the Twenty-First Century*, Farrar Straus & Giroux.（伏見威蕃訳『フラット化する世界——経済の大転換と人間の未来（上・下）（増補改訂版）』日本経済新聞出版社，2008年。）

Frois, L. (1585) *Europa e Esta Provincia de Japão*.（岡田章雄訳注『ヨーロッパ文化と日本文化』岩波書店，2012年。）

Galbraith, J. R. (2000) *Designing the Global Corporation*, Jossey-Bass.（斎藤彰悟監訳『グローバル企業の組織設計』春秋社，2002年。）

Ghemawat, P. (2007) *Redefining Global Strategy: Crossing Borders in a World Where Difference Still Matter*, Harvard Business School Press.（望月衛訳『コークの味は国ごとに違うべきか——ゲマワット教授の経営教室』文藝春秋，2009年。）

Govindarajan, V. and Trimble, C. (2012) *Reverse Innovation: Create Far from Home, Win Everywhere*, Harvard Business School Press.（渡部典子訳『リバース・イノベーション——新興国の名もない企業が世界市場を支配するとき』ダイヤモンド社，2012年。）

Grönroos, C. (1984) "A Service Quality Model and Its Marketing Implications," *European Journal of Marketing*, 18(4): 36-44.

Gupta, A. K. and Govindarajan, V. (2000) "Knowledge Flows within Multinational Corporations," *Strategic Management Journal*, 21(4): 473-496.

Gupta, A. K. and Westney, D. E. (2003) *Smart Globalization: Designing Global Strategies, Creating Global Networks*, Jossey-Bass.（諸上茂登監訳『スマート・グローバリゼーション』同文舘出版，2005年。）

Hall, E. T. (1976) *Beyond Culture*, Anchor Press.（岩田慶治・谷泰訳（『文化を超えて』TBSブリタニカ，1979年。）

Harrell, D. G. and Keifer, R. O. (1993) "Multinational Market Portfolios in Global Strategy Development," *International Marketing Review*, 10(1): 60-72.

Heenan, D. A. and Perlmutter, H. V. (1979) *Multinational Organization Devel-

opment, Addison-Wesley.（江夏健一・奥村晧一監修／国際ビジネス研究センター訳『グローバル組織開発――企業・都市・地域社会・大学の国際化を考える』文眞堂，1990年。）

Hofstede, G. (1980) *Culture's Consequences: International Differences in Work-Related Values*, SAGE Publications.（萬成博・安藤文四郎監訳『経営文化の国際比較――多国籍企業の中の国民性』産業能率大学出版部，1984年。）

Hofstede, G., Hofstede, G. J., and Minkov, M. (2010) *Cultures and Organizations: Software of the Mind*, 3rd ed., McGraw-Hill International.（岩井八郎・岩井紀子訳『多文化世界――違いを学び未来への道を探る（原書第3版）』有斐閣，2013年。）

Hollensen, S. (2008) *Essentials of Global Marketing*, Prentice Hall.

Jain, S. C. (1996) *International Marketing Management*, 5th ed., South Western College Publishing.

Jeannet, J.-P. and Hennessey, H. D. (2004) *Global Marketing Strategies*, 6th ed., Houghton Mifflin Company.

Johansson, J. K. (2009) *Global Marketing: Foreign Entry, Local Marketing, & Global Management*, 5th ed., McGraw-Hill/Irwin.

Katz, R. and Allen, T. J. (1982) "Investigating the Not Invented Here (NIH) Syndrome: A Look at the Performance, Tenure, and Communication Patterns of 50 R&D Project Groups," *R&D Management*, 12(1): 7-20.

Keegan, W. J. and Green, M. C. (2005) *Global Marketing*, 4th ed., Pearson/Prentice-Hall.

Kern, H., Wagner, H.-C., and Hassis, R. (1990) "European Aspects of a Global Brand: The BMW Case," *Marketing and Research Today*, 18(2): 47-57.

Khanna, T. and Palepu, K. G. (2010) *Winning in Emerging Markets: A Road Map for Strategy and Execution*, Harvard Business School Press.（上原裕美子訳『新興国マーケット進出戦略――「制度のすきま」を攻める』日本経済新聞出版社，2012年。）

Kogut, B. and Zander, U. (1992) "Knowledge of the Firm, Combinative Capabilities, and the Replication of Technology," *Organization Science*, 3(3), 383-397.

Kotabe, M. and Helsen, K. (2001) *Global Marketing Management*, 2nd ed., John Wiley & Sons.（横井義則監訳『グローバルビジネス戦略』同文舘出版，2001年。）

Kotabe, M. and Helsen, K. (2010) *Global Marketing Management*, 5th ed., John Wiley & Sons.（栗木契監訳『国際マーケティング』碩学舎，2010年。）

Kumar, V. (2000) *International Marketing Research*, Prentice Hall.

Kumar, V. (2015) *Global Marketing Research*, Sage Publishing.

Lambin, J.-J. (1986) *Le Marketing Stratégique*, McGraw-Hill.（三浦信・三浦俊彦訳『戦略的マーケティング』嵯峨野書院，1990 年。）

Lee, K. and Carter, S. (2009) *Global Marketing Management*, 2nd ed., Oxford University Press.

Levitt, T. (1983) "The Globalization of Markets," *Harvard Business Review*, 61(3): 92-102.

Lovelock, C. and Wright, L. (1999) *Principles of Service Marketing and Management*, Prentice Hall.（小宮路雅博監訳『サービス・マーケティング原理』白桃書房，2002 年。）

Malhotra, N. K, Agarwal, J., and Peterson, M. (1996) "Methodological Issues in Cross-Cultural Marketing Research: A State-of-the-art Review," *International Marketing Review*, 13(5): 7-43.

Markus, H. R. and Kitayama, S. (1991) "Culture and the Self: Implications for Cognition, Emotion, and Motivation," *Psychological Review*, 98(2): 224-253.

Matsumoto, D. (2000) *Culture and Psychology: People Around the World*, Wadsworth Publishing.（南雅彦・佐藤公代監訳『文化と心理学——比較文化心理学入門』北大路書房，2001 年。）

McGray, D. (2002) "Japan's Gross National Cool," *Foreign Policy*, 130 (May/June): XX-YY.

Meadows, D. H., Meadows, D. L., Randers, J., and Behrens, W. W. (1972) *The Limits to Growth: A Report for the Club of Rome's Project on the Predicament of Mankind*, Universe Books.（大来佐武郎監訳『成長の限界——ローマ・クラブ「人類の危機」レポート』ダイヤモンド社，1972 年。）

Meyer, E. (2014) *The Culture Map: Breaking Through the Invisible Boundaries of Global Business*, PublicAffairs.（田岡恵監訳『異文化理解力——相手と自分の真意がわかるビジネスパーソン必須の教養』英治出版，2015 年。）

Michailova, S. and Mustaffa, Z. (2012) "Subsidiary Knowledge Flows in Multinational Corporations: Research Accomplishments, Gaps, and Opportunities," *Journal of World Business*, 47(3): 383-396.

Pfeffer, J. (1981) *Power in Organizations*, Harlow Essex, UK: Financial Times Prentice Hall.

Porter, M. E. (1985) *Competitive Advantage: Creating and Sustaining Superior Performance*, Free Press.（土岐坤・中辻萬治・小野寺武夫訳『競争優位の戦略——いかに高業績を持続させるか』ダイヤモンド社，1985 年。）

Porter, M. E. (1986) *Competition in Global Industries*, Harvard Business

School Press. (土岐坤・中辻萬治・小野寺武夫訳『グローバル企業の競争戦略』ダイヤモンド社, 1989年。)

Porter, M. E. (1990) *The Competitive Advantage of Nations*, Free Press. (土岐坤・中辻萬治・小野寺武夫・戸成富美子訳『国の競争優位（上・下）』ダイヤモンド社, 1992年。)

Prahalad, C. K. (2004) *The Fortune at the Bottom of the Pyramid*, Wharton School Publishing. (スカイライトコンサルティング訳『ネクスト・マーケット――「貧困層」を「顧客」に変える次世代ビジネス戦略』英治出版, 2005年。)

Prahalad, C. K. (2004) *The Fortune at the Bottom of the Pyramid: Eradicating Poverty through Profits*, Wharton School Publishing. (スカイライトコンサルティング訳『ネクスト・マーケット――「貧困層」を「顧客」に変える次世代ビジネス戦略』英治出版, 2005年。)

Prahalad, C. K. and Ramaswamy, V. (2000) "Co-opting Customer Competence," *Harvard Business Review*, 78(1): 79-87. (中島由利訳「顧客と共に競争優位を築くカスタマー・コンピタンス経営」『DIAMONDハーバード・ビジネス・レビュー』25(6): 116-128, ダイヤモンド社, 2000年。)

Prahalad, C. K. and Yves, L. D. (1987) *The Multinational Mission: Balancing Local Demand and Global Vision*, Free Press.

Rangan, V. K., Chu, M., and Petkoski, D. (2011) "The Globe: Segmenting the Base of the Pyramid," *Harvard Business Review*, 89(6): 113-117.

Sheth, J. N. (2011) "Impact of Emerging Markets on Marketing: Rethinking Existing Perspectives and Practices," *Journal of Marketing*, 75(4): 166-182.

Simanis, E. (2012) "Reality Check at the Bottom of the Pyramid," *Harvard Business Review*, 90(6): 120-125.

Simonin, B. L. (1999) "Transfer of Marketing Know-How in International Strategic Alliances: An Empirical Investigation of the Role and Antecedents of Knowledge Ambigunity," *Journal of International Business Studies*, 30(3): 463-490.

Sorenson, R. Z. and Wiechmann, U. E. (1975) "How Multinational View Marketing Standardization," *Harvard Business Review*, 53(3): 38-54.

Takeuchi, H. and Porter, M. E. (1986) "Three Roles in International Marketing in Global," Porter, M. E. ed., *Competition in Global Industries*, Harvard Business School Press. (土岐坤・中辻萬治・小野寺武夫訳「グローバル業界における競争――その理論的フレームワーク」『グローバル企業の競争戦略』ダイヤモンド社, 1989年。)

Tse, E. (2010) *The China Strategy: Harnessing the Power of the World's Fastest-Growing Economy*, Basic Books. (ブーズ・アンド・カンパニー訳

『中国市場戦略——グローバル企業に学ぶ成功の鍵』日本経済新聞出版社, 2011年。)

Tseng, Y.-M. (2006) "International Strategies and Knowledge Transfer Experiences of MNC's Taiwanese Subsidiaries," *The Journal of American Academy of Business*, 8(2): 120-125.

Vandermerwe, S. and Chadwick, M. (1989) "The Internationalisation of Services," *Services Industories Journal*, 9(1): 79-93.

Wilkinson, J. (1992) "The Battle for Europe: The Role of Nationality in Branding," *The Race against Expectations*, Proceeding of the 45th ESMOR Marketing research Congress, 171-182.

Wirtz, J. and Lovelock, C. (2016) *Services Marketing: People, Technology, Strategy*, 8th ed., World Scientific Pubilshing.

Zahra, S. A. and George, G. (2002) "Absorptive Capacity: A Review, Reconceptualization and Extension," *Academy of Management Review*, 27(2): 185-203.

Zeithaml, V. A., Parasuraman, A., and Berry, L. L. (1985) "Problems and Strategies in Services Marketing," *Journal of Marketing*, 49(2): 33-46.

https://www.jetro.go.jp/jfile/report/07000622/korea_contents_promotion.pdf

索　引

事項索引

◎ アルファベット

AI（人工知能）　52
APEC　→アジア太平洋経済協力
ASEAN　→東南アジア諸国連合
BOP　16, 280
BRICs　16, 280
BRICS　280, 284
CAGE フレームワーク　9
CIVETS　284
COO（原産国）　153
COO イメージ　153, 255
COO 効果　254
EMNC　→新興諸国出身多国籍企業
EMS　120
EPA　→経済連携協定
EPRG プロファイル　21
EU　→欧州連合
FTA　→自由貿易協定
GATT　→関税及び貿易に関する一般協定
GDP　→国内総生産
GE グリッド　24
GNC　→国民文化力
GSC　→グローバル・サプライチェーン
G20　284
ISO　→国際標準化機構
JETRO　→日本貿易振興機構
LCC（格安航空会社）　2
MOP　280
MT　→近代的流通
NAFTA　→北米自由貿易協定
NIH 症候群　181
OECD　→経済協力開発機構
OEM　120
OPEC　→石油輸出国機構
PDA　53
PPM　→製品（プロダクト・）ポートフォリオ・マネジメント
PPP　→購買力平価
SBU　→戦略的事業単位
SPA　108
SPU　→戦略的ポートフォリオ単位
SRC　→自己準拠的判断基準
TPP　→環太平洋戦略的経済連携協定
TT　→伝統的流通
WTO　→世界貿易機関
WWW　53

◎ あ　行

アウトフロー　178
アクター　252, 270
アジア NIES　284
アジアインフラ投資銀行（AIIB）　284
アジア太平洋経済協力（APEC）　49
甘え志向　266
暗黙知　168
イスラム教　60
1 次データ　78
移　民　3

因果的リサーチ　76
インサイト　84
インターナル・マーケティング　222
インターネット　6, 53
インターネット・エクスプローラー　53
インターフェイス　145, 186
インテグラル型（擦合せ型）　145
インバウンド消費　2, 250
浮世絵　267
失われた20年　12
運営委託契約　234
エクスターナル・マーケティング　223
エミック／エティック・ジレンマ　90
エリア・フランチャイジング　213
延期　141
欧州連合（EU）　48
オフライン調査　83
オムニバス・サーベイ　78
オンライン調査　83

◎ か 行

外国消費者文化ポジショニング　135
階層構造　186
獲得能力　171
過剰品質　266, 293
カスタマー・コンピタンス　276
価値共創　210
ガラパゴス化　57, 266
観光マーケティング　250
感情型製品　63, 140
関税及び貿易に関する一般協定（GATT）　46
間接輸出　113
完全所有子会社　123, 236
環太平洋戦略的経済連携協定（TPP）　5, 49
カントリー・リスク　236
規　格　55
記述的リサーチ　76
逆翻訳　86
吸収能力　171
協働ジョイント・ベンチャー　121
協同輸出　114
業務運営モデル　190
共有モデル　190
キラナ　69
近代的流通（MT）　67
金融ビッグバン　5
グッドイナフ・セグメント　293
国別ポートフォリオ　24
クラスター　257
クリエイティブ・クラス　8
グリーン・フィールド型　124
クールジャパン　154, 260
グループ・インタビュー　83
クール・ブリタニア　254
クロス集計　87
クロスライセンシング　115
グローバル・サプライチェーン（GSC）　102
グローバル市場　95
グローバル車種　144
グローバル消費者文化ポジショニング　135
グローバル・セグメント　96
グローバル戦略グループ　238
グローバル・チャレンジャー　282
グローバル・チャレンジャー卒業企業　282
グローバル・ニッチ　287
グローバル・ブランド　149, 156

グローバル・ポートフォリオ　98
グローバル・マーケティング　16
グローバル・マーケティング・リサーチ　74
グローバル・リテイラー　232, 238
経済協力開発機構（OECD）　284
経済連携協定（EPA）　49, 50
形式知　168
携帯電話　54
契約生産　118, 234
現地化　27, 131, 237
現場調査　83
高コンテクスト文化　57
高低コンテクスト　57
購買力平価（PPP）　95
小売サプライチェーン　237
小売フォーマット　229
小売ミックス　237
国際標準化機構（ISO）　56
国際マーケティング　15
国内総生産（GDP）　42, 43
国民文化力（GNC）　262
個人主義　59
コスト・センター　201
国家横断型分析　87
国家ブランド　249
コミケ　275
コールドチェーン　148
コンセンサス・スタンダード　56
コンセンサス方式　47
コンティンジェンシー・プラン　106
コンテクスト　57, 243
コンビニエンス・ストア　264

◎ さ　行

再生可能エネルギー　52
サシェット　69
サピア゠ウォーフ仮説　61
サブ・フランチャイジング　214
サリサリ　69
産業クラスター（産業集積）　251
3C分析　63
参入市場　27
参入モード　27, 112
サンプリング　86
シェールガス　52
事業別組織　193
思考型製品　63, 140
自己準拠的判断基準（SRC）　77
自主管理モデル　190
市場メカニズム　202
質問紙　86
ジニ係数　45
社内公用語　62
ジャパン・エキスポ　272
ジャポニスム　267
集合知マーケティング　276
集散地　275
集積地　275
集団主義　59
自由貿易協定（FTA）　48, 50
ジョイント・ベンチャー　121, 235
消費財　139
消費の二極化　152
消滅性　208
所有する情報を対象とするサービス　218
所有するモノを対象とするサービス　217
新開発銀行　284
新興市場　280
新興諸国出身多国籍企業（EMNC）　282
新常態　283
垂直アウトフロー　166, 174

垂直インフロー　166, 167
水平アウトフロー　167
水平インフロー　167, 178
スタイルシリーズ　84
ストーン・ウォッシュ　265
スパイキー　7, 8
スポンサード・コンテンツ　270
スマホ　54
生産財　139
製品アーキテクチャ　145
製品（プロダクト・）ポートフォリオ・マネジメント（PPM）　24, 99
『世界競争力年鑑』　12
世界共通セグメント　96
世界銀行　126
世界貿易機関（WTO）　5, 47
石油輸出国機構（OPEC）　48
セグメンテーション　95
戦略的事業単位（SBU）　24
戦略的提携　122
戦略的ポートフォリオ単位（SPU）　100
戦略的マーケティング　23
総合商社　114
相互連結度　100
ソーシャル・ビジネス　287
ゾーニング　252

◎ た 行

耐久消費財　139
退出戦略　125
ダイヤモンド・モデル　257
太陽光発電　52
ダイレクト・フランチャイジング　213
多機能家電　266
宅配便　267

多次元ネットワーク　192
棚　代　69
多変量解析　87
探索的リサーチ　76
地域消費者文化ポジショニング　136
地域セグメント　97, 287
地域担当部門　191
地域統括会社　196
地域ブランド戦略　252
地域別組織　193
地産地消　11
知識移転　27, 165, 241
着地型観光　250
中所得国の罠　44
調　整　26, 186
直接投資　121, 235
直接輸出　114
ツー・ボス・システム　195
低コンテクスト文化　57
定性データ　81
定量データ　81
デジタル・ネイティブ　17, 54
デジュリ・スタンダード　56
デファクト・スタンダード　56
デル・モデル　145
伝統的流通（TT）　67
電話調査　82
投　機　141
投資マーケティング　251
東南アジア諸国連合（ASEAN）　49
特殊セグメント　97
特約店（代理店）契約　234
トランス・ナショナル組織　197
トランスナショナル・モデル　16

◎ な 行

2次データ　78
日本政府観光局（JNTO）　2
日本貿易振興機構（JETRO）　3, 84
ネガティブ・コンセンサス方式　47
ネクスト11　284
ネット調査　82
ネットワーク外部性　56
ノウハウの提供　115, 234

◎ は 行

配　置　26
ハイテクトイレ　266
バック・システム　147, 220, 230, 237
発地型観光　250
ハブ・アンド・スポーク・システム　107
ハラル　60, 170
ハラル認証制度　44
哈日族（ハーリーズ）　261
バリュー・チェーン　29
ハロー効果　152
汎文化型分析　87
非耐久消費財　139
ビッグデータ　6
ヒトの身体を対象とするサービス　212
ヒトの精神を対象とするサービス　216
1人当たりGDP　43
100円ショップ　264
標準化　27, 131, 186, 237
ヒンズー教　60
ファスト・ファッション　106
風力発電　52
フォーチュン・グローバル500　13
不可分性　208
複雑性　184
プッシュ要因　232
プラザ合意　10
フラット化　7
プラットフォーム（車台）　144
フランチャイザー　116
フランチャイジー　116
フランチャイジング　116, 212, 234
ブランド別組織　196
プル要因　232
ブレトン・ウッズ体制　46
プロダクト・ポートフォリオ・マネジメント　→製品ポートフォリオ・マネジメント
ブロック経済　47
プロフィット・センター　201
フロント・システム　147, 220, 230, 237
フロント・バック・ハイブリッド組織　197
文化資源　275
分　業　185
文脈知　169
ベースマシン　143
ペンシルバニア州立大学　216
変動性　209
包括的フランチャイジング　117
北米自由貿易協定（NAFTA）　48
ポジショニング　134
ポストBRICS　284
ボーン・グローバル　17

◎ ま 行

マイクロ・クレジット　285
マキラドーラ　48
マクロ環境　41
マスター・フランチャイジング

213
マトリクス組織　193
マルチナショナル戦略　236
マルチナショナル戦略グループ
　　239
マンガ・アニメ　268
ミクロ環境　41
ミレニアム開発目標　289
無形性　208
「メイク・イン・インディア」政策
　　291
メガコンペティション　65
メルコスール　48
面接調査　82
目的地ブランディング　250
モジュラー型（組合せ型）　145

◎ や　行

郵送調査　82
輸　出　113
輸出部門　189
輸出マーケティング　15
ユビキタス消費　55

ヨコテン（横展開）　178
4C分析　63

◎ ら　行

ライセンサー　115
ライセンシー　115
ライセンシング　115, 234
リージョナル・ブランド　156
リスティング・フィー　69
リードタイム　103
リバース・イノベーション　17, 174
利用能力　173
連絡調整役　199
ローカル・グロース・チーム（LGT）
　　178
ローカル車種　144
ローカル・ブランド　156
ローマクラブ　51

◎ わ　行

和魂漢才　263
和魂洋才　263
ワルン　69, 70

人名・会社名・ブランド名索引

◎ アルファベット

ABB　196
BCG（ボストン・コンサルティン
　　グ・グループ）　99, 282
GEヘルスケア　176
IBM　198
JT　5
LG　78
P&G　66, 84, 156, 173
QBハウス　222
RJRインターナショナル　5

SFBI（サントリー・フード・アン
　　ド・ビバレッジ・インターナショ
　　ナル）　33, 36
TOTO　266
ZARA　105, 106

◎ ア　行

アーカー, D. A.　152
あきんどスシロー　146
アサツーディ・ケイ（ADK）　64
味千ラーメン　214
味の素　298

アホールド　239
アンハイザー・ブッシュ・インベブ　157
イケア　238
インディテックス　106
ヴィーチマン，U. E.　136
ウォルマート　244
エイサー　202
江崎グリコ　30
エースコック　114
エースコックベトナム　114
エドウィン　265
オリエンタルランド　80

◎ カ 行

花王　22, 66, 156, 159
ガラハー・グループ　5
カルフール　108
関西ペイント　179
キユーピーネット　222
キリンビバレッジ　114
クエーカー　156
くらコーポレーション　146
クラフト　156
グラミン銀行　285
グラミン・ユニクロ　177
グリコ　158
クレイグ，C. S.　99, 289
クレディ・スイス　46
ゲマワット，P.　9, 296
元気寿司　146
広州ホンダ　28
コカ・コーラ　174, 295
コゲート，B.　163
ゴシャール，S.　21
コタベ，M.　286
ゴビンダラジャン，V.　174
コマツ　143

コルゲート　156
ゴールドマン・サックス　280

◎ サ 行

ザイタムル，V. A.　208
サザビー（サザビーリーグ）　122
サムスン　171
ザーラ，S. A.　171
ザンダー，U.　163
サントリー　5, 33, 36
三陽商会　118
サンリオ　164
シェス，J. N.　286
資生堂　147
シティバンク　198
シマニス，E.　295
ジムビーム　5
シモニン，B. L.　165
シャープ　120
ジョージ，G.　171
スズキ　28, 297
スターバックスコーヒー　122
スティンカンプ，J.-B. E. M.　286
スプリント・ネクステル　5
セブン-イレブン・ジャパン　264
ソフトバンク　5
ソレンソン，R. Z.　136

◎ タ 行

ダイソー　241
ダグラス，S. P.　99, 289
竹内弘高　136
ダニング，J. H.　112
チャンドラー，A. D.　193
ディズニー　80
デル（コンピュータ）　106, 109, 142, 145, 168
東京ディズニーランド　80

東洋水産　97
トヨタ自動車　147, 196, 296
トリンブル，C.　174

◎ ナ 行

日プラ　184
日本コカ・コーラ　22
日本マクドナルド　214
ニールセン　78
ネスレ　66, 156

◎ ハ 行

博報堂　255
バージェス，S. M.　286
バートレット，C. A.　21
パナソニック　24, 25, 77
パナソニック・インド　77
バーバリー　118
パールミュッター，H. V.　21
ビアードパパ　117
日立産機システム　121
ヒンドゥスタン・リーバ・リミテッド　133
ファミリーマート　240
フォルクスワーゲン　144
フマキラー　70
プラハラード，C. K.　280
フリードマン，T.　7
フロリダ，R.　8
ベネトン　141
ヘルセン，K.　286
ベンツ　134
ポーター，M. E.　17, 26, 136, 257
ホフステッド，G.　59
ホール，E. T.　57
香港ディズニーランド　80

ホンダ　28, 144
鴻海　120

◎ マ 行

マクグレイ，D.　260
マクドナルド　142, 147, 214
マッキントッシュ　118
マリオット・インターナショナル　212
丸京製菓　160
マルチ・スズキ　28, 297
ミスミ　142
ミハイロワ，S.　166
無印良品　163, 172, 200
ムスタファ，Z.　166
モスバーガー　265
森トラスト　212
森永製菓　160

◎ ヤ 行

ヤクルト　110
ヤマト運輸　267
ユニクロ　177
ユニ・チャーム　34
ユニリーバ　66, 156, 294
ユヌス，M.　285
ユーロ・ディズニー　80

◎ ラ 行

ライト，L.　210
ラブロック，C. H.　210
ランガン，V. K.　288
リッツ・カールトン　224
良品計画　200, 235
レビット，T.　8

◆ 著者紹介

三浦　俊彦（みうら　としひこ）
中央大学商学部教授

丸谷　雄一郎（まるや　ゆういちろう）
東京経済大学経営学部教授

犬飼　知徳（いぬかい　とものり）
中央大学大学院戦略経営研究科（ビジネススクール）教授

グローバル・マーケティング戦略
Global Marketing Strategy

2017 年 4 月 10 日　初版第 1 刷発行
2024 年 6 月 10 日　初版第 4 刷発行

著　者	三　浦　俊　彦
	丸　谷　雄一郎
	犬　飼　知　徳
発行者	江　草　貞　治
発行所	株式会社　有　斐　閣

郵便番号　101-0051
東京都千代田区神田神保町 2-17
https://www.yuhikaku.co.jp/

印刷・大日本法令印刷株式会社／製本・牧製本印刷株式会社
©2017, T. Miura, Y. Maruya, T. Inukai. Printed in Japan
落丁・乱丁本はお取替えいたします。
★定価はカバーに表示してあります。

ISBN 978-4-641-22087-4

JCOPY　本書の無断複写（コピー）は、著作権法上での例外を除き、禁じられています。複写される場合は、そのつど事前に（一社）出版者著作権管理機構（電話03-5244-5088, FAX03-5244-5089, e-mail:info@jcopy.or.jp）の許諾を得てください。